Martin Arz

ALT STADT & LEHEL

Reiseführer für Münchner

HIRSCHKÄFER verlag

Noch ein Buch über München? Sicher, die schönste Stadt der Welt (so sehen sie zumindest die Einheimischen) ist schon in jeglicher Form literarisch, redaktionell, bildnerisch und künstlerisch verewigt worden. Doch unser Ansatz ist ein wenig anders. In diesem Buch geht es nur um die vier Altstadtviertel plus das Lehel, also den Stadtbezirk 1. Es ist ein reines Stadtteilbuch für die, die hier leben und die, die sich ein kleines bisschen mehr für Münchens Kern interessieren.

München ist heute Deutschlands dichtest besiedelte Stadt. Eng war es früher schon. Die Altstadt, also das, was einst innerhalb der Stadtmauern lag, ist flächenmäßig relativ überschaubar. Heute ist die Altstadt – im Gegensatz zum Lehel – nur noch sehr dünn besiedelt, sprich: Es wohnen nur noch wenige Menschen hier. Die meisten Immobilien werden gewerblich als Büros, Praxen oder Verkaufsflächen genutzt. Doch was die einzelnen Viertel und seine Bewohner geprägt hat, ist unser Thema. Das Hackenviertel, das Angerviertel, die Graggenau und das Kreuzviertel haben alle ihr eigenes Flair, unterscheiden sich in Architektur und Lebensgefühl, das Lehel sowieso!

Dieses München-Buch ist ein neuer Stadtteilführer, der wie ein Reiseführer funktioniert und zu allen wichtigen Punkten leitet, selbst wenn diese gar nicht mehr zu sehen sind. Der Reiseführer wendet sich aber nicht nur an Münchner, auch Touristen, Neigschmeckte und Zuagroaste können mit dem Buch das Viertel erkunden.

Zugegeben: Vieles in diesem Buch finden Sie auch in den klassischen Stadtführern der einschlägigen Verlage. Aber die kratzen kaum an der Oberfläche.

Hier setzt das Buch an. Historisches findet ebenso Berücksichtigung wie Aktuelles. Vergangenes und Verlorenes steht neben Verborgenem und Verführerischem. Blättern, schmökern, Bilder angucken – das Buch soll so viel Spaß machen wie Münchens Altstadt und das Lehel.

Martin Arz
München im Winter 2021/2022

Inhalt

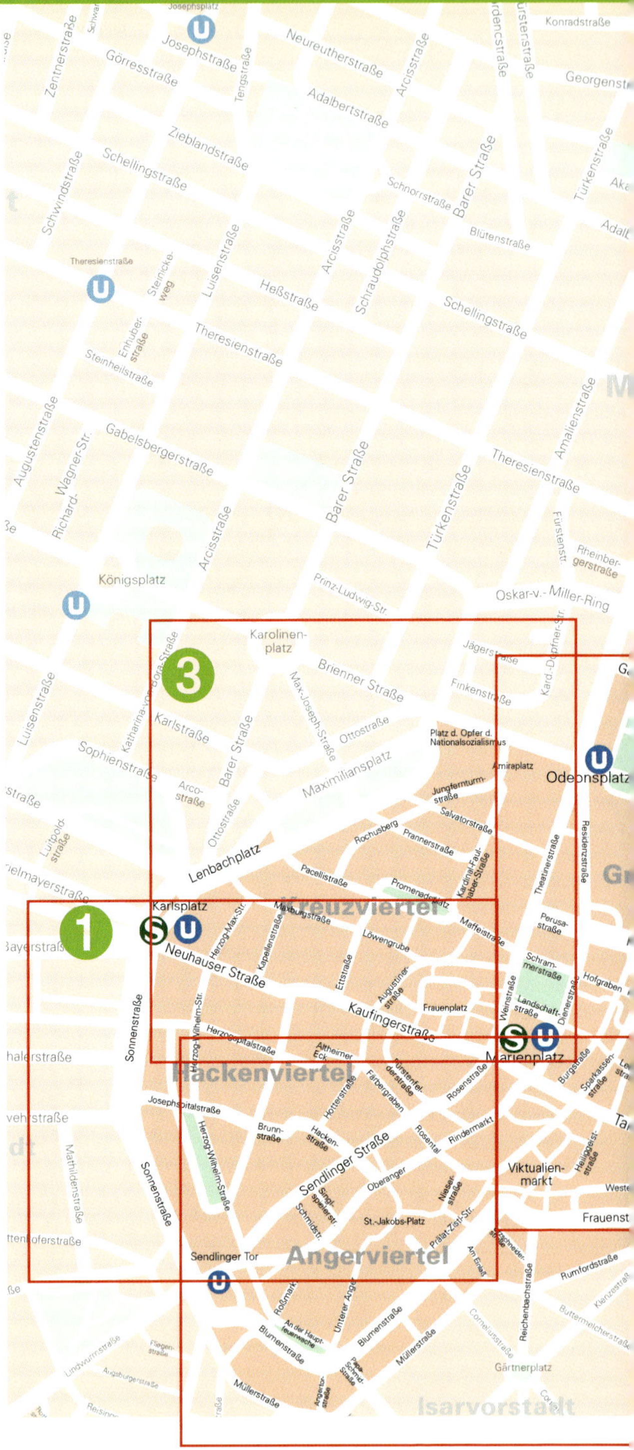

Josephsplatz
Josephstraße
Görresstraße
Neureutherstraße
Adalbertstraße
Zentnerstraße
Zieblandstraße
Schellingstraße
Schwindstraße
Barer Straße
Blütenstraße
Theresienstraße
Heßstraße
Arcisstraße
Luisenstraße
Schraudolphstraße
Steinheilstraße
Augustenstraße
Gabelsbergerstraße
Richard-Wagner-Str.
Türkenstraße
Amalienstraße
Königsplatz
Prinz-Ludwig-Str.
Oskar-v.-Miller-Ring
Karolinen-
platz
Brienner Straße
Karlstraße
Sophienstraße
Max-Joseph-Straße
Ottostraße
Maximiliansplatz
Platz d. Opfer d.
Nationalsozialismus
Odeonsplatz
Lenbachplatz
Karlsplatz
Kreuzviertel
Neuhauser Straße
Kaufingerstraße
Frauenplatz
Marienplatz
Sonnenstraße
Hackenviertel
Sendlinger Straße
Viktualien-
markt
St.-Jakobs-Platz
Sendlinger Tor
Angerviertel
Blumenstraße
Müllerstraße
Gärtnerplatz
Isarvorstadt
Reichenbachstraße
Rumfordstraße
Frauenstr
Residenzstraße
Theatinerstraße
Herzog-Wilhelm-Str.
Rosental
Oberanger
Unterer Anger
Rindermarkt

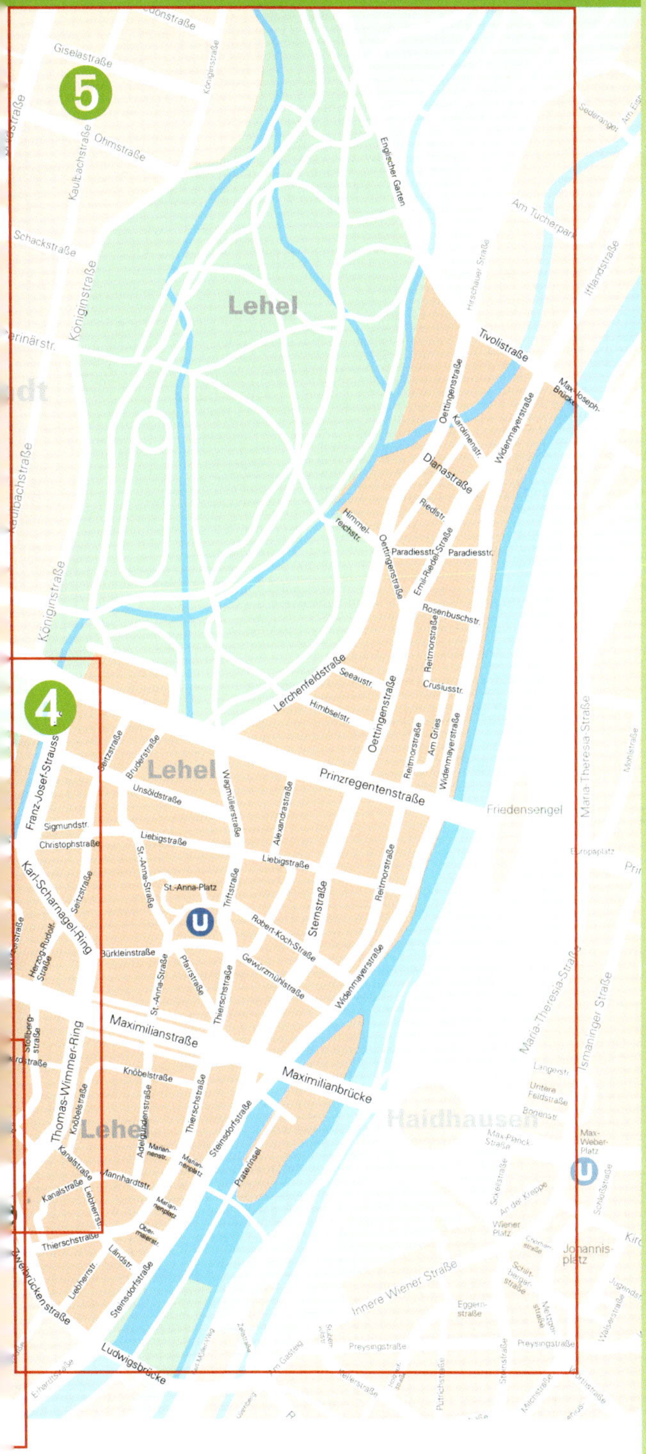

HACKENVIERTEL
Erstnennung 29. Dezember 1458 als »Hagken vierteil« **Namensbedeutung** »Hacken« (Hag, Hac, Hagen, Gehag) = eingefriedetes Grundstück **Lage** im Südwesten der Altstadt zwischen Sendlinger, Rosen-, Kaufinger-, Neuhauser Straße und Sonnenstraße

ANGERVIERTEL
Erstnennung 15. September 1508 als »Anngerfiertl« **Namensbedeutung** Anger = Gras-, Weideland **Lage** im Südosten der Altstadt, zwischen Tal, Marienplatz, Sendlinger Straße und Müllerstraße

KREUZVIERTEL
Erstnennung 29. Dezember 1458 als »Kreutz vierteil« **Namensbedeutung** von der Kreuzgasse, die dem heutigen Verlauf von Promenadeplatz und Pacellistraße entspricht **Lage** im Nordwesten der Altstadt zwischen Neuhauser, Kaufingerstraße, Marienplatz, Wein-, Theatinerstraße und Altstadtring

GRAGGENAUVIERTEL
Erstnennung 29. Dezember 1458 als »Gragkenaw viertail« **Namensbedeutung** von »Gragg« bzw. »Krack« = Rabe, Krähe; also Krähenau **Lage** im Nordosten der Altstadt zwischen Theatiner-, Weinstraße, Marienplatz, Tal und Altstadtring

LEHEL
Erstnennung 1525 als »auf den lehen« **Namensbedeutung** entweder von Lehen (Lehel = kleines Lehen), oder von Lohe (= lichter Wald = kleines Wäldchen); seit 1641 unterschied man das Untere Lehel (= das heutige Lehel) vom Oberen Lehel (= die heutige Isarvorstadt), die Aussprache »Lächl« ist nicht eindeutig nachweisbar, auf manchen historischen Karten steht tatsächlich »Lechel« – auf andern wieder nicht

Münchens Herz

Es ging wie immer letztlich um Geld und Macht: Heinrich der Löwe, Herzog von Bayern und Sachsen, missgönnte Bischof Otto von Freising, dass der die einzige Brücke über die Isar kontrollierte, die schwere Fahrzeuge aushielt und über die daher der lukrative Salzhandel lief, und mit Zöllen gut verdiente. Also ließ Heinrich die Brücke des Bischofs zerstören, so sagt es die Legende, und baute ein wenig flussaufwärts eine eigene Brücke. Dazu richtete er auf einem kleinen Hügel bei einem klösterlichen Weiler eine Zollstation ein. Bischof Otto beschwerte sich bei Kaiser Friedrich Barbarossa. Der Kaiser entschied aber am 14. Juni 1158, dass der neue Ort »bei den Mönchen« ab sofort das Markt- und Zollrecht genießen dürfe. Die Geburtsstunde Münchens. Übrigens gibt es keine Belege dafür, dass Heinrich die Brücke in Freising tatsächlich niederbrennen bzw. zerstören ließ.

Doch wo genau lag denn nun dieser Klosterbesitz, der München seinen Namen gab? Die Frage lässt sich nicht so einfach beantworten wie die Namensherkunft: München ist ein Flurname für Mönchsbesitz (»munich« plus die besitzanzeigende Ableitungssilbe »-en« = Munichen). Das Kloster Schäftlarn besaß seit dem 8. Jh. im Bereich der heutigen Altstadt (und nicht nur dort) etlichen Besitz. In dessen Zentrum gab es einen kleinen Weiler, für den sich die Bezeichnung »villa Munichen« etablierte, den Namen übernahm man nahtlos für den kleinen Marktflecken mit Zollstation, den Herzog Heinrich der Löwe im 12. Jh. dort anlegen und befestigen ließ. Früher ging man davon aus, dass dieser Klosterweiler auf dem Petersbergl gelegen hätte. Das ist nach neuer Forschung falsch. Auf dem Petersbergl wurden weltliche Befestigungsanlagen gefunden.
Die neue Zollstation München entwickelte sich rasant, wurde von den bayerischen Herrschern aus dem Hause Wittelsbach zur Residenzstadt erkoren und war im 14. Jh. unter Kaiser Ludwig dem Bayern auch die Hauptstadt des Heiligen Römischen Reiches Deutscher Nation. Die Stadt selbst blieb bis 1790 hinter dem Schutz ihrer Mauern. Erst dann entschied Kurfürst Karl Theodor, dass München keine Festung mehr sei und ließ die Wallanlagen abreißen und die Wassergräben zuschütten. Das war die Geburtsstunde der Vorstädte, die dann planmäßig rings um die Altstadt aus dem Boden gestampft wurden. Und München wuchs und wuchs, schluckte Dörfer und sogar Städte im Umland. Inzwischen ist München längst eine Millionenmetropole, dabei eine der reichsten und teuersten, aber auch eine der sichersten Städte Deutschlands.

Münchens Altstadt

Wenn man heute von einem Stadtviertel spricht, ist das meist irreführend, denn eine Stadt ist in der Regel in mehr als nur vier Viertel eingeteilt. Für Münchens Altstadt aber trifft es genau zu: Sie besteht aus vier Vierteln.
Diese vier Viertel bildeten nach dem Krieg folgende Stadtbezirke: 1. Stadtbezirk »Altstadt – Max-Joseph-Platz«, 2. Stadtbezirk »Altstadt – Angerviertel«, 3. Stadtbezirk »Altstadt – Sendlinger Straße«, 4. Stadtbezirk »Altstadt – City-Bezirk«. 1966 wurden sie zum Stadtbezirk 1 »Altstadt« zusammengefügt. 1992 dann vereinte man die Altstadt mit dem Lehel (bislang Bezirk 13) zum heutigen Stadtbezirk 1 »Altstadt-Lehel«.
Die große Rennstrecke für Einheimische und Touristen ist die Neuhauser bzw. Kaufingerstraße mit ihren Geschäften und Gastronomiebetrieben. Wer sich in Menschenmassen nicht wohl fühlt, sollte die Münchner Altstadt vor allem an Samstagen großräumig umgehen. Der Rummel setzt sich dann am Marienplatz und in der Wein-/Theatinerstraße fort. Wer außer Shoppen noch ein Auge für die Schönheiten der Stadt hat, kann sich auch durch die 1972 eingerichtete Fußgängerzone treiben lassen und seinen Blick über die bunten Schaufenster hinaus erheben. Natürlich haben der Zweite Weltkrieg und die Nachkriegsarchitektur brutale Spuren im Stadtbild hinterlassen. Dann kam noch die sogenannte Zweite Zerstörung Münchens, als in den 1960ern viele

Der Blick vom Gasteig auf München in der Schedelschen Weltchronik von 1493, rechts vorne neben der Isarbrücke die Untere Floßlände im Lehel

historische Bauten, die vom Krieg verschont geblieben waren, als »oids Glump« angesehen und ohne Not der Abrissbirne überlassen wurden. Bestes Beispiel ist der bunkerartige Kaufhof am Marienplatz, dessen gründerzeitliches Vorgängergebäude die Bombennächte überlebt hatte. Doch einiges wurde nach dem Krieg auch liebevoll wieder aufgebaut. Und vielleicht macht gerade der Gebäudemix aus allen Stilepochen seit der Gründung Münchens das besondere Flair der Innenstadt aus. Außerdem locken, sobald die Sonne scheint, überall Cafés und Wirtshäuser mit ihren Freischankflächen. Spätestens dann weiß man, warum München die nördlichste Stadt Italiens ist.

Hackenviertel

»Wo München münchnerisch ist«, lautet der Marketing-Slogan der Geschäfte im Hackenviertel. Tatsächlich fällt das Hackenviertel ein wenig aus dem Rahmen im Vergleich zur restlichen Altstadt. Hier finden sich kaum repräsentative Bauten oder bekannte Sehenswürdigkeiten. Das Viertel war schon immer die Heimat von Handwerkern und Krämern. Doch die Geschichte des Hackenviertels ist erheblich älter als die Münchens. Denn einst befand sich hier ein kleines Dorf, über dessen Geschichte man nichts weiß, außer dass es lange vor der Gründung Münchens existierte und Altheim hieß. In Altheim ließ Herzog Albrecht III. 1440 eine kleine Kapelle erbauen, den Vorgängerbau der heutigen Damenstiftskirche. Das Dorf Altheim wurde bei einer der Stadterweiterungen einfach still und leise geschluckt.

Das Hackenviertel und das Angerviertel, damals wie heute getrennt von der Sendlinger Straße, gehörten im Mittelalter zur Pfarrei von St. Peter. Der zugehörige Friedhof lag ab 1478 im Hackenviertel, von ihm ist heute nur noch die ehemalige Friedhofskirche, die Kreuzkirche, erhalten. Wenige Touristen verirren sich zu ihr. Viel fotogener und repräsentativer ist da die Asamkirche an der Sendlinger Straße, ein Meisterwerk des Spätbarock. Ebenfalls Spätbarock ist die Damenstiftskirche, die von außen eher unscheinbar wirkt. Noch unscheinbarer ist das Äußere des ehemaligen Herzogspitals und der im Innenhof liegenden Herzogspitalkirche St. Elisabeth. Die Anlage wurde im Krieg schwer zerstört und durch einen Klinkerbau in den 1950er-Jahren ersetzt, in dem sich das Kloster der Servitinnen befindet.

Die Jahrhunderte weitgehend unbeschadet hat dagegen eines der ältesten noch bestehenden Münchner Bürgerhäuser und die älteste Münchner Wirtschaft überstanden, das Gasthaus zur Hundskugel an der Hotterstraße, das seit 1440 existierte. Unmittelbar daneben entstand die »Hofstatt«, ein neues luxuriöses Wohn- und Ladenzentrum. Nicht der erste Eingriff in die alte Struktur, denn schon in den 1980er-Jahren riss man neben der Asamkirche alte Hinterhofwerkstätten nieder und baute die exklusive Wohnanlage Asamhof.

Münchens Herz

Der Marienplatz im Jahr 1900

Angerviertel

Letztlich ist das Angerviertel so etwas wie die Keimzelle Münchens, denn hier befindet sich das Petersbergl mit der Kirche St. Peter, die bereits lange vor der Gründung Münchens 1158 existierte. Hier auf dem Hügel war man sicher vor der unberechenbaren Isar und ihren gefürchteten Hochwassern. Darum baute Herzog Heinrich der Löwe seine Zollstation auch hier oben neben das kleine Kloster.

Seinen Namen verdankt das Viertel dem im Jahr 1300 erstmals erwähnten Anger, damit war das heutige Areal von St.-Jakobs-Platz und Sebastiansplatz gemeint. Im Angerviertel waren traditionell vorwiegend Händler ansässig – aber auch der Henker. Der hatte sein Haus am Rande des Viertels, an der Stelle, an der heute die Hauptfeuerwache an der Blumenstraße steht. Gleich neben dem Henker eröffnete im November 1437 Münchens erstes städtisches Bordell, damals noch »Frauenhaus« genannt. Offizieller Bordellchef bzw. städtisch bezahlter Zuhälter war der Herr Nachbar: der Henker.

Direkt am Anger siedelten sich in der ersten Hälfte des 13. Jh. Brüder des Franziskanerordens an. Hier stand schon seit Urzeiten eine kleine Einsiedelei mit Jakobskapelle, die Pilger anzog, die in Richtung der Alpen vorbeikamen. 1284 zogen die Franziskaner auf Wunsch Herzog Ludwigs des Strengen in das neu gebaute Kloster St. Anton nahe der Residenz um. Noch im selben Jahr übernahmen Nonnen des Klarissenordens das Kloster St. Jakob, das schnell zu einem bedeutenden und reichen Damenstift aufstieg. Ende des 18. Jh. richtete das Kloster eine Mädchenschule ein. Seit 1843 ist die Kongregation der »Armen Schulschwestern von Unserer Lieben Frau« in Münchens ältestem Kloster zu Hause.

Gegenüber dem Kloster befindet sich das neue Jüdische Zentrum München mit der Hauptsynagoge Ohel Jakob (Zelt Jakobs), dem Gemeindezentrum sowie dem Jüdischen Museum. Abgeschlossen wird der Jakobsplatz vom Münchner Stadtmuseum.

Wo hauptsächlich Händler ihr Viertel hatten, durften natürlich die Märkte nicht fehlen. Auf dem Rindermarkt erinnern heute nur noch bronzene Rindviecher an die Bedeutung des Ortes. Sein pulsierendes, buntes Zentrum hat das Angerviertel mit dem Viktualienmarkt, Deutschlands größtem Freiluftmarkt.

Kreuzviertel

Die wohlhabende Vergangenheit des Kreuzviertels merkt man bis heute. Im Mittelalter standen hier die Salzstadel, in denen das Salz, dem München seine Existenz und seinen Reichtum verdankte, gelagert wurde. Und hier erbaute man das heute weltbekannte Wahrzeichen Münchens: die Frauenkirche. Rings um Kirche und Salzlager herum ließen sich einst vermögende Kaufleute und Patrizier nieder.

Ende des 16. Jh. entdeckten die Mächtigen und die Geistlichkeit das Viertel für sich. Herzog Wilhelm V. ließ 54 Bürgerhäuser abreißen und den repräsentativen Palastkomplex Maxburg am Rande des Viertels erbauen. Der Palast wurde im Zweiten Weltkrieg zerstört und in den 1950er-Jahren durch den bis heute umstrittenen Komplex der Neuen Maxburg ersetzt. Einzig der Renaissanceturm blieb erhalten.

Gleichzeitig mit der alten Maxburg begannen die Bauarbeiten zum umfangreichen Gebäudekomplex des Jesuitenklosters mit der Alten Akademie und der Michaelskirche. Schließlich siedelten sich auch die Karmeliten an, und vor der Stadtmauer bauten sich die Kapuziner ihr Kloster. Mit dem Bau der Theatinerkirche etablierte sich das Kreuzviertel endgültig zum geistlichen Zentrum Münchens. Seit 1818 residiert auch der Erzbischof von München und Freising im Palais Holnstein, Kardinal-Faulhaber-Straße.

Immer mehr Adelige ließen sich ab dem 17. Jh. im Kreuzviertel vor allem entlang der Prannerstraße und am Promenadeplatz Palais erbauen – die Porcias, die Preysings, die Montgelas, die Spretis und Toerring-Jettenbachs und viele mehr. Im 19. Jh. zogen staatliche Einrichtungen ins Viertel. Der Landtag tagte in der Prannerstraße, das Innenministerium belegte die Räume des ehemaligen Theatinerklosters und der Außenminister, gleichzeitig Vorsitzender des Ministerrats, also quasi Ministerpräsident, residierte im Palais Montgelas. Letzteres ist heute ein Teil des Hotels Bayerischer Hof.

Etliche der alten Adelspaläste im Stil des Barock oder des Rokoko sind heute noch erhalten und machen den ganz eigenen Charme des Viertels aus. Sie dienen freilich längst nicht mehr als Privathäuser, sondern als repräsentative Bürogebäude. Andere Palais mussten im späten 19. Jh. den neuen Machtzentralen der Moderne weichen: Banken. Die HypoVereinsbank ist gleich mit mehreren monumentalen Gebäuden im Stil des Neobarock vertreten. Einen der Gebäudekomplexe ließ die HypoVereinsbank um die Jahrtausendwende entkernen und die exklusive Einkaufspassage 5 Höfe mit der Hypo-Kunsthalle erbauen. Diese Passage verbindet nun das Bankenviertel mit der Einkaufsmeile Theatinerstraße.

Graggenauviertel

Im Graggenauviertel hinterließen vor allem die bayerischen Herrscher ihre Spuren. Hier standen die Repräsentations- und Verwaltungsbauten wie der Marstall und die Königliche Münze. Vom Alten Hof aus, dessen Geschichte bis ins 12. Jh. zurückreicht, regierten die Herzöge. Kaiser Ludwig der Bayer machte die Burg sogar zum ersten festen Kaisersitz Deutschlands, in dessen Kapelle die Reichskleinodien aufbewahrt wurden. 1385 erbauten sich die Herzöge dann auf dem Gebiet der heutigen Residenz die Neuveste als Fluchtburg, um sich vor der revoltierenden Münchner Bürgerschaft in Sicherheit bringen zu können. In den folgenden Jahrhunderten ließen die Wittelsbacher die Residenz von

In der Nieserstraße

den besten Architekten immer weiter aus- und umbauen, bis sie schließlich das größte Stadtschloss Deutschlands besaßen. Nahe der Residenz errichteten sich reiche Münchner Patrizier ihre schmucken Palais.

König Max I. Joseph ließ sein Hof- und Nationaltheater auf der Stelle erbauen, wo sich bis zur Säkularisation das Franziskanerkloster und damit ein seelsorgerisches Zentrum des Graggenauviertels befunden hatte. Der Enkel von Max I., Max II., drückte der Graggenau dann noch einen weiteren Stempel auf: die Maximilianstraße. Von Zeitgenossen als völlig misslungen bespöttelt, ist die Prachtstraße heute eine der exklusivsten Einkaufsmeilen Deutschlands. Ludwig I., der Vater von Max II., soll angesichts der neuen Maximilianstraße angewidert »Pfui Teufel, pfui Teufel, pfui Teufel!« ausgerufen haben.

Prächtig zeigte sich die Graggenau aber nur auf dem Gebiet oberhalb der Isarhangkante. Unten im Tal siedelten sich vor allem Handwerker an, denn die Wasserkraft der Stadtbäche lieferte damals für allerlei Gewerbe die nötige Energie. Bis heute steht hier in der Neuturmstraße 3

Theatinerkirche (o.) und das Rathaus bei Nacht

Münchens einzige noch aktive Getreidemühle, die Hofbräuhaus-Kunstmühle. Im unteren Graggenauviertel sind nach wie vor an den engen, verwinkelten Gassen die Strukturen des mittelalterlichen Viertels zu erkennen. Zentrum des unteren Graggenauviertels ist das Platzl mit dem Hofbräuhaus, das von 1607 stammt. Herzog Wilhelm V. liebte gutes Bier, das er extra aus Einbeck bei Hannover importieren ließ, da das Münchner Bier bestenfalls als Gebräu zu bezeichnen war. Um sich die hohen Transportkosten zu sparen, warb der Herzog kurzerhand den Einbeckern einen der besten Braumeister ab, damit er in München den Bierdurst des Hofes löschen konnte.

Im Graggenauviertel konzentrierte sich aber nicht nur die fürstliche Macht, sondern auch die bürgerliche Verwaltung. Das Alte und das Neue Rathaus stehen hier, wobei viele Touristen das Neue für das Alte halten. Für den Bau des neugotischen Neuen Rathauses mussten Ende des 19. Jh. mehrere Bürgerhäuser an der Nordseite des Marienplatzes abgerissen werden. Nördlich des Rathauses befindet sich mit dem Marienhof eine kleine grüne Oase mitten im Zentrum. Ursprünglich war auch dieses Gebiet bebaut, dann aber von den Bomben des Zweiten Weltkriegs zerstört worden.

Das Lehel

Keine mittelalterliche Stadt endete an der Stadtmauer. Es gehörte immer auch der Burgfrieden genannte Bereich außerhalb der Mauern dazu. Zum Münchner Stadtgebiet zählten schon immer das Lehel, der Gasteig, die Isar-, Ludwigs- und Maxvorstadt.

Freilich gestaltete sich das Leben vor den schützenden Stadtmauern nicht einfach. Da gab es die reißende Isar mit ihren gefürchteten Hochwassern, und die kargen Böden der Auwälder boten keine Möglichkeit der Landwirtschaft. Und dann die Kriege: Wer immer München belagerte, verwüstete die ungeschützten Vororte. Auch das Lehel wurde immer wieder von marodierenden Truppen geplündert. Die Leheler mussten die Katastrophen geduldig ertragen. Wer sich hier niederließ, gehörte zur Unterschicht, musste sich entweder als Tagelöhner verdingen oder einem Handwerk nachgehen. Wie Funde aus der Bronzezeit zeigen, betrieb hier schon in grauer Vorzeit ein Schmied eine Werkstatt mit Schmelzofen.

In vorindustrieller Zeit stellte die Wasserkraft die wichtigste Energiequelle dar. Zahlreiche Mühlen entstanden an den Nebenarmen der Isar. Nicht nur Getreidemühlen profitierten von der Wasserkraft. Die Räder trieben Holzsäge-, Steinsäge-, Papier-, Gips-, Gewürzmühlen und Schmiedehämmer an. Auch viele Wäscher, Gerber und die Textilindustrie ließen sich am Wasser nieder. Eine große Baumwollfabrik und drei Tabakfabriken gaben Hunderten Lehelern Arbeit. Zu den Tabakfabrikanten zählte Pietro Paolo de Maffei aus Verona, dessen Sohn Joseph Anton von Maffei im Englischen Garten eine Lokomotivenfabrik gründete, aus der das Industrieunternehmen Krauss-Maffei hervorging.

Größter Wirtschaftsfaktor im Lehel wurde aber der Floßhafen an der Ludwigsbrücke. München unterhielt einst zwei Floßländen: eine zwischen Kohleninsel (heute Museumsinsel) und Lehel sowie eine am Westermühlbach in der Isarvorstadt. In der Mitte des 19. Jh. hatte München den größten Floßhafen Europas. Hier legten die Flöße aus dem Alpenvorland an und brachten Waren aus Italien und dem Alpenraum. Die Flöße wurden auseinandergenommen und die Baumstämme als Bauholz weiterverwendet. Als sich die Eisenbahn als günstigeres Transportmittel durchsetzte, kam das Aus für den Hafen. Denn um die bei-

Den Blick vom Gasteig auf München malte Canaletto 1761, vorne der Auer Wasserturm, rechts daneben auf der anderen Isarseite der Brückenkopf mit dem Roten Turm. Hinter der Isarinsel dann das Lehel, am äußersten rechten Bildrand sieht man das Trockenhaus der Baumwollfabrik.

den innerstädtischen Häfen zu ersetzen, baute die Stadt Ende des 19. Jh. die Zentrallände bei Maria Einsiedel, wo heute nur noch Ausflugsflöße landen.

Als Hafen und Industriegebiet lockte das Lehel stetig Arbeitsuchende an. Wie die Herbergsviertel in der Au oder in Haidhausen war das Lehel heillos überfüllt. Jede noch so mistige Kammer, jedes dreckige Loch fand einen dankbaren Mieter. Was fehlte, war eine Kirche. Am 19. Mai 1727 legte Kurfürstin Maria Amalia den Grundstein zum Kloster St. Anna, das seitdem das Herz des Viertels ist.

Nachdem München seine Stadtmauern einriss, wurde das Lehel 1814 offiziell zur St.-Anna-Vorstadt – ein Name, der sich nie durchsetzte. Doch das Viertel wurde langsam schick. König Maximilian II. ließ den Architekten Friedrich Bürklein eine neue Prachtstraße vom Max-Joseph-Platz kerzengerade zur Isar hinunter bauen. Die 1853 fertiggestellte Maximilianstraße im neugotischen Tudor-Stil ist heute eine der exklusivsten Einkaufsstraßen Deutschlands. Die Maximilianstraße und der zweite Prachtboulevard, die Prinzregentenstraße, werteten das Lehel gewaltig auf. Das Lehel wurde gutbürgerlich. Der Zustrom von Neubürgern blieb ungebrochen. Viele der Zuzügler kamen aus dem Osten und waren jüdischen Glaubens. Sie bauten sich 1882 die Ohel-Jakob-Synagoge in der Herzog-Rudolf-Straße. Die Synagoge ging in der Reichspogromnacht 1938 in Flammen auf. Apropos Pogrom: Einer, der das Lehel bestens kannte, weil er rund zehn Jahre in der Thierschstraße wohnte, war Adolf Hitler. Und Hitler verpasste dem Lehel auch das neoklassizistische Haus der Kunst. Die Kriegsbomben, die Hitlers Wahn vom Tausendjährigen Reich den Münchnern einbrockte, hinterließen

Das Atelier Bow-Wow installierte »Bridge Sprout« (Brücken-Spross) an der Widenmayerstraße, eine halbe Brücke, die zur Schwindinsel führt, aber mittendrin jäh abbricht. Die temporäre Kunstaktion bliebt bis Ende 2021.

im Lehel eine Trümmerlandschaft. Doch speziell ab den 1970er-Jahren entdeckten Immobilienspekulanten das zentral gelegene Viertel und sorgten dafür, dass das Lehel zu einer der begehrtesten Wohnlagen Münchens aufstieg und bis heute blieb.

Die vielen Bäche, die einst das Viertel prägten, gibt es längst nicht mehr. Die meisten wurden Ende der 1960er-Jahre trockengelegt und aufgefüllt. Einzig der Eisbach wird noch in Höhe der Praterinsel aus der Isar abgeleitet und fließt unterirdisch bis zum Haus der Kunst, wo er das Tageslicht erblickt und im Englischen Garten die Nacktbader abkühlt.

München 1613

Den ältesten Stadtplan von München schuf Tobias Volckmer 1613. Die Stadt ist umgeben von Krautäckern, Flö fahren auf der Isar und die herzogliche Fluchtburg liegt auf einer Insel im Norden der Stadt.

CVM LICENTIA ET FACVLTATE DVCIS.
Iobias Volckmer iunior aurifaber salisburgensis dimensuravit fecit et scalpsit.
1613.
ISER flus
gries
Aufm gries
Die Vndere Blaich

Der Marienplatz

Er ist seit Gründung der Stadt bis heute das Herz Münchens: der **Marienplatz.** Hier kreuzten sich schon zu Urzeiten die Handelsstraßen. Kaiser Ludwig der Bayer verlieh München 1315 die Marktfreiheit unter der Bedingung, dass der Marienplatz »auf ewige Zeiten« nicht bebaut werden dürfe. Damals nannte man den Platz noch Marktplatz oder Schrannenplatz, denn hier gab es verschiedene Märkte für Eier, Getreide, Wein und Fisch. Der Fischbrunnen erinnert heute an die Lage des Fischmarkts. Wo heute das Neue Rathaus steht, befanden sich ab 1566 die »Landschaftshäuser«, in denen die Vertreter der Stände und Landschaften beim bayerischen Herzog ihren Sitz hatten.

1638 sorgte Kurfürst Maximilian I. für einen Skandal: Er ließ zum Dank für die Schonung der Stadt während der schwedischen Besatzung im Dreißigjährigen Krieg die **Mariensäule** auf dem Platz errichten. Der Freisinger Bischof Veit Adam von Gepeckh weihte die Säule am 7. November 1638. Die Bürger tobten, denn der Platz gehörte rechtlich ausschließlich der Stadt und der Fürst hätte hier nicht bauen dürfen.

Die vergoldete Marienstatue stammt vermutlich von Hubert Gerhard. Die vier Heldenputti wurden 1639 hinzugefügt. Sie kämpfen mit vier durch Tiere verkörperte Plagen: der Löwe steht für den Krieg, der Basilisk für die Pest, der Drache für den Hunger und die Schlange für den Unglauben.

Das Streitobjekt Mariensäule ist heute eines der bedeutendsten Wahrzeichen Münchens. Nachdem der Getreidemarkt in die Schrannenhalle an der Blumenstraße verlegt worden war, benannte die Stadt den Schrannenplatz 1854 um in Marienplatz. Dahinter steckte der Wunsch, die Muttergottes (die Patrona Bavariae) möge die Stadt vor der in diesem Jahr wütenden Choleraepidemie schützen. 1972 ging die Mariensäule auf Wanderschaft. Weil der Platz zur Fußgängerzone wurde, versetzte man die Säule in die Platzmitte. Ohnehin wurde der Platz im und nach dem Zweiten Weltkrieg arg in Mitleidenschaft gezogen. Die historischen Gebäude an der Südseite gingen komplett verloren, Richtung Osten wurde die Baulinie stark verändert. Wo heute der Weg zur Heiliggeistkirche ist, standen früher Häuser.

Markt auf dem Marienplatz 1853

Im 19 Jh. war die Mariensäule das Maß aller Dinge in Bayern: Auf sie bezogen sich die Entfernungsangaben. Auch die Häusernummerierung der Straßen beginnt an dem zum Marienplatz relativ nächsten Punkt mit Hausnummer 1. Ausnahmen sind Straßen ohne relativen nächsten Punkt zum Marienplatz, zum Beispiel Ringstraßen.

Unter dem Marienplatz liegen der S- und U-Bahnhof, der mit Sperrengeschoss von Alexander von Branca gestaltet wurde. Den Umbau des 1 700 m² großen Sperrengeschosses von 2012 bis 2015 erfolgte nach Plänen des Münchner Architekturbüros Allmann Sattler Wappner.

Auf dem Marienplatz ist der **Fischbrunnen** ein beliebter Treffpunkt. Ein Brunnen auf dem Platz wurde schon 1318 erwähnt, doch wo der stand, ist ungewiss. Der 1343 erwähnte »Bürgerbrunnen«, später auch »Marktbrunnen«, hingegen befand sich eindeutig auf dem nordöstlichen Markplatz wie auch der heutige Fisch-

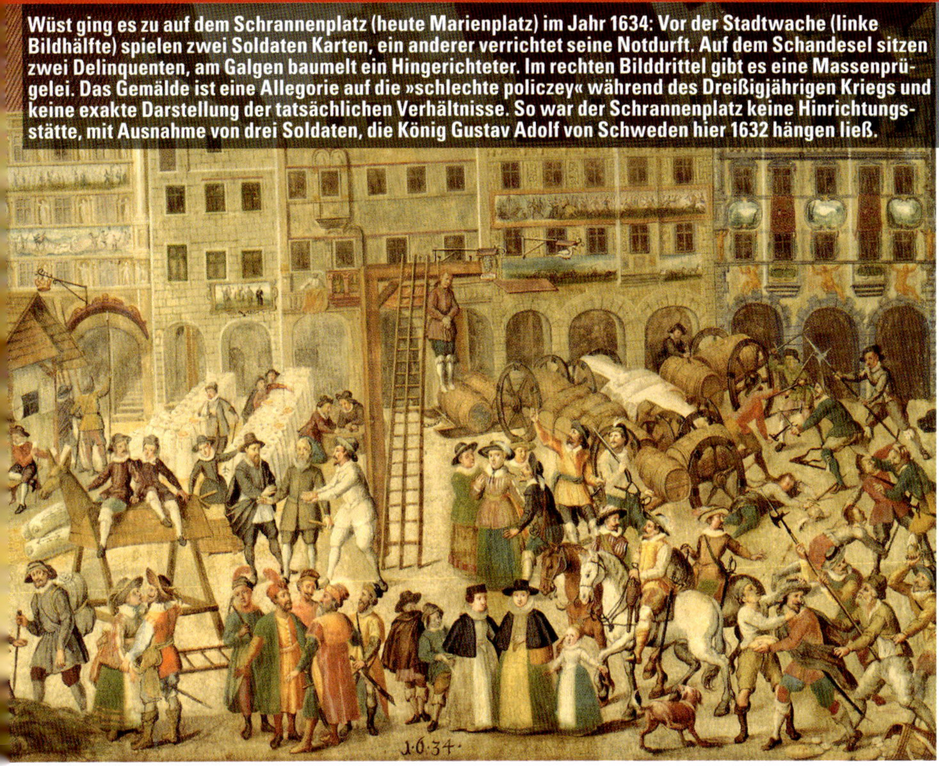

Wüst ging es zu auf dem Schrannenplatz (heute Marienplatz) im Jahr 1634: Vor der Stadtwache (linke Bildhälfte) spielen zwei Soldaten Karten, ein anderer verrichtet seine Notdurft. Auf dem Schandesel sitzen zwei Delinquenten, am Galgen baumelt ein Hingerichteter. Im rechten Bilddrittel gibt es eine Massenprügelei. Das Gemälde ist eine Allegorie auf die »schlechte policzey« während des Dreißigjährigen Kriegs und keine exakte Darstellung der tatsächlichen Verhältnisse. So war der Schrannenplatz keine Hinrichtungsstätte, mit Ausnahme von drei Soldaten, die König Gustav Adolf von Schweden hier 1632 hängen ließ.

Auch auf der Marienplatz-Darstellung von Michael Wening (1701) sieht man deutlich den Schandesel

brunnen. Der alte Brunnen war noch ein Ziehbrunnen. Ab 1471 sprudelte aus den Messingröhren frisches Quellwasser aus dem Umland: Der Fischbrunnen war der einzige Brunnen in München, der an ein neues Leitungswassersystem angeschlossen wurde. Im Brunnen »lagerten« die Fischhändler ihre frische, lebende Ware. Der Vorgängerbrunnen des heutigen stammte von Konrad Knoll und ging 1866 in Betrieb. Die Bronzeplastiken zeigten vier Metzgersburschen, die Wasser in Eimern in den Brunnen schütten, darüber musizierten Kinder und ganz oben stand ein Altgeselle. Ein eindeutiger Hinweis auf den **»Metzgersprung«**, bei dem einst Metzgerlehrlinge freigesprochen wurden. Die Lehrlinge hüpften am Rosenmontag ins Wasser und wurden untergetaucht, eine Art Taufe, bei der die Burschen ihre (Jugend-)Sünden abwuschen. Nach dem Auftauchen bewarfen sie die Umstehenden mit Äpfeln, Nüssen und Münzen und spritzten mit Wasser um sich. Kurfürst Karl

Metzgersprung 1893

Theodor verbot den Brauch 1793, erst König Max II. belebte ihn Mitte des 19. Jh. wieder. Im 20. Jh. gab es nur unregelmäßig Metzgersprünge, erstmals 1928, dann erst wieder 1954 zur Einweihung des neuen Fischbrunnens, den Josef Hanselmann unter Verwendung von Originalteilen des im Krieg zerstörten alten Brunnens geschaffen hatte. Seit 1995 gibt es den Metzgersprung wieder regelmäßig alle drei Jahre. Seit dem 15. Jh. hat auch das **Geldbeutelwaschen** am Aschermittwoch Tradition. Früher demonstrierten damit einfache Arbeiter öffentlich, dass ihre Geldsäckel leer waren und eine Lohnerhöhung nötig war. OB Thomas Wimmer führte in den 1950ern ein, dass auch der Oberbürgermeister und der Stadtkämmerer den leeren Stadtsäckel im Fischbrunnen waschen, um ihn für das kommende Jahr gut zu füllen.

Altes Rathaus

Wie das erste Münchner Rathaus aussah, weiß man nicht. Es wurde jedenfalls 1310 erstmals erwähnt und fiel 1460 einem Blitzschlag zum Opfer. 1470 bis 1480 erbaute Dombaumeister Jörg von Halspach, auch Jörg Ganghofer genannt, der gleichzeitig auch die Frauenkirche errichtete, das gotische Rathaus. Im Keller richtete man praktischerweise das Stadtgefängnis ein und im Erdgeschoss das Brothaus. Im ersten Stock befindet sich ein großer Fest- und Tanzsaal, der trotz zahlreicher Umbauten am Haus im Laufe der Jahrhunderte bis heute weitgehend im Originalzustand erhalten ist und immer noch für Festveranstaltungen dient. In diesem Saal stehen die berühmten *Moriskentänzer*, die Erasmus Grasser im 15. Jh. schnitzte. Es sind die weltweit einzigen dreidimensionalen Darstellungen des damals so beliebten Tanzes. Heute sind nur noch Repliken im Saal, die Originale stehen im Münchner Stadtmuseum. Die großzügige Durchfahrt zum Tal mit separater Fußgängerpassage wurde erst nach dem Umzug der Stadtverwaltung in das Neue Rathaus nach 1874 geschaffen. Die heutige Form

Fischbrunnen 1878 und heute

im gotischen Baustil erhielt die Durchfahrt 1934/35. Das im Krieg fast komplett zerstörte Alte Rathaus wurde 1953 bis 1958 wieder aufgebaut. Den Turm rekonstruierte man 1971 bis 1974 nach dem gotischen Original von 1493.

Im Turm befindet sich seit 1983 das privat betriebene Spielzeugmuseum, die Sammlung von Ivan Steiger.

Ein Durchgang vom Marienplatz zum Viktualienmarkt war einst nur durch das Tor im Turm des Alten Rathauses möglich. Direkt anschließend an den Turm standen das Stadtarchiv und das **Onuphriushaus** sowie ein Geschäftshaus, die gesamte Gebäudezeile war von Arkaden gesäumt. Noch heute ziert eine Darstellung des hl. Onuphrius ein Gebäude. Warum? Der Gründer Münchens, Heinrich der Löwe, wählte den äthiopischen Heiligen Onophrios den Großen (gestorben ca. 400) als sei-

Das Alte Rathaus Ende des 19. Jh. Auf dem Gebäude rechts erkennt man die Fassadenmalerei mit dem hl. Onuphrius

Direkt ans Alte Rathaus angebaut war das sogenannte Kleine Rathaus, das als Standesamt diente (Foto von 1920). Es wurde im Krieg zerstört und zugunsten eines Durchgangs vom Marienplatz zum Viktualienmarkt nicht wieder aufgebaut. Zuvor gelangte man nur durch das Rathaustor ins Tal.

nen persönlichen Schutzpatron und gleichzeitig als Schutzpatron für seine neue Stadt München. Angeblich soll Heinrich von seinem Kreuzzug eine Reliquie nach München gebracht haben: die Hirnschale des Heiligen. Sie wurde in der Lorenzkapelle im Alten Hof aufbewahrt. Was mit der Reliquie nach dem Abriss der Kapelle 1816 geschah, ist nicht überliefert.

Angeblich gab es schon immer an dem Haus neben dem Alten Rathaus ein Fresko eines riesigen, nur mit Blättern bekleideten Bärtigen, der einen Knotenstock mit Doppelkreuz bei sich trug. Das erste Gemälde soll ein Mann namens Heinrich Pirmat in Auftrag gegeben haben, aus Dank für seine gesunde Rückkehr von einer Pilgerreise ins Heilige Land. Seitdem wird an jedem Nachfolgegebäude der Onophrios verewigt. So auch auf dem Bau, den Gabriel von Seidl hier erbaute und der im Zweiten Weltkrieg zerstört wurde. Nach der Kriegszerstörung wurde die gesamte Bebauungslinie an der Südostseite des Marienplatzes um 5 m zurückversetzt, um einen direkten Zugang zum Viktualienmarkt zu schaffen. Das heutige Gebäude am Marienplatz 17 aus den frühen 1960er-Jahren ziert ein Fassadenmosaik von Max Lacher und trägt die Inschrift »Sanct Onuphrius«. Der Legende nach kann kein Mensch, der das Bild ansieht, am selben Tag eines jähen Todes sterben. Übrigens verwechseln die meisten den Dargestellten mit dem hl. Christophorus.

Neues Rathaus

Nachdem 1864 die Regierung von Oberbayern in einen Neubau in die Maximilianstraße umgezogen war, wurden die alten Landschaftshäuser am Marienplatz frei. Weil das Alte Rathaus längst zu klein geworden war, kaufte die Stadt die Anwesen und ließ sie abreißen. Die Ausschreibung für den Neubau gewann der junge Grazer Architekt Georg Hauberrisser, der einen Bau im damals angesagten neugotischen Stil vorschlug. Am 1. Juni 1867 erfolgte die Grundsteinlegung, 1870 zogen die ersten Behörden ein. Schnell zeigte sich, dass der Neubau nicht ausreichen würde. Also kaufte die Stadt alle angrenzenden Anwesen an der Diener-, Landschaft- und Weinstraße auf. Im zweiten Bauabschnitt wurde 1892 der Block Diener-/Landschaftstraße fertiggestellt. Anschließend kamen die Erweiterungsbauten zum Marienplatz hin, die 1906 ihrer Bestimmung übergeben werden konnten. Auf dem 85 m hohen Rathausturm steht seit 1905 das **Münchner Kindl,** für das ein Promi

Der erste Bauabschnitt des Neuen Rathauses im Jahr 1900

Modell stand: Bildhauer Anton Schmid ließ seinen neunjährigen Sohn Wiggerl Modell stehen – den später bekannten Münchner Volksschauspieler Ludwig Schmid-Wildy.

Glockenspiel

Täglich versammeln sich um 11 und 12 Uhr unzählige Touristen auf dem Marienplatz, um das 1909 eingeweihte Glockenspiel im Rathausturm zu sehen. Der Erker mit dem Glockenspiel ist aus Kupfer getrieben. 32 Figuren stellen Motive aus Münchens Geschichte nach. So im oberen Teil des Erkers das Turnier, das zu Ehren der Hochzeit Herzogs Wilhelm V. mit Renata von Lothringen 1568 auf dem Platz abgehalten worden war. Die bayerischen Ritter siegen dabei über die schwarz-gelben Lothringer. In der unteren Etage drehen sich die Schäffler bei ihrem Tanz. Nach der schweren Pest von 1517 sollen die Fassmacher als Erste sich wieder auf die Straßen getraut haben, und um der Bevölkerung zu zeigen, dass die Seuche vorbei ist, sind sie in ihrer Tracht tanzend durch die Stadt gezogen. Abends um 21 Uhr bringen Musik aus Wagners *Die Meistersinger von Nürnberg* und Brahms' *Wiegenlied* sowie ein Schutzengel und ein Nachtwächter das Münchner Kindl zu Bett. Die 43 Glocken werden mit Solarstrom angetrieben, sie spielen jeweils vier Melodien, die monatlich wechseln. Von März bis Oktober spielen sie noch einmal um 17 Uhr.

Das Neue Rathaus wurde im Zweiten Weltkrieg nur leicht zerstört. Die letzten Kriegsschäden beseitigte man bei der Generalsanierung Ende der 1990er-Jahre. Auffällig an der Fassade zum Marienplatz sind die vielen Steinfiguren, hierbei handelt es sich um die bayeri-

Das Glockenspiel

schen Herrscher, beginnend mit Heinrich dem Löwen und der (beinahe kompletten) Linie der Wittelsbacher. Das zentrale Denkmal ist das Reiterstandbild von Prinzregent Luitpold, der zur Bauzeit Bayern regierte. Daneben tummeln sich an den Fassaden alle möglichen Tiere, Fratzen, Wasserspeier, Sagengestalten und Menschen im gotischen Stil.

Bekannt ist das **»Wurmeck«** an der nordwestlichen Ecke. Der große kupferne Lindwurm, von Anton Kaindl gestaltet, klettert den Erker mit Steinreliefs von den Bildhauern Jakob Bradl, Roth und Franz Bernauer hinauf und bedroht die Münchner. Das Wurmeck war eine Spende der Münchener-Aachener-Feuerversicherung. Der Sage nach soll an dieser Ecke des Marienplatzes einst ein Lindwurm aus der Erde gekrochen sein und habe die Pest verbreitet. Mutige Männer hätten den Lindwurm getötet und als Zeichen, dass die Pest nun vorbei sei, seien die Schäffler durch die Straßen der Stadt getanzt. In Wahrheit bezieht sich das Wurmeck

Der Lindwurm am Rathaus

auf den Hausnamen des Bürgerhauses, das einst hier stand. Es gehörte der Familie Schönecker, die einen Panthier (Fabelwesen mit Drachenkopf, Löwenleib und Adlerklauen) als Wappentier führte. Der Hausname Wurmeck ist bereits 1431 erstmals erwähnt worden.

Fußgängerzone

Ein erster Versuch scheiterte 1961: Die probeweise Sperrung von Neuhauser und Kaufingerstraße für den Autoverkehr kam nicht gut an. Die Straßen waren eine der Hauptverkehrsachsen in der Altstadt und es fehlte an Entlastungsmöglichkeiten. Doch der Stadtrat ließ sich nicht entmutigen und beschloss 1966 die Einrichtung einer Fußgängerzone zur Stärkung des Einzelhandels, des Fremdenverkehrs und zur Schaffung einer erlebbaren Stadtmitte. Die Arbeiten nach den Plänen der Architekten Bernhard Winkler und Siegfried Meschederu begannen 1970. Mit der Eröffnung der Olympischen Sommerspiele am 30. Juni 1972 wurde auch die Fußgängerzone zwischen Stachus und Marienplatz eröffnet. Das 15 Mio. Mark teure Projekt floppte diesmal nicht, da gleichzeitig der Altstadtring fertiggestellt wurde und die unterirdische S-Bahn (anstelle der oberirdischen Tram) zwischen Karlstor und Isartor verkehrte. Inzwischen wurde die Fußgängerzone mehrfach erweitert. Zuletzt wurde die Sendlinger Straße 2019 für den Autoverkehr gesperrt und 2020 umgestaltet.

Die Marienplatz-Südseite wurde im Krieg komplett zerbombt, auf dem Foto von 1953 (o.) sieht man hinter den Notbaracken den Rindermarkt und den Löwenturm. Heute bestimmen Zweckbauten aus der Nachkriegszeit die Optik der Südseite. Aufwendige Fassadengestaltung, wie sie einst Münchens Hauptplatz zierte, sucht man vergebens. Die Ecke Kaufinger-/Rosenstraße im Südwesten des Marienplatzes hat eine besonders radikale Veränderungen erfahren. Das granitverkleidete Kaufhof-Gebäude, das 1969–1972 nach Plänen von Josef Wiedemann erbaut wurde, wird bis heute von vielen als »Bunker« empfunden und angefeindet. Der Vorgängerbau war ebenfalls ein Kaufhaus: Die Firma Roman Mayr ließ 1912 die Architekten Heilmann & Littmann (von ihnen stammt auch der Oberpollinger) ein repräsentatives Gebäude im Zopfstil konstruieren. Es überstand den Zweiten Weltkrieg beinahe unbeschadet, funktionierte (sah deutlich besser aus, als der heutige Bau, Foto u.) und musste erst 1968 in der sogenannten zweiten Zerstörung Münchens dem heutigen Bau weichen.

1 Hackenviertel

1.1 Sendlinger Tor

Als Kaiser Ludwig der Bayer zwischen 1285 und 1337 die Stadt erweiterte und eine neue Stadtbefestigung schuf, wurde auch das Sendlinger Tor errichtet. Erwähnt wurde das Tor erstmals 1318 als Startpunkt für den Weg nach Italien. 1808 riss man den Mittelturm ab. Ursprünglich gab es drei Toreingänge, die man aber 1906 aus verkehrstechnischen Gründen durch einen großen Mittelbogen ersetzte. Die kleinen Portale in den Flankentürmen stammen von Wilhelm Bertsch.

Im Inneren der Asamkirche

1.2 Asamkirche

Zwei geniale Brüder schufen nur für sich ein Meisterwerk des Spätbarock: Maler und Architekt Cosmas Damian Asam sowie Stuckateur und Bildhauer Egid Quirin Asam bauten direkt neben dem Wohnhaus von Egid Quirin auf einem nur 22 mal 8 m großen Grundstück in der Sendlinger Straße ihre ganz persönliche Privatkirche. Weil sie keinen Auftraggeber hatten, konnten sie völlig nach ihren eigenen Vorstellungen arbeiten. Es entstand zwischen 1733 und 1746 die kleine, aber aufsehenerregend schöne Kirche, die offiziell St. Johann-Nepomuk-Kirche heißt, aber jeder Münchner nur Asamkirche nennt. Egid Quirin Asam baute sich in sein Wohnhaus ein Fenster ein, durch das er direkt auf den Altar blicken konnte. Nach Protesten der Bürger sahen sich die Asams gezwungen, »ihre« Kirche für die Allgemeinheit zu öffnen.

Direkt an die Kirche schließt nördlich das Priesterhaus an, ein schmaler Bau des Spätbarock, den vermutlich Matthias Krinner von 1771 bis 1773 errichtete.

1.3 Asamhaus

Sieht barock aus, ist aber im Kern gotisch. Um 1730 zogen die Gebrüder Asam in das alte Wohnhaus, das sie dann drei Jahre später kauften und zu ihrem Künstlerheim umgestalteten. Sie pfiffen auf die gotischen Vorgaben. Egid Quirin Asam überzog die Fassade mit überreichem Stuckdekor, sein Bruder Cosmas Damian sorgte für die Malerei.

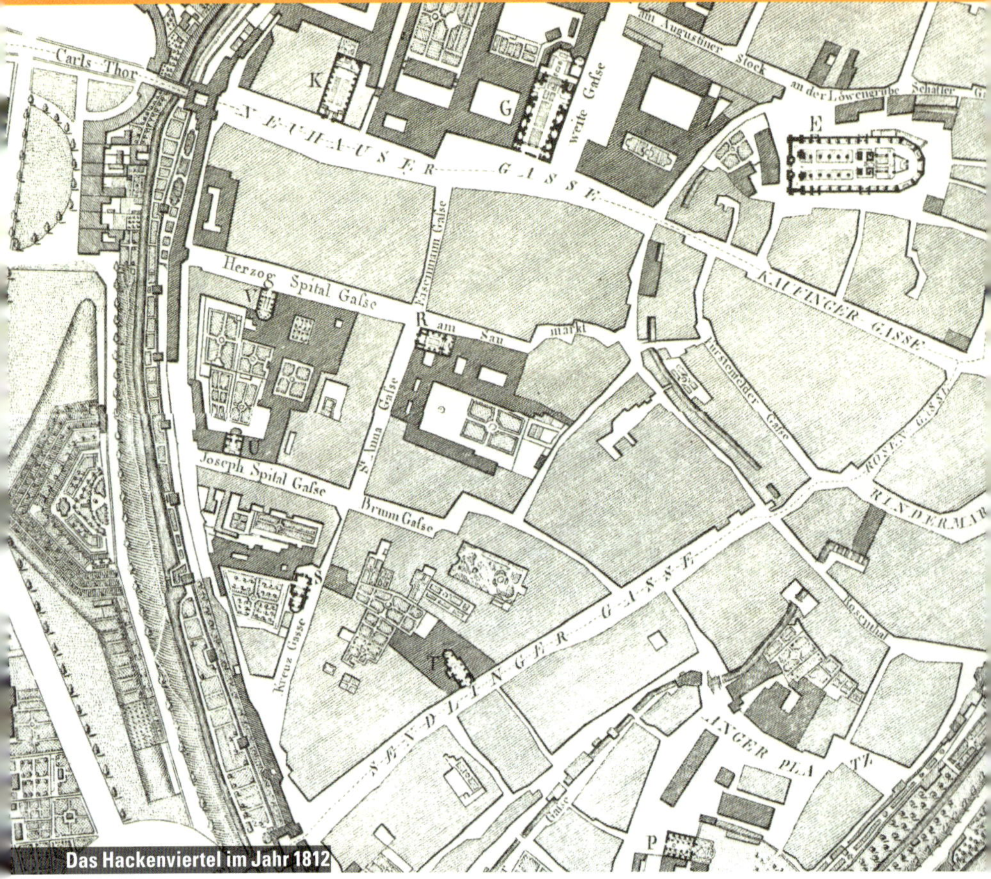

Das Hackenviertel im Jahr 1812

1.4 Asamhof

Wo sich früher Häuser eng aneinanderkuschelten und über düstere Hinterhöfe verbunden waren, blieb nach dem Zweiten Weltkrieg nur ein Ruinenfeld. Darauf errichtete man einen Parkplatz, bis die Unternehmensgruppe Argenta 1978 das 20 000 m^2 große Gelände erwarb und bis 1982 durch das Architekturbüro GSP neu bebaute. Zwischen Sendlinger, Kreuz- und Brunnstraße entstand direkt neben der Asamkirche eine in Anlehnung an die alten Hinterhöfe bewusst verwinkelt angelegte Passage mit Wohnungen, Büros, Geschäften und gastronomischen Betrieben. Damals fand das Projekt nur mäßigen Anklang. Das Planungsreferat kritisierte, dass die Mieten zu hoch seien und der Versuch, den alten Münchner Stil architektonisch nachzuempfinden, wäre reine »Kulissenschieberei«.

Die Steinskulptur *Die kalte Nacht* von Zavory Emese, 1982, sitzt im Asamhof

1.5 Hundskugel

Das **Haus zur Hundskugel** in der Hackenstraße 10 gehört zu den wenigen erhaltenen Altmünchner Bürgerhäusern. Es stammt aus dem Jahr 1741 und verdankt seinen Namen dem Relief von Roman Anton Boos, das sechs Hunde zeigt, die sich um eine Kugel balgen. Im Haus lebte neben Boos u. a. auch der Bildhauer Johann Baptist Straub. Nicht zu verwechseln mit dem Gasthaus zur Hundskugel!

Das Hundskugelrelief an der Hackenstraße 10

Die Hundskugel in der Hotterstraße 18

Von 1484/85 bis 2011 – so lange gab es unter der Adresse Hotterstraße 18 das **Gasthaus zur Hundskugel.** Das heutige Gebäude wurde um 1640 erbaut und ist eines der ältesten noch bestehenden Bürgerhäuser Münchens. Wie das vier Häuser weiter stehende Haus zur Hundskugel verdankt das Gasthaus seinen Namen dem Hauszeichen mit den Hunden, die mit einer Kugel spielen. Das, so schrieb Alexander Schöppner 1852, sei eine Erinnerung daran, dass in dem Wirtshaus einst eine Kegelbahn existierte und die Fassade mit neun Hunden bemalt gewesen sei, die Kegel spielten. Nach der Übermalung im 19. Jh. setzte Bildhauer Boos in der Nachbarschaft das o. g. Holzrelief ein, um an die kegelnden Hunde zu erinnern. Das Wirtshaus gehörte von 1983 bis zu seiner Ermordung 2005 dem Boutiquenbesitzer Rudolph Moshammer, der es der Stadt vererbte. Seit 2011 betreibt die Stiftung Sternenstaub der Familie Todenhöfer hier einen sozialen Treffpunkt.
Interessanterweise nannte man die Gasse schon im 14. Jh. »Bei der Hundskugel«, nach dem an dieser Stelle nachgewiesenen Hundskugelbad (Hackenstraße 4), dessen Name von der »Hundsgugel« stammte, einem damals weitverbreiteten Helm mit an eine Hundeschnauze erinnerndem Visier. Höchstwahrscheinlich kommt der seltsame Name also von Rittern und Kriegern, die hier das Bad besuchten. Weil das in Vergessenheit geriet, kam man auf die Idee mit den kegelnden Hunden und der Kugel.

1.6 MUCA

2016 eröffnete mitten in der Münchner Innenstadt Deutschlands erstes Museum für urbane Kunst MUCA (Museum of Urban and Contemporary Art) in der Hotterstraße. Neben den wechselnden Ausstellungen sind vor allem die Murals (u. a. von Sebastian Wandl, Matthias Mross, Layer Cake, Case Maclaim) des privaten Museums, sowohl außen als auch innen, sehenswert. Zum Museum gehört das »Mural«-Restaurant.

1.7 Radspielerhaus

Offiziell heißt es Palais Rechberg, doch jeder kennt das Anwesen in der Hackenstraße 7 (früher Hundskugel 7) als Radspielerhaus. 1678 erwarb der kurfürstliche Revisionsrat Johann Rudolf Wämpl hier zwei Häuser, ließ sie abreißen und durch einen Neubau ersetzten. Zehn Jahre später erhielt der kurfürstliche Kämmerer Freiherr Gaudentius von Rechberg das Palais als Geschenk für seine »getreulich« geleisteten Dienste. 1848 kaufte der kgl. Bayer. Hoflieferant Josef Radspieler das Anwesen für 60 000 Gulden. Radspieler hatte seine Vergolderwerkstatt zuvor in der Eisenmannstraße 2. Er stattete bereits die Residenz Ludwigs I. mit Möbeln, Bildern und Stoffen aus, später auch die Schlösser Ludwigs II., u. a. fertigte Radspieler dessen Thronsessel. Unter Radspieler wurde das Palais grundlegend umgebaut und aufgestockt. Weil man die Hackenstraße verbreiterte, ist heute die einstige Rückfassade die Front. Im Innenhof befindet sich der letzte erhaltene

Privatgarten in der Altstadt, den ein Brunnen von Roman Anton Boos (ca. 1780) schmückt. Bei Renovierungsarbeiten und dem Aushub einer Tiefgarage 2014 entdeckte man hier u. a. Scherben aus der Bronzezeit, ein weiterer Beleg, dass München schon sehr viel länger besiedelt ist. Radspieler ist immer noch in Familienbesitz.

1.8 Altes Hackerhaus

Bis ins Spätmittelalter reicht die Geschichte des »Bräu am Hag« an der Ecke Hacken-/Sendlinger Straße: Laut Hacker-Pschorr selbst war 1417 das Gründungsjahr, doch bereits für 1363 ist ein Bräulehen nachgewiesen. Der »Haggerprew«, sein Wahrzeichen waren zwei gekreuzte Hacken, braute trotz häufiger Besitzerwechsel stets ein süffiges, sehr beliebtes Bier. 1738 kaufte der »Bierprau« Simon Hacker (passender hätte der Nachname nicht sein können) den Hacken-Bräu. Simons Sohn verkaufte 1793 die Brauerei seinem Schwiegersohn Joseph Pschorr für 34 000 Gulden. Pschorr und seine Frau Maria Theresia Hacker machten aus Hacker-Pschorr eine der führenden Großbrauereien. Sie errichteten den Hacker-Keller an der Bayerstraße – die »Bierfestung«, damals Deutschlands größter Bierlagerkeller. Außerdem kauften sie den »Bauernhansl« in der Neuhauser Straße auf und machten daraus die »Brauerei zum Pschorr«. Nach einem verheerenden Brand 1825 ließ Pschorr das neue Hackerhaus (heute das Alte Hackerhaus) mit doppeltem Sudwerk, verbesserter Mälzerei und modernster Technik erbauen. Pschorr war viermal verheiratet und hatte 20 Kinder, doch nur zwei beerbten ihn: Noch zu Lebzeiten überschrieb er 1834 die Pschorr-Brauerei Sohn Georg und Sohn Matthias die Hacker-Brauerei, die »Bierfestung« an der Bayerstraße wird aufgeteilt. 1863 zog Hacker-Bräu ganz raus aus der Altstadt an die Bayerstraße. Matthias Pschorr ließ sich das Haus 1882 zum herrschaftlichen Sitz ausbauen, mit einem Empfangsraum im Stil der Neorenaissance und dem nach dem Vorbild der Prunkräume in der Amalienburg im Stil des Neu-Rokoko gestalteten »Silbersaal« (leider nicht öffentlich zugänglich). Hacker und Pschorr sind übrigens seit 1972 wieder zusammen als Hacker-Pschorr.

1.9 Hofstatt

Die etwas älteren Münchner erinnern sich noch bestens daran, dass hier einst die Süddeutsche Zeitung samt Druckerei (Sendlinger Straße 8) und die Abendzeitung (Sendlinger Straße 10) zu Hause waren. Der auffällige, denkmalgeschützte zentrale Altbau wurde 1905/06 von Max Littmann für den Verlag Knorr & Hirth gestaltet, der u. a. die Münchner Neueste Nachrichten herausgab. Hier befanden sich von 1945 bis 2008 die Redaktions-

Die Hofstatt mit dem ehemaligen SZ-Haus

räume der SZ, die 1951 die Immobilie und die Verlagsrechte für 5 Mio. DM erwarb. 2009 zog die SZ dann in einen Neubau nach Zamdorf. Für angeblich rund 400 Mio. Euro kauften die Landesbank Baden-Württemberg und Hines Interests Limited Partnership 2006 das gesamt Areal. Der Umbau erfolgte nach Plänen des Schweizer Architekturbüros Meili, Peter & Partner. Eine dreiarmige Einkaufspassage verbindet nun die Neubauten mit den historischen Bauten. Der Littmann-Bau wurde dabei komplett entkernt, nur noch die Fassade ist erhalten. Im zentralen Lichthof wurde eine große Glaskuppel wiederverwendet, die bereits die SZ-Druckerei überdachte. Auf 15 500 m² finden sich heute Mode- und Einrichtungsgeschäfte und Gastronomie. Hinzu kommen 18 000 m² Büroflächen und 69 Wohnungen.

Diese Hofstatt bestand früher aus einer kleinen Sackgasse mit acht Häusern, die auf einen kleinen Platz zulief. Zugang zur Gasse gab es nur vom Färbergraben her. Gerüchte, dass es sich bei dem Platz um eine Hauptstatt, also einen Richtplatz gehandelt haben soll, sind nicht belegbar. Dennoch hielten sich im alten München lange Sagen, nach denen es auf dem Platz spuke und man Hingerichtete mit ihren Köpfen unter dem Arm herumgeistern sehen könne. Vielleicht stammten diese Legenden daher, dass der Stadtrichter Hartwich den Platz der Hofstatt und die acht Häuser anlegen ließ. Herzog Rudolf hatte ihm im Jahr 1300 das Gelände geschenkt. Hartwichs Sohn wurde Ritter von Schleißbach, womit das Areal ganz kurz eine Art Adelssitz, also eine Hof-

In der Hofstatt

statt wurde. Der Name »der Slaespecken Hofstatt« hielt sich über die Jahrhunderte, obwohl die Schleißbachs nur eine Generation hier lebten, bevor sie verarmten und alles verkaufen mussten. Die Häuser wechselten häufig die Besitzer und fast alles fiel den Bomben des Zweiten Weltkriegs zum Opfer.

1.10 Kaufingertor Passage

Die Einkaufspassage, die von der Kaufinger- zur Fürstenfelder Straße führt, wurde 1994 eröffnet. Die 4 600 m² Verkaufsflächen sind mit einem 70 m langen Glasdach überwölbt. Namensgeber war das Kaufingertor, das bis 1807 hier stand.

Die Holzplastik *Mann mit ausgestreckten Armen*, die seit 1997 über dem Eingang an der Fußgängerzone steht, ist von Stephan Balkenhol.

1.11 Elend/Saumarkt

Teile des Altheimer Ecks nannte man früher Elend und/oder Saumarkt. Das mit dem Saumarkt ist schnell erklärt: Hier fand der Schweinemarkt statt. Der Begriff Elend stand im Mittelalter für ein Leben von »armen Seelen in Wanderschaft«, damit waren die Pilger gemeint. Das älteste Elendhaus (Pilgerunterkunft) in München war das 1204 von Ludwig I. gestiftete St. Katharina-Haus, an dessen Stelle heute die Heiliggeistkirche steht. Ebenfalls im 13. Jh. stiftete die Patrizierfamilie der Sentlinger am Altheimer Eck (Hausnr. 16, heute Pschorr-Garage) ein Elendhaus mit eigenem Elendfriedhof für Menschen, die auf der Pilgerreise starben. Der Friedhof lag auf dem Gelände der heutigen Hotterstraße. Das Elendhaus wurde 1780 aufgelöst. Direkt daneben (Hausnr. 15) befand sich das Elendseelnonnenhaus.

1.12 Altheim

siehe S. 27

1.13 Palais Lerchenfeld

Hinter der aufwendigen Rokokofassade sind seit 1958 die Friedhofsverwaltung und der Städtische Bestattungsdienst zu Hause. Das Palais in der Damenstiftstraße 8 bestand ursprünglich aus drei Häusern, die ab 1680 entstanden. Graf Toerring ließ die Häuser verbinden und durch Ignaz Anton Gunetzrhainer 1726 eine Gesamtfassade gestalten. 1751 wurden die drei Häuser wieder getrennt. Die Gesamtfassade überstand den Bombenhagel des Zweiten Weltkriegs. 1957 kaufte die Stadt das mittlere und das linke Haus, und ließ es von Erwin Schleich wiederaufbauen. 1974 erwarb die Stadt auch das rechte Haus dazu. Woher der Name kommt, ist nicht erwiesen. Kein Besitzer stammte je aus dem alten bayerischen Adelsgeschlecht derer von Lerchenfeld.

1.14 Damenstiftkirche

Das Deckenfresko ist schwarz-weiß! Ungewöhnlich für eine Barockkirche. Das liegt jedoch daran, dass die Kirche im Zweiten Weltkrieg komplett zerstört wurde. Für die Restaurierung hatte man aber nur Schwarz-Weiß-Fotos von den Fresken der Gebrüder Asam. Um keine falschen Farben zu verwenden, malten die Restauratoren konsequenterweise nur mit Schwarz und Weiß. Die Kirche geht zurück auf eine Kapelle, die Herzog Albrecht III. im Jahr 1440 in dem Dorf Altheim vor den Toren Münchens errichten ließ. Kurfürstin Henriette Adelheid von Savoyen gründete hier 1671 das Kloster St. Anna. Kurfürst Karl Albrecht, später Kaiser Karl VII., ließ ab 1733 an dieser Stelle eine neue Kirche für die Salesianerinnen bauen, die das Kloster nun als Damenstift führten. Die

Die Damenstiftkirche und rechts daneben das Palais Lerchenfeld

Altheim

Außerhalb der Urstadt lag an alten Handelsrouten das Dorf Altheim

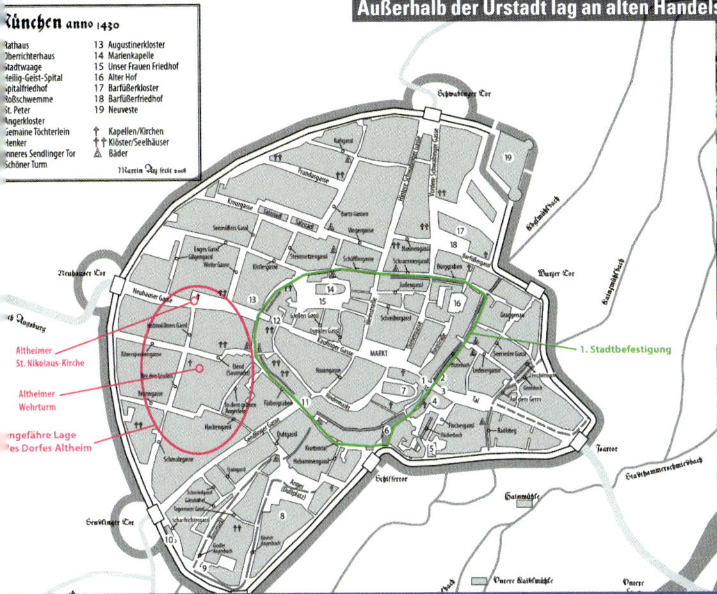

Der Altheimer Wehrturm im Sandtnerschen Stadtmodell (1570) und im Stadtplan von 1700

Das verschwundene Dorf

Mit der Gründung Münchens ging es 1158 los … Nicht ganz! Da gab es bereits einen Ort. Fest steht, dass ein uraltes Dorf im Bereich des heutigen Hackenviertels existierte, dessen ursprünglicher Name nicht überliefert ist. Da der kleine Marktflecken mit Zollstation, den Herzog Heinrich der Löwe im 12. Jh. in unmittelbarer Nachbarschaft neu anlegen und befestigen ließ, den Namen »villa Munichen«, also München bekam, nannte man die benachbarte alte Siedlung kurzerhand sehr bezeichnend »Altheim«. Altheim lag genau an der Schnittstelle der Urmarken von Sendling und Schwabing, in beiden Marken hielt das Benediktinerkloster Schäftlarn schon im 8. Jh. ansehnlichen Besitz. Und das Dorf lag nahe der Hangkante zum Sendlinger Oberfeld (heute Theresien-/Schwanthaler Höhe), das damals fruchtbarer war und daher landwirtschaftlich genutzt werden konnte – im Gegensatz zur öden Schotterebene unten an der Isar. Direkt am Dorf spaltete sich die Nord-Süd-Route. Die Landstraße von Wolfratshausen gabelte sich am Ortseingang (heute Bereich des Sendlinger Tors), eine Strecke führte nach Feldmoching (heute Kreuz-, Damenstift- und Eisenmannstraße), die andere nach Schwabing (heute Sendlinger Straße). Nördlich von Altheim verlief der Ost-West-Weg. Das Dorf lag also mitten an einer wichtigen Kreuzung von Handelsrouten. Durch die Lage auf der Anhöhe war es vor Hochwasser sicher. Erdwälle und ein achteckiger Wehrturm schützten Altheim, der Turm ist auf dem Sandtnerschen Stadtmodell von 1570 und noch auf dem Stadtplan von 1700 zu sehen. Die Kirche, dem hl. Nikolaus geweiht, stand vermutlich da, wo sich heute der Richard-Strauss-Brunnen befindet.

Warum dann direkt neben dem etablierten Dorf Altheim eine neue Siedlung gebaut wurde? Durch das Dorf führten verwinkelte Gassen, die Struktur war längst gefestigt. Doch der Herzog benötigte einen neuen Markt, einen großzügigen Platz, durch den die Handelsstraßen führten, was bei dem Weiler »villa Munichen« möglich war. Und er wollte der bislang tonangebenden Kirche zeigen, dass er als weltlicher Herrscher das Sagen hatte und aus dem kirchlichen Gut München einen Marktplatz machte. Wann der Wehrturm eingerissen wurde, wann der Ort Altheim aufhörte zu existieren, ist nicht bekannt. Vermutlich wurde es bei einer Stadterweiterung sang- und klanglos geschluckt. Nur noch einige sehr verwinkelte Straßen und das Altheimer Eck erinnern an seine Existenz.

Das Altheimer Eck mit dem beliebten Café Mohrenköpfl, 1910

Anzahl der Stiftsdamen war auf zehn adelige Fräulein begrenzt, die mindestens 15 Jahre alt sein mussten und 16 Ahnen vorweisen konnten (die Anzahl der Stiftsdamen, die hier auf ihre standesgemäße Vermählung warteten, das Eintrittsalter und die Anzahl an Ahnen variierten im Lauf der Geschichte). Architekt Johann Baptist Gunetzrhainer entwarf die Kirche im Stil des Spätbarock, die Gebrüder Asam übernahmen die Innenausstattung. Das Damenstift wurde 1803 mit dem Würzburger Damenstift vereint. Das Stiftsgebäude (1784-85 von Matthias Widmann im frühklassizistischen Stil gebaut) wurde zum Wohnhaus umgebaut und ist heute eine Realschule.

1.15 Pschorr-Block

1820 erwarb der erfolgreiche Brauer Joseph Pschorr vom insolventen Franz Xaver Reitz dessen Bauernhanslbräu in der Neuhauser Straße 11. An dieser Adresse ist seit 1422 eine Brauerei nachgewiesen, erster bekannter Bräu war Lienhardt Lunglmayr. Hier und auf vier angrenzenden Grundstücken, die er mitkaufte, errichtete Pschorr seine beliebten und erfolgreichen Pschorr-Bräu-Bierhallen. Sohn Georg erweiterte den Betrieb durch Grundstückzukäufe. Als 1848 die Regierung den Bierpreis drastisch erhöhen lässt, bekommt Pschorr die Wut der Bürger zu spüren. Die Brauerei wird gestürmt, die Brauanlagen und die Privaträume werden zerstört. 1864 bringt Georgs Tochter Josephine, verheiratet mit dem Hofmusiker Franz Strauss, im Haus einen Sohn zur Welt: Richard Strauss, der zu einem der bedeutendsten Komponisten seiner Zeit werden sollte. Josephines Bruder Georg verlegte den Brauereibetrieb 1896 an die Bayerstraße, wo bereits die »Bierfestung« seiner Vorfahren war.

Die Pschorr-Bierhallen 1911

Nach der Kriegszerstörung errichtete die Regensburger Invest Real AG mit Architekt Rolf Schütze eine Großgarage, ein Kaufhaus und die Pschorr-Bräu-Bierhallen, die 1963 eröffneten. Das Kaufhaus übernahm zunächst Neckermann, ab 1976 wurde Karstadt Mieter. 2009 stellte die Arcandor AG, ehemals KarstadtQuelle AG, Insolvenzantrag, das Kaufhaus schloss. Der Hauseigentümer, die Bayerische Hausbau, ließ das ganze Areal abreißen und neu bebauen. Heute steht hier das 2013 eröffnete Joseph-Pschorr-Haus (nach Plänen der Berliner Architekten Kuehn Malvezzi), in dem u. a. der SportScheck zu Hause ist.

1.16 Augustinerbräu

Das genaue Gründungsdatum ist nicht bekannt, doch wird 1328 als plausibel anerkannt. Der erste schriftliche Hinweis auf eine Brauerei im Augustinerkloster findet sich 1411. Mit der Auflösung des Klosters 1803 wurde die Brauerei privatisiert. Die Braugerechtsame und das sogenannte Möschenfelderhaus als Brauhaus in der Neuhauser Straße 16 (heute 27) gingen 1817 an die beiden Fischer Georg Gröber und Baptist Lankes. Im Möschenfelderhaus befand sich seit 1456 ein Braukessel.

Die beiden Männer hatten eigentlich das Braurecht des Angerklosters ersteigert, doch weil keine Einigung mit dem ehemaligen Pächter des Angerbräus erzielt werden konnte, erhielten sie den Augustinerbräu als Ersatz. 1829 übernahm das Ehepaar Maria Theresia und Anton Wagner die Brauerei und kaufte den benachbarten Unterkandlerbräu dazu. Nach dem Tod ihres Gatten führte Maria Theresia die Geschäfte so erfolgreich weiter, dass Augustiner zu einer der großen Münchner Brauereien aufstieg. Sie kaufte ein großes Areal an der Landsberger Straße, wohin dann ihr Sohn 1884 die Brauerei verlegte. Das Stammhaus wurde 1897 durch Gabriel von Seidl im historistischen Stil als Großgaststätte neu erbaut.

Das historische Herzogspital

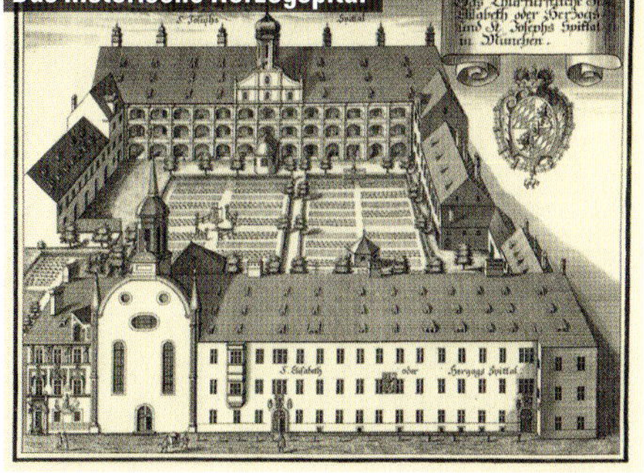

1.17 Herzogspitalkirche

Wie der Name verrät, war die Kirche einst Teil eines Spitals. Herzog Albrecht V. ließ es von Heinrich Schöttels 1555 für sein Hofpersonal erbauen. Die Kirche im Mittelpunkt der Anlage wurde 1572 der hl. Elisabeth geweiht, ab 1671 zog sie mit ihrem Gnadenbild der Schmerzhaften Muttergottes von Tobias Bader zahlreiche Wallfahrer an. Bis ins 20. Jh. wurde die angeblich wundertätige Holzfigur eifrig verehrt. Therese Kunigunde von Polen, Gattin des Kurfürsten Max II. Emanuel von Bayern, gründete 1715 das Servitinnenkloster im Herzogspital. Ab 1728 entstand eine um mehrere Höfe gruppierte Klosteranlage nach Plänen von Johann Anton Trubillio und Johann Michael Proebstl. Die Nonnen lösten im Jahr 1800 das Spital auf. Das im Zweiten Weltkrieg stark zerstörte Herzogspital wurde durch einen Neubau ersetzt. Die Kirche entwarfen Alexander von Branca und Herbert Groethuysen 1956. Nur der barocke Turm ist erhalten geblieben.

Das Kloster heute

1.18 Kreuzkaserne

Die 1670 erbaute Kreuzkaserne war die älteste Kaserne in der Münchner Garnison. Sie erstreckte sich vom Karlstor bis zum Josephspital. 1825 wurden die letzten Truppenteile in die neue Türkenkaserne in der Maxvorstadt verlegt und das heruntergekommene Gebäude diente als Militärgefängnis, bis man es 1883 abriss.

1.19 Alte Matthäuskirche

Auch wenn sich König Ludwig I. als Verfechter des wahren katholischen Glaubens sah, konnte er sich doch nicht der Tatsache verschließen, dass immer mehr Protestanten nach München zogen und eine eigene Kirche forderten, so z. B. Ludwigs protestantische Gemahlin Therese. Die einzige evangelische Kirche im Umkreis stand zu weit entfernt in Perlach. Den Boden bereitet hatte Ludwigs Stiefmutter, Karoline von Baden, eine »Lutherische«, die bereits auf eine evangelische Kirche gepocht hatte und dann nebenbei auch noch so protestantisches Zeug wie den Christbaum und den Christkindlmarkt eingeführt hatte. König Max I. Joseph überließ der evangelischen Gemeinde 1806 die St. Salvatorkirche, die ehemalige Friedhofskirche der Frauenkirche. Kaum mehr als eine nette Geste, denn diese Kirche diente längst als Abstellraum und Getreidespeicher und konnte nicht genutzt werden. König Ludwig I. stimmte schließlich einem Neubau zu, allerdings nur auf dem nicht sonderlich repräsentativen Karlsplatz. Johann Nepomuk Pertsch entwarf den Bau als spätklassizistische Rotunde mit Campanile, der 1833 als »Protes-

Die Protestantische Kirche 1833

tantische Kirche Münchens« eingeweiht wurde. Die Matthäuskirche wurde zur Hofkirche für die angeheirateten evangelischen Mitglieder des Königshauses. Adolf Hitler drängte 1938 seinen Gauleiter Adolf Wagner, die Kirche zu beseitigen, weil die Sonnenstraße für Paraden auf Berliner Maße verbreitert werden sollte. Am 3. Juli 1938 wurde der Turm gesprengt. Heute befinden sich an dieser Stelle Straßenbahngleise und die Haltestelle Karlsplatz. Nach dem Krieg wurde St. Matthäus weiter südlich am Sendlinger Tor neu erbaut.

Die Steinplastik *Springende Pferde* im Herzog-Wilhelm-Park von Franz Mikorey stand ursprünglich ab 1934 auf dem Tassiloplatz in der Au und wurde 1974 an ihren heutigen Standort verlegt.

Das barocke Josephspital 1910

1.20 Josephspital

In unmittelbarer Nachbarschaft zum Herzogspital ließen Kurfürst Maximilian I. und seine Gemahlin Elisabeth Renata von Lothringen zwischen 1626 und 1632 ein weiteres Kranken- und Versorgungshaus erbauen. Die Kirche wurde 1632 dem hl. Josef geweiht. Unter Giovanni Antonio Viscardi wurde die Anlage 1682 erweitert. Die Kirche ließ Architekt Johann Marggraff ab 1870 komplett neu im Stil der Neo-Renaissance gestalten. Anfang des 20. Jh. waren die Tage des Spitals gezählt. 1928 zogen die Bewohner in das neue Altenheim Sankt Joseph in Sendling, 1929 erwarb die Stadt München das Anwesen für 1 100 000 Mark. Auf den Kriegsruinen des Spitals erbaute die Stadt 1953/54 das Kassen- und Steueramt nach Plänen von Max Panitz und Karl Delisle.

Die Feiertagsschule, Grafik von C. Steinicke, 1883

1.21 Die Feiertagsschule

Herzog Maximilian I. ließ 1622 ein Spital direkt an die Stadtmauer bauen, das anschließend als Waisenhaus diente. Dann fand eine kleine bildungspolitische Revolution statt: Lehrlingen und Gesellen sollte eine breite Bildung zukommen, man gründete die Feiertagsschule für Handwerksgesellen (der Vorläufer der heutigen Berufsschulen). Die ersten berufsbezogenen Feiertagsschulen waren zwei private Einrichtungen, eine von Hermann Joseph Mitterer 1792 ins Leben gerufen, die andere ein Jahr später von dessen Freund Franz Xaver Kefer. 1795 führte die Stadt die Einrichtungen zusammen und stellte der neuen Schule ein Haus am Anger zur Verfügung. Drei Jahre später zählte man bereits 800 Schüler, das Gebäude platzte aus allen Nähten. 1803 führte Bayern die allgemeine Schulpflicht ein, im gleichen Jahr kaufte man das ehemalige Waisenhaus an der Kreuzstraße und ließ es für die inzwischen 1 500 Schüler umbauen. Der Besuch an dem auch St.-Peterspfarr-Schule genannten Institut war kostenfrei. Eine Feiertagsschule für Mädchen betrieben die Servitinnen in unmittelbarer Nachbarschaft. 1883 riss man das Schulhaus ab und ebnete das gesamte Gelände bis zur Sonnenstraße ein. Heute befindet sich hier die kleine Grünanlage Herzog-Wilhelm-Park nördlich des Sendlinger Tors.

1.22 Allerheiligenkirche am Kreuz

Eher unauffällig und keine große Touristenattraktion ist die Allerheiligenkirche in der Kreuzstraße. Der spätgotische Bau stammt wie die Frauenkirche von Jörg von Halspach (auch Jörg Ganghofer). Die 1478 errichtete und 1485 geweihte Kirche diente als Friedhofskirche für den Alten Peter und die Frauenkirche. Deren Friedhöfe waren inzwischen überfüllt, daher plante man einen neuen Friedhof am Stadtrand. Der älteste noch erhaltene Grabstein ist von 1605. Der Friedhof wurde 1789 aufgelassen, die Gräber exhumiert und auf den Südlichen Friedhof an der Thalkirchner Straße gebracht (damals der neue Zentralfriedhof). Die Besonderheit: Allerheiligen ist nach Süden, nicht nach Osten ausgerichtet. Die Kirche erfuhr über die Jahrhunderte verschiedene Aus- und Umbauten, wurde 1620 barockisiert und 1814 wieder regotisiert. Nach den Zerstörungen des Zweiten Weltkriegs erfolgte 1947-49 ein vereinfachter Wiederaufbau. Die Kirche bietet ein paar interessante Kunstschätze wie das Tabernakel von Johann Baptist Straub, spätbarocke Gemälde von Andreas Wolff und eine Pietà von 1626.

2 Angerviertel

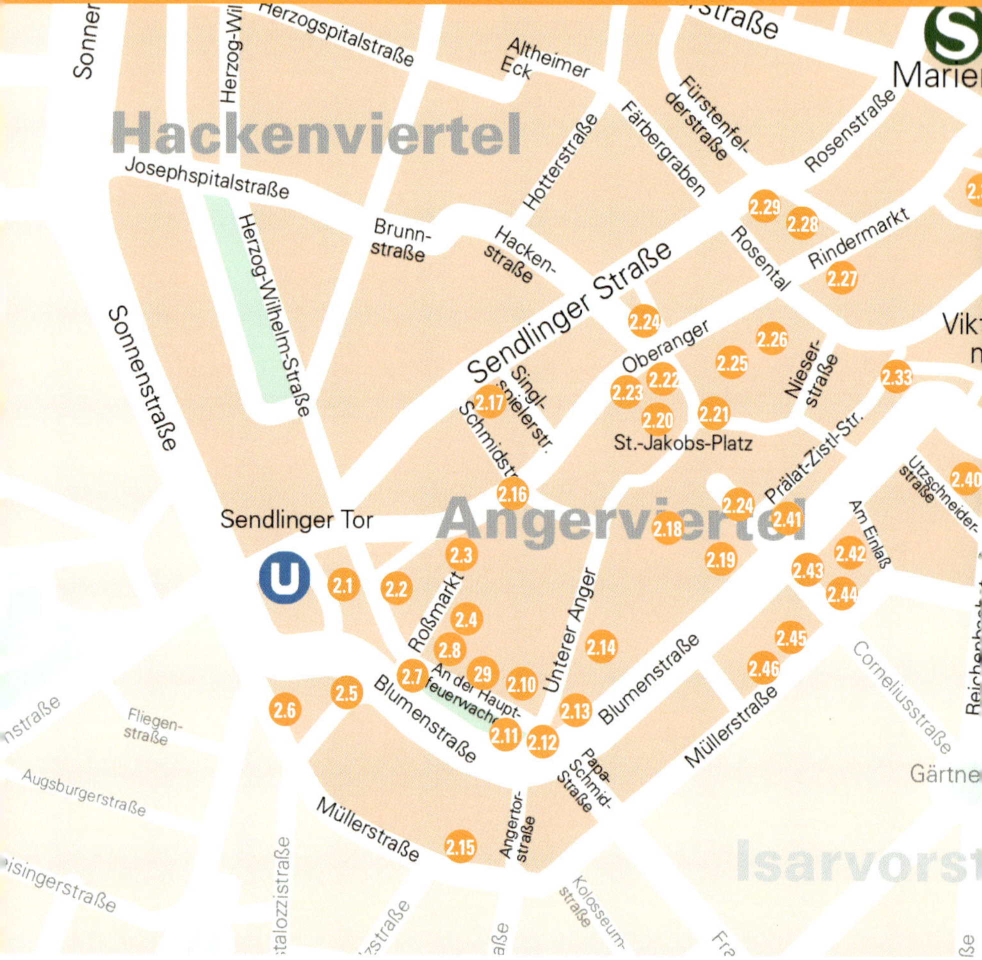

2.1 Blumenschule

Den Namen hat sie von der alten Adresse Blumenstraße 61, ihre aktuelle Adresse ist jedoch Sendlinger-Tor-Platz 14. Die Schule wurde 1877 nach Plänen von August Voit d. J. im Stil der Neurenaissance errichtet. Die Turnhalle (entworfen von Karl Hocheder) wurde 1891 angebaut. 2005 erfolgte eine umfangreiche Sanierung, als Mängel an der Dachkonstruktion behoben wurden. Im Zug der Arbeiten hob man das Dach um 70 cm an und baute den Speicher zu acht Unterrichtsräumen um. 2015 erneuerte man die Turnhalle. In der Blumenschule sind etliche Räume von der Deutschen Meisterschule für Mode belegt, daneben sind einige Berufsschulen hier untergebracht.

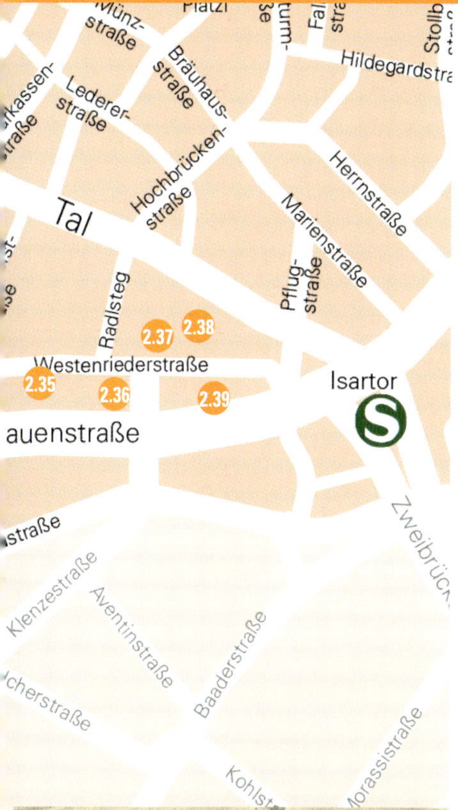

2.2 Nockherspital

Zwischen Roßmarkt und Sendlinger Straße stifteten die wohlhabenden Brüder Joseph und Georg aus der Bankiersfamilie Nockher 1742 aus ihrer Privatschatulle ein Spital, das Platz für rund 20 Kranke bot. Vier Jahre später ließen sie noch eine Kapelle (der achteckige Bau) errichten. Das Spital diente von 1813 bis 1826 als Militärkrankenhaus, danach noch weitere elf Jahre als »Korrektions- und Arbeitshaus«. Die Barmherzigen Schwestern übernahmen es 1841 und richteten eine Armen- und Pfründenanstalt ein. Von 1864 bis zum Abriss 1895 nutzte die Stadt München das Anwesen als Dienstboten-Spital.

2.3 Roßmarkt

Zwei eher versteckt stehende große Bronzepferde, 1982 von Claus Nageler geschaffen, erinnern daran, dass hier einst der Pferdemarkt abgehalten wurde. Der Markt wurde 1883 in die Schmellerhalle am Rand des neuen Schlachthofs in der Isarvorstadt verlegt.

2.4 Deutsche Meisterschule für Mode

Die bayerischen Landstände versammelten sich ursprünglich im Alten Landschaftsgebäude am Marienplatz, das dem Neubau des Rathauses weichen musste. Als Ersatz erbaute Francois de Cuvilliés 1774 das imposante Neue Landschaftsgebäude am Roßmarkt im Stil des frühen Klassizismus. Die Landstände wurden 1808 aufgelöst. Danach diente das Gebäude u. a. als Erziehungsinstitut und seit 1931 ist hier die Deutsche Meis-

terschule für Mode zu Hause. Die von Stadtschulrat Hans Baier gegründete Schule sollte »künstlerisch und technisch begabte Schülerinnen zu führenden Meiste-

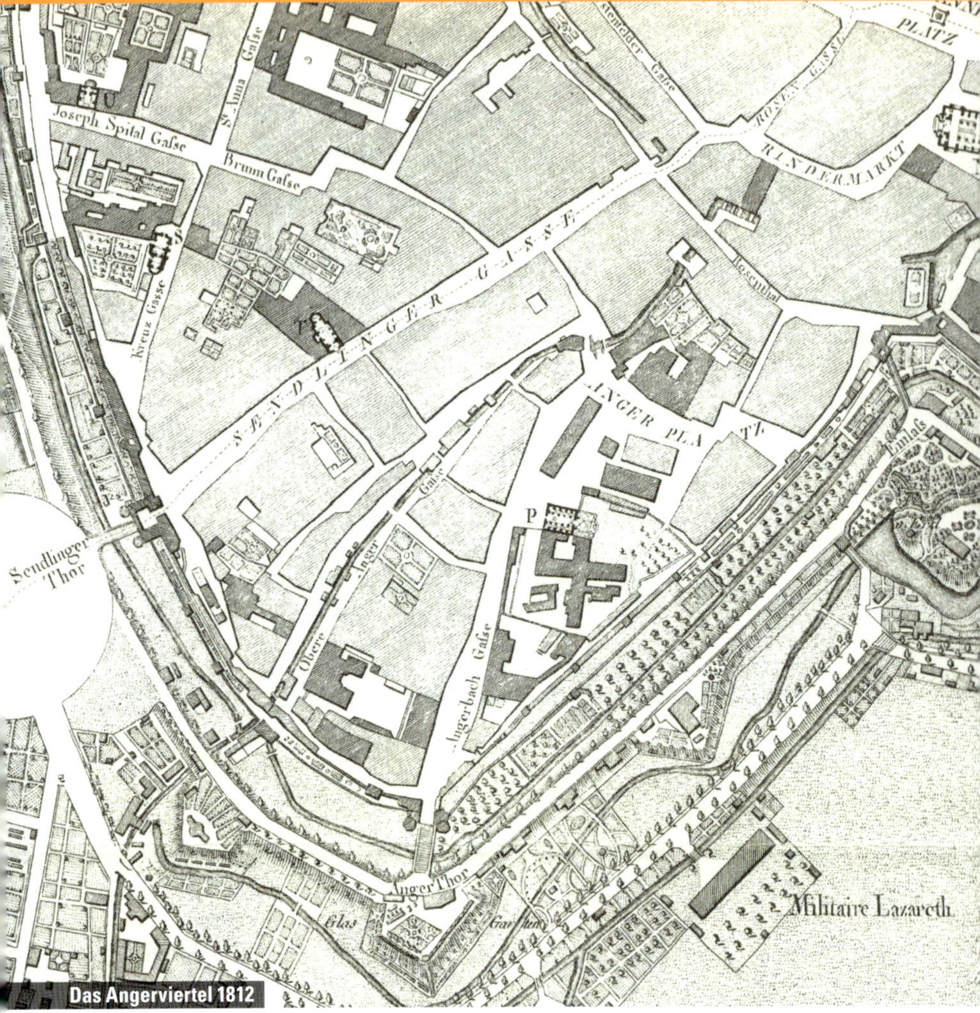

Das Angerviertel 1812

rinnen, künstlerisch selbstständig schaffenden Modellistinnen, Direktricen und Geschäftsleiterinnen« ausbilden. 1948 wurde der erste männliche Schüler aufgenommen. Wie der Name verrät, schließt man die Schule mit einer Meisterprüfung im Maßschneiderhandwerk ab.

2.5 Leopoldi-Schlössl

Zwischen Blumen- und Pestalozzistraße stand einst ein kleines Schlösschen, das wohl Ende des 17. Jh. als Jagdschloss erbaut worden war. 1763 wird es im Grundbuch als »Ihre kurfürstliche Hoheit Max Joseph adelige Cadettenbehausung« genannt – im gleichen Jahr verkauft es der Kurfürst

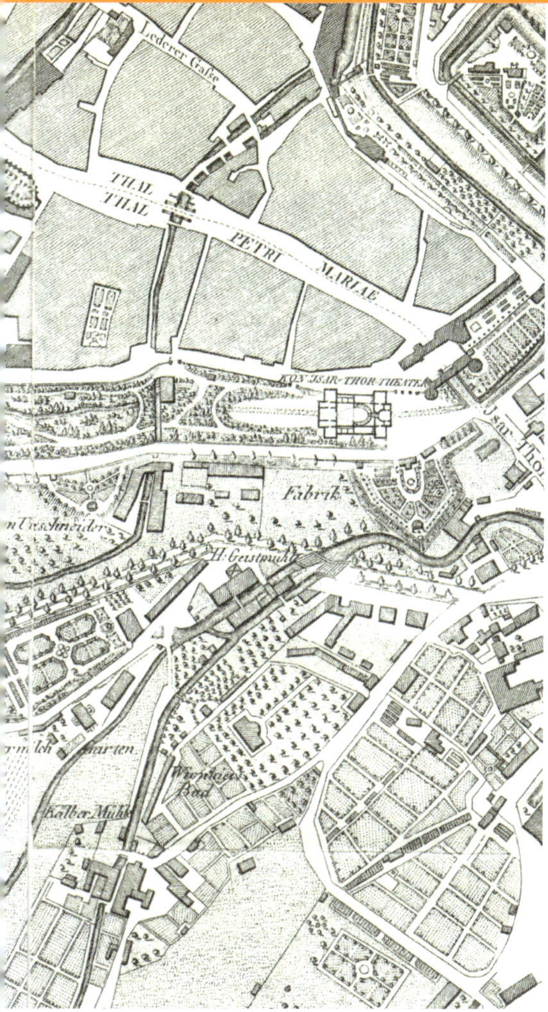

an den Kabinettslakaien Sebastian Franz. Nach einigen Besitzerwechseln erwirbt es schließlich 1808 Zacharias Leopold. Das spätbarocke Anwesen wurde im Jahr 1900 abgerissen, um Platz für Mietshäuser zu schaffen.

2.6 Pimpernel

Früher war alles besser? Von wegen. Wer früher in München die Nacht zum Tag machen wollte, stand vor großen Problemen, denn selbst im tiefsten bayerischen Hinterland gab es einst lockerere Sperrzeiten als in München. Doch es gab einige wenige Ausnahmen: zum Beispiel die ehemalige Hurenbar *Lucian* in der Müllerstraße, seit 1971 bekannt als *Pimpernel*. Hier trafen sich Huren und Stricher, Prinzen und Promis von Freddie Mercury bis Krupp-Erbe Arndt von Bohlen und Halbach, Nachtschwärmer und Transen – bis der Laden im Laufe der Jahre als üble, völlig überteuerte Stricherkneipe in Verruf geriet. Bald brachte man den Namen *Pimpernel* automatisch mit Polizeirazzien in Verbindung. Auch weil der beliebte, nicht offen schwul lebende Schauspieler Walter Sedlmayr (ermordet 1990) hier seinen Mörder kennengelernt haben sollte (was sich als unwahr herausstellte). Nach einer Generalüberholung 2007 bemüht sich der neue Wirt Sven Künast das *Pimpernel* als beliebte schwule Lifestylebar zu positionieren. Das misslang gründlich. Es ist zwar heute eine äußerst beliebte Lifestylebar, aber Schwule findet man kaum noch, hier feiert vor allem die junge Hetero-Szene.

2.7 St. Willibrord

1911 legte der englische Bischof Bury auf dem Grünstreifen zwischen Blumenstraße und Hauptfeuerwache den Grundstein zu einer anglikanischen Kirche für englischsprachige Gläubige in München. Zuvor stand hier das Glockenbachbrunnhaus, das in jenem Jahr abgerissen worden war. Die Backsteinkirche wurde dem hl. Georg geweiht. Nach dem Ersten Weltkrieg, als die britische Gesandtschaft in München aufgelöst worden war, mietete die alt-katholische Gemeinde die Kirche und teilte sie bis 1929 mit der evangelisch-reformierten Gemeinde. 1932 kauften die Alt-Katholiken das Gebäude. Die im Krieg stark beschädigte Kirche wurde 1949 in vereinfachter Form wieder aufgebaut und dem hl. Willibrord, dem »Apostel der Friesen«, gewidmet.

2.8 Fausttürmchen

Gegenüber dem Henkerhaus stand das Fausttürmchen. Über seine Entstehungszeit ist nichts bekannt. Es ist jedenfalls schon im Stadtmodell von Jakob Sandtner (1570) vorhanden. Es diente als Toilettenturm für die Wachen, die auf der Stadtmauer patrouillierten. Seinen Namen verdankte es einem ver-

Das Fausttürmchen und davor das Henkerhaus 1873

witterten Knauf auf der Spitze des Daches, der an eine hochgereckte Faust erinnerte (der Knauf ist heute im Stadtmuseum aufgestellt). Einer Legende nach soll es sich jedoch tatsächlich um eine Faust handeln, die zur Mahnung an alle Bösewichter angebracht wurde, nachdem hier ein verräterischer Münchner lebendig eingemauert worden sei, der einem Raubritter gegen Geld Zutritt in die Stadt verschaffen wollte. Das Türmchen stand genau gegenüber dem Henkerhaus und angeblich soll die Faust immer dann rot geglüht haben, wenn ein Unschuldiger hingerichtet wurde. Der Turm wurde 1873 mit den Resten der Stadtmauer abgerissen.

2.9 Freudenhaus

Das erste offizielle Bordell Münchens eröffnete 1433 auf Weisung der Herzöge Ernst und Wilhelm III. direkt an der Stadtmauser in der Mühlgasse beim Heuturm, auf dem Gebiet der heutigen Hauptfeuerwache. Mit dem Haus für die »gemeinen Dochderlein« wollte man »vil ybelz an frawen und jungkfrawen« verhindern, sprich: man wollte Frauen vor Übergriffen schützen und den außerehelichen Geschlechtsverkehr in geregelte Bahnen lenken. Das »Frauenhaus« hatte zwei große Säle sowie zwölf Kammern und wurde von einer vom Stadtrat vereidigten Person geleitet. Erster »Frauenmeister« war der Henker, der nebenan wohnte. Er hatte dafür zu sorgen, dass die Frauen versorgt und von den Freiern anständig bezahlt wurden. Später sind fast ausschließlich Frauenmeisterinnen nachgewiesen. Die Stadt als Betreiber durfte keinen Gewinn aus dem Haus ziehen. 1530 verbot Kaiser Karl V. wegen der Ausbreitung der Syphilis alle Frauenhäuser im Gebiet des Heiligen Römischen Reiches Deutscher Nationen. Doch das Bordell am Heuturm eröffnete bald wieder. 1563 legte der Stadtrat fest, dass den Prostituierten täglich drei Mahlzeiten sowie Wein nach Belieben zustanden, wobei Frauen während der Menstruation zusätzlich drei Eier bekamen, dass sie Geschenke der Freier behalten und sogar in die Kirche gehen durften. Die Lage von Bordell und Henkerhaus ist auch symbolisch zu verstehen: ganz am Rand der Stadt. 1579 ließ Herzog Wilhelm V. alle Münchner Bordelle schließen. Prostitution konnte in den folgenden Jahrhunderten schwer bestraft werden, blieb aber meist unter der Hand geduldet. Das änderte sich erst Anfang des 19. Jh., als neben privaten »Freudenmädchenhäusern« wieder »öffentliche Lusthäuser« eingerichtet wurden.

Einst und heute: Das Eckhaus vorne links auf dem undatierten Aquarell von Joseph Puschkin ist das ehemalige städtische Bordell, ganz links angeschnitten die heutige Meisterschule für Mode. Die aktuelle Fotografie zeigt dieselbe Ecke mit der Hauptfeuerwache.

2.10 Hauptfeuerwache

Ja, hier stand direkt an der Stadtmauer einst das erste städtische Freudenhaus. Das ist aber schon lange her! Die alte, 1795 erbaute Hauptfeuerwache auf dem Sankt-Jakobs-Platz war im Laufe des 19. Jh. längst zu klein geworden. Nach Abriss des alten Bordells errichtete Baurat Robert Rehlen nach Plänen von Carl Hocheder die neue Hauptfeuerwache als viergeschossiges Gebäude im Stil der Neorenaissance. Damals lagen die Pferdestallungen direkt hinter der Wagenhalle. Bei Alarm entriegelten sich die Stalltüren automatisch, die Pferde trabten selbstständig zu den Fahrzeugen und konnten dank einer neuartigen Aufhängung innerhalb weniger Sekunden eingeschirrt werden, sodass die Löschwagen nicht einmal eine Minute nach Alarm ausrücken konnten. Der schmale Erweiterungsbau zum Unteren Anger hin entstand 1906/07. In der Hauptfeuerwache befindet sich auch ein 1979 eröffnetes Feuerwehrmuseum.

St.-Florian-Brunnen: Der Brunnen mit dem Schutzpatron der Feuerwehr wurde von dem Münchner Bildhauer Rolf Nida-Rümelin gestaltet und 1991 vor der Hauptfeuerwache aufgestellt.

2.11 Marionettentheater

Im Gasthaus Zu den drei Linden an der Müllerstraße hüpften einst die Marionetten von Papa Schmid, eigentlich Josef Leonhard Schmid, über die Bühne, bevor er 1858 sein eigenes, heute noch existierendes Theater an der Blumenstraße 32 mit dem Stück *Prinz Rosenroth und Prinzessin Lilienweiß oder die bezauberte Lilie* eröffnen konnte. Schmid und sein Mitstreiter Franz Graf von Pocci sahen im Marionettentheater eine Erziehungsform für Jugendliche, damit die »durchaus entfernt bleiben von jenen nur die Rohheit der Jugend befördernden Hanswurstiaden, wie wir sie zur Genüge dahier auf Dulten« sehen. Papa Schmids Theater (Architekt: Theodor Fischer) gilt heute als das älteste nichtmobile Marionettentheater im deutschsprachigen Raum.

2.12 Angertor

Das Angertor war Teil der zweiten Stadtmauer, es wurde 1319 erstmalig erwähnt. Trotz seiner wuchtigen Architektur mit der Barbakane mit zwei runden Flankentürmen hatte es keine besondere Bedeutung für den Einlass in die Stadt, da nur wenige Meter weiter das Sendlinger Tor als Hauptverkehrsader stand. Das Angertor blieb daher oft untertags geschlossen. Den Torturm riss man 1807 ein, das Vortor 1869. Heute steht auf dem Gelände das Städtische Hochhaus.

2.13 Städtisches Hochhaus

Das Grundstück des ehemaligen Angertors zwischen Blumenstraße und Unterer Anger war nicht so groß, dennoch plante man, alle technischen Abteilungen der Stadtverwaltung auf einen Standort zu konzentrieren. Die Lösung: ein Hochhaus. Der Stadtrat stimmte zu, wenn das Gebäude nicht höher als die Türme der Frauenkirche würde. Der zwölfstöckige Entwurf von Hermann Leitenstorfer wurde als »willkommene Dominante im Stadtbild« gewürdigt und ab 1928 gebaut. Obwohl es in München inzwischen etliche höhere Hochhäuser gibt, nennen die Münchner den 45,5 m hohen Klinkerbau weiterhin einfach »das Hochhaus«. Heute ist im Gebäude das Referat für Stadtplanung und Bauordnung der LH München untergebracht – und das Haus ist mit einem Paternoster ausgestattet, einem der wenigen erhaltenen und öffentlich zugänglichen in München.
(auch: Altes Technisches Rathaus)

2.14 Angerfronfeste/Anger Palais

Am Unteren Anger 3 befand sich die Angerfronfeste, ein wuchtiger Gefängnisbau im klassizistischen Stil aus den Jahren 1820-26 (Architekt: Johann Nepomuk Pertsch). Zeitgenossen lobten: »Die Verhörsäle imponieren durch richterliche Würde, und die Behältnisse für die Gefangenen sind fest, geräumig, hell, trocken und gesund.« Ab 1861 wurde hier auch geköpft. 1907 wurden die letzten Gefangenen nach Stadelheim verlegt, das Gebäude stand anschließend bis zu seinem Abriss 1913 leer. Danach bauten die städtischen Gaswerke auf dem Gelände ihr Verwaltungsgebäude (Architekt Robert Rehlen), das 1917 bezogen werden konnte. 2001 zogen die Stadtwerke nach Moosach. Nach einer Zeit der Zwischennutzung durch Künstler von 2003 bis 2009, von der vor allem der legendäre Techno-Club »Registratur« in der ehemaligen Registrierstelle vielen in bester Erinnerung bleibt, wurde das Palais saniert und neu vermietet.

Die Angerfronfeste 1883

2.15 Optisches Institut

Das eindrucksvolle klassizistische Anwesen an der Müllerstraße 40 ist bis heute praktisch im Originalzustand erhalten. Es wurde 1816/17 vom Aufsichtsbeamten der Münchner Lokalbaukommission Andreas Zener erbaut. Hierher zog um 1835 das Optische Institut von Joseph Utzschneider (siehe S. 52). Vier Jahre später verkaufte Utzschneider sein Unternehmen, in dem u. a. große Refraktoren für Sternwarten in aller Welt gebaut wurden. Seine ehemaligen Mitarbeiter Georg Merz und Joseph Mahler führten nun das Unternehmen auf eigene Faust. Bald kauften sie auch das Haus, in dem sie bislang nur Mieter waren. Nach Mahlers Tod 1845 blieb Merz alleiniger Eigentümer. Die Geschäfte florierten, Merz erwarb auch das rückwärtige Grundstück zur Blumenstraße hin und errichtete dort eine moderne Glasschleiferei mit Dampfantrieb. 1865 wandelte Merz das Anwesen schrittweise in ein reines Wohnhaus um. Die Werkstätte, bislang im Erdgeschoss, wurde an die Blumenstraße verlegt. Ein Jahr später ließ er an der Fassade des Hauses in Gedenken an die Gründer des Optischen Instituts die Büsten von Utzschneider und Fraunhofer anbringen. 1907 verkaufte die Familie Merz das Haus. Der neue Besitzer der einst weltberühmten Optischen Werkstätten verlegte die Produktion nach Pasing. 1932 wurde die Firma aufgelöst.

2.16 Kurt-Eisner-Denkmal

Die Glasskulptur am Oberanger mit dem Spruch »Jedes Menschenleben soll heilig sein« wurde von Rotraut Fischer gestaltet und im Mai 2011 eingeweiht. Sie erinnert an den 1919 ermordeten ersten bayerischen Ministerpräsidenten Kurt Eisner.

Bronzestatue des hl. Jakobus vor dem Kloster

2.17 Singlspielerhaus

Benannt ist das Haus nach dem Metzgerssohn Franz Singlspieler, der 1673 die Brauerstochter Katharina Hölzl heiratete und das Haus samt der seit 1541 existierenden Brauerei von den Schwiegereltern übernahm. Das Singlspielerbräu wurde im 19. Jh. an die Rosenheimerstraße verlegt und diente 1880 als Basis zur Gründung der Münchner-Kindl-Brauerei, einem reinen Investmentobjekt (später von Unions-Bräu bzw. dessen Nachfolger Löwenbräu geschluckt). Die alten Häuser in der Sendlinger Straße wurden 1898 abgerissen und durch das markante Singlspielerhaus nach Plänen des späteren Stadtbaurats Dr. Hans Grässel ersetzt.

2.18 St. Jakob am Anger

Dass es sich hier um das älteste noch bestehende Kloster Münchens handelt, sieht man dem nüchternen Klinkerbau, der eher an eine Fabrikanlage erinnert, nicht an. Keimzelle des Klosters war eine alte, dem hl. Jakobus geweihte Kapelle, um die herum ab 1221 der Augsburger Franziskaner-Pater Castmus eine Klosteranlage baute. Hier begann der Münchner Jakobsweg, das Franziskanerkloster diente als Pilgerunterkunft. Archäologische Grabungen bestätigten, dass das Gelände ab dem frühen 12. Jh. besiedelt war. 1284 verlegte Herzog Ludwig der Strenge die Franziskaner auf ein Gelände nördlich des Alten Hofes (heute Staatsoper). Das Kloster übernahmen die Klarissen. Kirche und Kloster erfuhren über die Jahrhunderte zahlreiche Um-, Aus- und Neubauten, zuletzt eine Barockisierung in den 1730er-Jahren. Ein Skandal um die Nonne Magdalena Paumann erschütterte 1765 ganz München. Die Nonne war aus dem Kloster geflohen und berichtete über schreckliche Missstände hinter den Mauern. Zurück ins Kloster gebracht, warf man sie in strengste Kerkerhaft. Vier Jahre später ließ Kurfürst Max III. Joseph die Frau gewaltsam befreien und verbot daraufhin die Kerkerstrafe in allen bayerischen Klöstern. 1799 befahl der kurfürstliche Geistliche Rat den Klarissen, eine Mädchenschule einzurichten. Mit der Säkularisation wurde der Klarissenkonvent 1803 aufgelöst. Die

Kirche sollte abgerissen werden, blieb aber nach Protesten der Bürger erhalten. Einige Gebäude dienten als Königliche Beschäftigungsanstalt, wo nach damals geradezu revolutionär modernen Vorstellungen Bettler, »erarmte Bürger und das zahlreiche weibliche Geschlecht« sowie »erarmte Färbermeister und Appreteure« sich mit Spinnerei- und Weberarbeiten ihren Lebensunterhalt verdienen konnten. Der ehemalige Klostergarten dienste als Bleichgrund für die Stoffe. 1806 arbeiteten hier bereits über 400 Leute und stellten u. a. auch Lodenstoffe her. Für die Kinder wurde eine Schule eingerichtet. Wie fortschrittlich solche sozialen Einrichtungen unter König Max I. Joseph und seinem Minister Montgelas waren, zeigt auch, dass es im Krankheitsfall Lohnfortzahlung und kostenlose medizinische Versorgung gab. Ab 1810 wurde die Lithografische Anstalt angegliedert, die bald mit den »billigsten Preisen« den privatwirtschaftlichen Lithografieanstalten schwere Konkurrenz machte. Auf dem Gelände der ehemaligen Klosterbrauerei wurde 1826 die neue Fronfeste erbaut.

1843 gestattete Ludwig I. den Armen Schulschwestern unter Maria Theresia Gerhardinger die Übernahme der Gebäude und die Wiedererrichtung eines Klosters. 1855 kaufte der Orden, der sich auf die Bildungsmöglichkeiten von Mädchen konzentrierte, das Areal. Die Anlage wurde im Zweiten Weltkrieg weitgehend zerstört. Der Wiederaufbau erfolgte bis 1957 nach Plänen von Friedrich Haindl. Bis zu diesem Jahr war München der Sitz der Generaloberin, danach zog das Generalhaus nach Rom. In der Jakobskirche befindet sich das Grab der Ordensgründerin Maria Theresia Gerhardinger, sie wurde 1985 seliggesprochen.

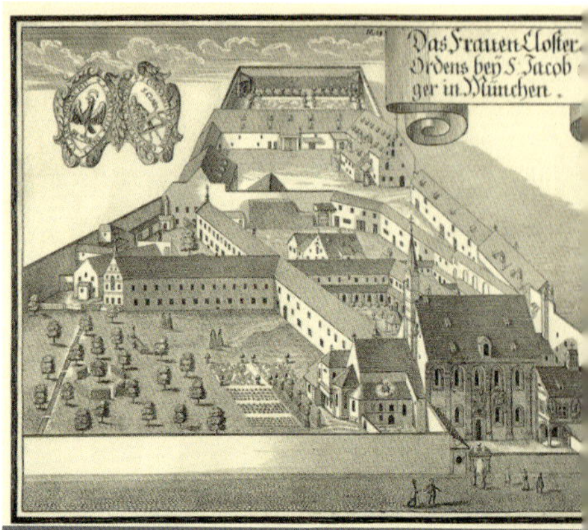

Das Klostergebäude im Jahr 1700 auf einem Stich von Michael Weniger. Das Kloster erinnert heute eher an eine Fabrikanlage.

2.19 Theresia-Gerhardinger-Grundschule und -Gymnasium am Ange

Mit der Neugründung des Ordens der Armen Schulschwestern 1843 genehmigte König Ludwig I. auch die Einrichtung einer Mädchenschule. Die 1879 verstorbene Ordensgründerin Maria Theresia Gerhardinger galt als Pionierin der modernen Frauenbildung, ihr pädagogischer Ansatz bestand darin, Mädchen eine lebensnahe Ausbildung zu ermöglichen. Die Armen Schulschwestern entwickelten sich schnell zum weltgrößten weiblichen Schulorden der katholischen Kirche. Gerhardinger richtete im Mutterhaus eine Lehrerinnenausbildungsstätte sowie die erste siebenklassige Volksschule in München ein. Diese Volksschule war auch die erste Schule in München, die elektrifiziert wurde. Ab 1874 diente sie als Seminarübungsschule für den Ordensnachwuchs. 1911 gründete der Orden eine Höhere Mädchenschule, das spätere Gymnasium. Das Schulgebäude mit Internat an der Blumenstraße wurde zwischen 1914 und 1918 erbaut. 1936 ließen die Nazis die Schulen schließen. 1944 zerstörten Bomben Kloster

und Kirche, die Schule diente nun als behelfsmäßige Unterkunft für die Nonnen. Der Unterricht konnte 1945 wieder aufgenommen werden, auch wenn der Wiederaufbau des Klosters bis 1957 dauerte. Die Volksschule wurde 2002 zur Grundschule. Neben Grundschule und Gymnasium sind noch ein Kindergarten und ein Studentinnenwohnheim am Anger untergebracht.

Ohel-Jakob-Synagoge

2.20 Jüdisches Zentrum München/ Ohel-Jakob-Synagoge

Lange Jahre blieb der Sankt-Jakobs-Platz nach dem Zweiten Weltkrieg unbebaut. Erst 2003 fand die Grundsteinlegung für den Bau eines Kultur- und Gemeindehauses für die jüdische Gemeinde statt. Das Grundstück stellte die Stadt München kostenlos zur Verfügung. Die faschistische Vereinigung Kameradschaft Süd wollte mit einem Bombenanschlag die Feierlichkeiten in ein Blutbad verwandeln. Der Terrorakt konnte verhindert werden. Am 9. November 2006, exakt 68 Jahre nach der Reichspogromnacht, wurde die Synagoge für die zweitgrößte jüdische Gemeinde Deutschlands eingeweiht. Das

Jüdisches Gemeindezentrum (l.) und Museum (r.)

Saarbrücker Büro Wandel, Hoefer und Lorch entwarf das Jüdische Gemeindezentrum und die 28 m hohe Ohel-Jakob-Synagoge, deren Steinsockel an die Klagemauer in Jerusalem erinnern soll. Die Synagoge bietet Platz für 585 Menschen. Das quaderförmige Oberlicht besteht aus ineinander verschachtelten Davidsternen. Auf dem 6 m hohen Portal stehen die ersten zehn Buchstaben des hebräischen Alphabets, die an die Zehn Gebote erinnern sollen. Im Gemeindehaus befindet sich u. a. ein Kindergarten, eine Grundschule, die Jüdische Volkshochschule, eine Bibliothek, eine Sporthalle sowie das koschere Restaurant Einstein. In einem 32 m langen, unterirdischen »Gang der Erinnerung« zwischen dem Gemeindehaus und dem Museum sind rund 4 500 Namen von Münchner Juden verewigt, die während der Nazizeit ermordet wurden.

2.21 Seidenhaus

Auf dem Jakobsplatz stand bis zum Zweiten Weltkrieg neben einem Feuerwehrhaus auch ein Seidenhaus. Auf die Idee, in Bayern Seide zu produzieren, kam erstmals Herzog Albrecht V. um 1560 herum. Der Versuch scheiterte. 1614 erbauten die Gebrüder Bettaga aus Verona eine Seidenspinnerei in München und beschäftigten bis zu 7 000 Menschen. Kurfürst Maximilian I. verfügte 1626, dass an »allen tauglichen Orten« Maulbeerbäume gepflanzt und unverzüglich mit der Seidenraupenzucht begonnen werden sollte. Auch dieser Versuch scheiterte. Kurfürst Ferdinand Maria beeindruckte das nicht, er förderte 1665 das Projekt »Churbayerische Seidencompagnie«. Ein bestens ausgestattetes Seidenhaus wurde in der Au gebaut. Weil das so ausgelastet war, folgte 1670 ein weiteres Haus – direkt auf dem Jakobs-Platz. Für tausende von Gulden kaufte man Eier der Seidenspinnerschmetterlinge, Industriespione kundschafteten die großen Seidenproduzenten in Italien und Frankreich aus. Das Problem: Die nötigen Maulbeerbäume, die in großen Plantagen als Raupennahrung rings um München angelegt wurden, vertrugen das Klima nicht wirklich. Die Seidenindustrie floppte. Das Seidenhaus am Anger blieb bis 1705 in Betrieb, danach diente es als Kaserne, Bierkneipe, Werk-

Das Seidenhaus 1890

statt und Gemischtwarenladen, bis es 1944 im Krieg zerstört wurde. Die Versuche, München zu einer Seidenmetropole zu machen, setzten sich übrigens bis weit ins 19. Jh. fort, noch im 20. Jh. versuchte man, aus Regensburg eine Seidenstadt zu machen.

2.22 Orag-Haus

Ein güldenes Auge wacht hoch oben auf dem Giebel. Auch sonst fällt das Haus der Oberbayerischen Rohstoff- und Arbeitsgemeinschaft (Orag) am Oberanger 9 durch aufwändige Gestaltung auf. »Ein Bad vor Zeiten hier bestand Gighanbad genannt«, steht in goldenen Lettern auf grünem Grund an der linken Fassade. Das Badehaus von Hanns Gügerhahn wurde 1387 erstmalig erwähnt, es lag direkt am Angerbach. 1897 musste das Badehaus dem neuen Wohnhaus weichen, das Johann Grassel und Max Kraus entwarfen. Es war als Wohnhaus für gehobenes Bürgertum gedacht, die separaten Dienstboteneingänge sind noch erhalten. 1926 kaufte

der jüdische Textilkaufmann Arnold Götz das Anwesen und veräußerte es drei Jahre später an die Orag. Übrigens: Für den U-Bahnbau sollte das Haus abgerissen werden, was glücklicherweise dann doch verhindert werden konnte. Die Orag hält in dem Ladenlokal alles bereit, was Maßschneider und vor allem die Werkstätten von Theatern und der Oper benötigen. Allein mehr als 100 000 Knöpfe sollen vorrätig sein.

2.23 Ignaz-Günther-Haus

Dafür dass Ignaz Günther als einer der produktivsten und bedeutendsten Rokoko-Bildhauer Deutschlands gilt, lebte er in einer eher bescheiden anmutenden Behausung. 1761 kaufte er für knapp 4 000 Gulden zwei schmale, mittelalterliche Häuser (Oberanger 11 und Unterer Anger 30) und legte sie zusammen. Finanzen waren wohl nicht so sein Ding, denn trotz guter Auftragslage musste er schon vier Jahre später eine Hypothek von 1 000 Gulden auf sein Haus aufnehmen. Später beklagte er sich bitterlich, dass seine adeligen Auftragge-

ber heimische Künstler nicht schätzten und schlechter bezahlten als ausländische Kollegen. 1775, gerade 50-jährig, starb Günther und wurde auf dem Alten Südfriedhof in einem Massengrab bestattet. Im Haus ist heute die Verwaltung des Münchner Stadtmuseums untergebracht.

2.24 Gasthaus Schwarzfischer

An der Ecke Dultstraße/Oberanger befand sich das nach seinem Wirt Anton Schwarzfischer benannte Lokal, das in den 1920er-Jahren ein beliebter Treffpunkt für Homosexuelle war. In einschlägigen Freundschaftsblättern war man mit »dezenter Stimmung bei 1a Wiener Küche«. Nach der Machtübernahme durch die Nationalsozialisten ließ der Gauleiter am 20. Oktober 1934 die beiden bekannten Schwulenkneipen Schwarzfischer und den Arndthof im Glockenbachviertel mit einer groß angelegten Razzia räumen. 145 Männer wurden festgenommen, 39 von ihnen kamen ohne rechtliche Grundlage ins neu eröffnete KZ Dachau. 2014 beschloss der Stadtrat, dass vor dem Gebäude eine Erinnerungsstätte für von den Nazis verfolgte Homosexuelle eingerichtet werden soll. Den Wettbewerb gewann die Künstlerin Ulla von Brandenburg mit ihrem 2016 umgesetzten Bodenmosaik, in dem verschiedenfarbige Steine in Form eines Winkels angelegt sind, dabei steht das rosa Dreieck für Schwule, das schwarze für Lesben, gemäß den Winkeln, die die Betroffenen in den KZs tragen mussten.

Der Schwarzfischer in der Dultstraße

Das Bodendenkmal

2.25 Münchner Stadtmuseum

In mittelalterlicher Kulisse ist das Museum der Stadt München zu Hause. Das älteste Gebäude, das spätgotische Zeughaus, stammt aus dem Jahr 1500. Dort und im benachbarten ehemaligen Marstall sowie weiteren Bauten eröffnete der Stadtarchivar Ernst von Destouches 1888 das Stadtmuseum. Heute ist es das größte kommunale Museum Deutschlands. Die Dauerausstellung »Typisch München!« zeigt Dokumente und Objekte zur Stadtgeschichte, die andere Dauerausstellung »Chiffren der Erinnerung« beschäftigt sich mit dem Nationalsozialismus in München. Daneben gibt es Ausstellungen zu Fotografie, Musikinstrumenten, Zeitgeschichte und Puppentheater/Schaustellerei. Im Filmmuseum mit seinem täglich wechselnden Programm kommen Cineasten auf ihre Kosten.

Die Verwaltung des Museums sitzt im nahen **Ignaz-**

Günther-Haus, einem spätmittelalterlichen Gebäude aus dem 15. Jh. Hier lebte und arbeitete von 1761 bis 1775 der Rokoko-Bildhauer Ignaz Günther.
Auf dem Sankt-Jakobs-Platz fand übrigens 1310 die erste **Jakobidult** (der »tultmargt«) statt. Sie wurde 1791 auf die Kaufinger- und Neuhauser Straße verlegt, 1822 auf den Maximiliansplatz, dann 1874 auf den Johannisplatz in Haidhausen und schließlich 1905 auf den Mariahilfplatz in der Au.

Das Kaufhaus Uhlfelder ca. 1925 (l.) und am 10.11.1938, einen Tag nach der Reichspogromnacht

2.26 Kaufhaus Uhlfelder

1878 eröffnete der Kaufmann Heinrich Uhlfelder sein Haushalts- und Galanteriewarengeschäft im Rosental. Weil sein Warenangebot für die Zielgruppe mit geringem Einkommen konzipiert war, florierte das Geschäft so, dass Uhlfelder ständig erweiterte. Um 1930 erstreckte sich das Kaufhaus auf den gesamten Block zwischen Oberanger, Rosental und Nieserstraße. Ein Jahr später dann die absolute Sensation: Erstmalig in einem Münchner Kaufhaus wurden Rolltreppen eingebaut, mit denen die Kunden ganz bequem die drei Stockwerke hinauf- und hinunterfahren konnten. Nach dem Warenhaus Hermann Tietz am Hauptbahnhof war Uhlfelder das zweitgrößte Kaufhaus Münchens. Nach Heinrichs Tod 1928 leitete Sohn Max das Unternehmen. Da die Uhlfelders Juden waren, litt das Geschäft massiv unter den Boykottaufrufen der Nationalsozialisten. Max Uhlfelder kam in »Schutzhaft«, das Geschäft wurde in der Reichspogromnacht im November 1938 gestürmt und in Brand gesetzt. Im Januar 1939 gelang es der Familie, die Freilassung von Max und seinem Sohn Harry aus dem KZ Dachau zu erwirken. Die Uhlfelders flohen umgehend nach Indien. Ihr Vermögen wurde eingezogen, das Warenlager wurde an Einzelhändler verscherbelt, die Grundstücke bekam die Löwenbräu AG. Nach dem Krieg kehrte Uhlfelder nach München zurück und führte zahlreiche Wiedergutmachungsverfahren, bis er 1953 seinen (beinahe kompletten) Besitz zurückerhielt. Seine Pläne, das Kaufhaus wieder aufzubauen, scheiterten jedoch. Er richtete stattdessen mehrere Behelfsläden ein, die er verpachtete. Ein Jahr später verkaufte er fast alle Grundstücke, bis auf die Liegenschaft Rosental 9, die Uhlfelder als Wohnhaus nutzte, an die Stadt München, die auf dem Gelände einen Erweiterungsbau des Stadtmuseums errichtete.
Traurige Berühmtheit erlangten zwei Fotos von Uhlfelders Rechtsanwalt Dr. Michael Siegel. Er ging am 10. März 1933 zur Hauptpolizeiwache, um gegen die NS-Sturmtruppler, die Fensterscheiben des Warenhauses eingeschlagen hatten, Anzeige zu erstatten. In der Wache wurde Siegel von SSlern in den Keller verschleppt und so gefoltert, dass ihm Zähne ausfielen und ein Trommelfell platzte. Anschließend trieb ihn die SS barfuß und mit abgeschnittenen Hosenbeinen durch die Stadt, dabei musste Siegel ein Schild um den Hals tragen: »Ich werde mich nie mehr bei der Polizei beschweren.«

Uhlfelders Anwalt Dr. Siegel wurde bereits 1933 aufs Widerlichste misshandelt und öffentlich gedemütigt

2.27 Löwenturm

Der 25 m hohe Backsteinturm mit seinen sieben Stockwerken stammt aus dem 14. Jh. Wozu er diente, ist nicht wirklich geklärt. Gegen die Vermutung, dass er Teil der ersten Stadtmauer war, spricht, dass man die ältesten Reste der Stadtbefestigung ca. 15 m nördlich des Turms fand. Sicher ist jedenfalls, dass der Turm direkt über dem Angerbach stand, entweder diente er als Stauanlage oder als Toilette (der Angerbach war zur Wasserentsorgung ausgewiesen). Aufwendige Malereien aus dem 15. und 16. Jh. in den oberen Stockwerken belegen, dass der Turm von vornehmen Patriziern bewohnt wurde. Er war mit Nachbarhäusern durch Zugänge verbunden und diente noch bis ins 20. Jh. als Wohnraum. Die angrenzenden Bauten fielen den Weltkriegsbomben zum Opfer. Der Turm steht heute frei.

2.28 Rindermarkt

Der Name verrät es: Bis ins 19. Jh. befand sich hier der Münchner Viehmarkt mit Rindertränke. Bis Ende des Zweiten Weltkriegs standen hier noch etliche Wohnhäuser. Nach deren Kriegszerstörung verzichtete man auf den Wiederaufbau und legte den großzügigen Platz an. Den Rindermarktbrunnen mit dem Hirten, der drei Rinder bewacht, schuf der Bildhauer Josef Henselmann 1964.

2.29 Ruffinihaus

Eigentlich handelt es sich bei dem malerischen Ruffinihaus um drei Häuser, die so tun, als wären sie eins. Ursprünglich befanden sich hier mehrere mittelalterliche Häuser direkt neben dem alten Sendlinger Tor, einem Teil der ersten Münchner Stadtbefestigung. Spätestens 1721 gehörten alle Gebäude den beiden Patrizierfamilien Püttrich und Ruffini. Der alte Torturm wurde deshalb fortan Ruffiniturm genannt. Die Familien ließen anstelle der kleinen Häuser einen vierstöckigen barocken Gebäudekomplex mit zahlreichen kleinen Läden im Parterre erbauen. 1808 wurde der Ruffiniturm abgerissen (er ist auf einem Fresko auf der heutigen Fassade abgebildet). 1898 erwarb die Stadt den Grund und schrieb einen Architektenwettbewerb aus, den Gabriel von Seidl mit seinem »Drei-Häuser«-Konzept gewann, das trotz Blockbebauung eine Kleinteiligkeit suggeriert. Das im Krieg beschädigte Gebäude wurde in mehreren Schritten wiederhergestellt. Zuletzt mit einer umfangreichen, 2021 abgeschlossenen Sanierung.

Ein Fresko am Ruffinihaus erinnert an den Ruffiniturm (offiziell Inneres Sendlinger Tor), der einst an dieser Stelle stand.

2.30 Alter Peter

Die im Volksmund »Alter Peter« genannte Peterskirche ist die älteste Kirche im historischen Münchner Stadtzentrum. Nach neuester Forschung stand hier allerdings nicht, wie lange angenommen, jene Klosterniederlassung, nach der München benannt wurde. Der bei Ausgrabungsarbeiten unter dem nördlichen Chor gefundene viereckige Raum (»Alter Raum«) wurde nicht sakral genutzt, sondern ist höchstwahrscheinlich der Überrest der ersten Zollstation oder einer frühen Stadtbefestigung. Ein Kirchenbau an dieser Stelle, eine dreischiffige romanische Pfeilbasilika, ist erst ab 1225 nachgewiesen. 1294 wurde ein großzügigerer gotischer Neubau geweiht. Damals noch mit zwei Türmen. Nach einem großen Stadtbrand, der auch die Kirche traf, wurden zwischen 1379 und 1386 die beiden ausgebrannten Kirchtürme abgeschrägt und zwischen den Stümpfen ein einzelner Turm erbaut. 1487 verzeichnete die Chronik erstmals einen Friedhof um die Kirche sowie ein Armenhaus. Der älteste noch erhaltene Grabstein ist von 1482 (heute im Kircheninneren am nördlichen Turmpfeiler). Wie viele andere Kirchen auch bekam der über die Jahrhunderte mehrfach erweiterte und umgebaute Alte Peter im 18. Jh. eine aufwendige Neugestaltung im Stil des Barock. Die im Zweiten Weltkrieg stark zerstörte Kirche wurde bis 1954 wieder aufgebaut. Die Rekonstruktion der Innenausstattung dauerte bis ins Jahr 2000.

Im Alten Peter sind neben vielen anderen Kunstwerken zwei Objekte besonders: Am Hochaltar steht eine spätgotische Figurengruppe von Erasmus Grasser mit dem hl. Petrus und den vier Kirchenvätern. Die Tiara, die Petrus trägt, ist abnehmbar. Immer, wenn in Rom ein Papst stirbt, wird dem Münchner Petrus die Tiara abgenommen und erst wieder ausgesetzt, wenn in Rom weißer Rauch aufsteigt. Außerdem gibt es in der Kirche noch eine »Katakombenheilige« zu bewundern: Die Gebeine der hl. Munditia sind in kostbare Goldstickereien mit Juwelen gefasst.

»Solang der Alte Peter ...«

Das *Lied vom Alten Peter* gilt als Münchner Stadthymne:
»Solang der alte Peter
am Petersbergerl steht,
solang die grüne Isar
durchs Münchner Stadterl geht«
Die Melodie kennt jeder, denn es ist die Erkennungsmelodie des Bayerischen Rundfunks – doch leider hat das Lied eigentlich gar nichts mit München zu tun.
Im Originaltext heißt es »Solang der alte Steffel, der Stephansdom noch steht ...«, es war ein beliebter Schlager von Carl Lorens über den Wiener Dom, der um 1880 von Volkssänger Michl Huber auf München umgetextet wurde.

2.31 Heiliggeistspital

Ursprünglich stand hier eine kleine romanische Kapelle, die zu einem 1208 von Ludwig dem Kelheimer gegründeten Spital gehörte. Damals lagen Spital und Kirche noch vor den Toren der Stadt. Der große Stadtbrand von 1327 zerstörte das Spital mit der Kapelle. Man baute eine neue große gotische Kirche, die 1392 fertig war. Im 18. Jh. wurde Heiliggeist der damaligen Mode entsprechend barock umgestaltet. Zu der Anlage gehörten ein Pilgerhaus, Altenheim, Waisenhaus und ein einfaches Krankenhaus sowie zeitweise ein Friedhof. 1806 wurden die Spitalgebäude abgerissen, um Platz für den neuen Viktualienmarkt zu schaffen. 1885 wurde dann auch das »Weiberhaus« abgebrochen, das quer vor der Kirche stand. Dadurch entstand erst der heutige Durchgang vom Tal zum Viktualienmarkt vor der Kirche. Nun stand die in die Anlage eingebaute Kirche plötzlich ohne Fassade da, also erweiterte man das Kirchenschiff um drei Joche Richtung Westen und schloss den Bau mit einer neobarocken Fassade ab. Die im Zweiten Weltkrieg stark zerstörte Kirche wurde weitgehend originalgetreu wiederhergestellt.

Abriss des Spitals 1806 (im Hintergrund der Alte Peter)

Der Brezenreiter im Deckenfresko

Im Deckenfresko, das Cosmas Damian Asam malte, ist auch der legendäre **Brezenreiter** zu finden. 1318 gründete das wohlhabende Salzhändler-Ehepaar Heilwig und Burkhard Wadler eine Stiftung »auf ewig Gült«, um die Armen im Spital einmal wöchentlich zusätzlich zu speisen, dazu gab es noch eine jährliche Sonderspeisung. Für die Armen, die nicht im Spital lebten, kam einmal im Jahr dann der Brezenreiter. Er ritt am 27. Dezember (später am 1. Mai) ab Mitternacht auf einem Schimmel, damit man ihn besser sehen konnte, und drei gelockerten Hufeisen, damit man ihn besser hören konnte, durch die Gassen und rief: »Ihr jung und alte Leut, geht's hin zum Heiligen Geist, wos die Wadler Pretzen geit!« Unterwegs verteilte er bereits einen Teil der Pretzen, bis 12 Uhr Mittag konnten die Münchner ihre Brezenspende am Spital abholen. 1801 gingen dem Reiter zu früh die Brezn aus, woraufhin er von der wütenden Meute vom Pferd gezerrt und verprügelt wurde. Danach verbot die Stadt den Brezenritt. Die Brezenspende bestand weiter und wurde per Aushang bekannt gegeben. 2007 wurde der Brezenreiter wiederbelebt, der nun jedes Jahr zum Stadtgeburtstag für eine Spendenaktion zugunsten wechselnder Sozialeinrichtungen wirbt.

Die Installation *Les Colombes* von Michael Pendry (2017) mit 2 000 gefalteten Papiertauben

2.32 Viktualienmarkt

Man kann es sich kaum noch vorstellen, aber einst standen hier die Benefizhäuser eines Spitals, des Heiliggeiststifts, und der Rest war eine sumpfige Fläche, durch die zahlreiche Münchner Stadtbäche flossen. Bis man schließlich das Spital abriss und die Bäche trockenlegte, um das Gelände 1807 mit dem Viktualienmarkt zu überbauen. Denn der einst als Marktplatz dienende Marienplatz platzte Anfang des 19. Jh. aus allen Nähten. Anfangs wurden die Stände täglich neu vergeben. Seit 1870 gibt es feste Standerl. Zwanzig Jahre später hatte der Markt seine heutige Ausdehnung erreicht. Nach dem Zweiten Weltkrieg hatten die Stadträte zunächst Katastrophales geplant: Der schwer zerstörte Viktualienmarkt sollte ausgelagert und das Gelände mit Hochhäusern bebaut werden! Auch die Stadtautobahn sollte direkt am Markt entlangverlaufen. Schließlich entschied man sich aber doch für die Rettung der Münchner Institution. Heute ist der Viktualienmarkt der größte Lebensmittel-Freiluftmarkt Deutschlands. Er ist mit seinem üppigen Angebot und dem zentralen Biergarten ein beliebter Tummelplatz für Münchner und Touristen. Die 1898 eröffnete Nordsee-Filiale ist übrigens die älteste Niederlassung des Unternehmens außerhalb Bremens. Ein Kuriosum war von 1860 bis 1918 der **Ziegenmilchmarkt** an der Ecke Freibank/Blumenstraße, wo es für ein paar Pfennige frisch gemolkene Ziegenmilch (damals galt sie als eine Art Wunderheilmittel) gab.

Auf dem Marktgelände wurden ab 1953 Gedenkbrunnen für Münchner Volkssänger und Komiker errichtet: Liesl Karlstadt, Karl Valentin, Weiß Ferdl, Ida Schumacher, Elise Aulinger und Roider Jackl. Der große Maibaum ist ein Geschenk der sechs größten Brauereien, die mit ihrem Verein Münchner Brauereien, den Baum regelmäßig erneuern und pflegen.

Bisher nicht ganz funktioniert hat die Einbindung der neuen **Schrannenhalle,** eine abgespeckte Version der einst riesigen Schrannenhalle, die sich ab 1850 entlang der Blumenstraße erstreckte. Die Schrannenhalle wurde 1851 bis 1853 nach Plänen von Karl Muffat als Markthalle für Getreide entlang der Frauen- und Blumenstraße errichtet. Sie hatte eine Länge von 430 m, bestand aus Gusseisen und einem Dach mit Oberlichtern. Wegen der großen Entfernung zum Bahnhof verlor die Halle bald an Bedeutung, als dann die neue Großmarkthalle in Sendling eröffnete, war dies das Ende der großen Schrannenhalle. Zwischen 1914 und 1927 wurden immer wieder Teile abgebaut. 1932 zerstörte ein Brand fast den ganzen Rest. Nur der gemauerte nördliche Kopfbau, die Freibank, in der vor allem günstiges Fleisch von Notschlachtungen verkauft wurde, blieb erhalten (heute ein Restaurant). Zufällig erkannte der Architekt Volker Hütsch im Jahr 1978 eine Lagerhalle des Gaswerks Moosach als Teil der Schrannenhalle. Das 110 m lange Teilstück wurde restauriert und nach über 25 Jahren Verzögerung (der alte Hallen-Platz wurde nämlich als Parkplatz für den Viktualienmarkt genutzt) ab Juli 2003 wieder am alten Platz aufgebaut. Verschiedene Nutzungskonzepte scheiterten im Lauf der Jahre. Seit 2015 ist die italienische Feinkostkette Eataly Betreiber, die hier mehrere gastronomische Betriebe und einen großen Lebensmittelmarkt mit italienischen Spezialitäten unterhält.

Karl-Valentin-Brunnen von Ernst Andreas Rauch (1953)

Die Roßschwemme auf dem Gebiet des Viktualienmarkts 1820

Elise-Aulinger-Brunnen von Anton Rückel

Ida-Schumacher-Brunnen von Marlene Neubauer-Woerner

Ziegenmilchmarkt vor der Freibank 1885

An der Schrannenhalle heute

Die Schrannenhalle 1853

Seit 1974 steht die Julia-Capulet-Statue am Alten Rathaus und blickt zum Viktualienmarkt. Die 2,65 m große Bronzefigur ist eine Replik der Statue von Nereo Costantini, die in Verona vor der Casa di Giulietta steht. Die Statue war ein Geschenk von Verona an die Partnerstadt München.

2.33 Einlaßtor

Etwa dort, wo die Prälat-Zistl-Straße auf das Rosental stößt, befand sich einst das Einlaßtor, das man ursprünglich Schiffertor (Zyfertor) nannte. Doch weil man an diesem einfach gebauten Tor auch noch nachts gegen Gebühr in die Stadt gelangen konnte, änderte sich der Name. Das Tor verfügte über keine besonderen Wehranlagen, da es vom ca. 100 m entfernten Scheibling verteidigt werden konnte. Das Einlaßtor wurde 1826 abgerissen.

2.34 Scheibling

Wo heute die Reichenbachstraße auf die Frauenstraße trifft, stand einst der Scheibling (so bezeichnete man früher Rundtürme). Der 1478 erstmals erwähnte imposante Turm diente wohl ab 1786 als Gefängnis, später als Getreidelager. Um den Viktualienmarkt zu erweitern, riss man den Scheibling 1870 ab. Auf der Darstellung von 1840 sieht man hinten rechts erst den Fischerturm, dann den Turm des Alten Peters.

2.35 Alte Synagoge

Erstmals seit 1442 sollte die jüdische Gemeinde Münchens wieder eine Synagoge haben. Bislang hatte man sich in Privathaushalten und in einem viel zu kleinen Betraum im Tal 13 getroffen. 1815 gründete man die Israelitische Kultusgemeinde und beschloss den Bau des Gotteshauses. König Max I. Joseph zeigte sich wohlwollend und stiftete für den Bau vier Säulen aus Tegernseer Marmor. Max I. sollte die Eröffnung allerdings nicht mehr erleben. Bei der Suche nach einem geeigneten Bauplatz gerieten die Kultusgemeinde und die Behörden aneinander. Die Kultusgemeinde wünschte einen zentralen Ort, der Stadt konnte der Neubau gar nicht weit genug außerhalb liegen. Der Bauplatz in der Westenriederstraße (damals noch Theaterstraße) lag zwar in der Nähe des Viktualienmarkts, war nach damaligen Gesichtspunkten allerdings weder zentral noch attraktiv. 1822 kaufte die Gemeinde das Grundstück, zwei Jahre später kam es zur Grundsteinlegung. Zur Einweihung 1826 gab sich auch König Ludwig I. die Ehre. Das Gebäude hatte der königliche Baurat Jean Baptiste Métivier entworfen. In Synagogen ist es üblich, den Thoraschrein Richtung Jerusalem auszurichten und gegenüber den Eingang zu platzieren. Wegen der Nachbarbebauung war es hier jedoch nicht möglich, die Eingänge für Frauen und Männer gegenüber dem Thoraschrein anzulegen. Die auf der Abbildung gut zu erkennenden Eingangstüren führten daher erst in einen Vorraum. Weil die jüdische Gemeinde schnell wuchs, wurde 1887 die neue Hauptsynagoge an der Herzog-Max-Straße eingeweiht. Ein Jahr später wurde das alte Grundstück versteigert und das Gebäude abgerissen. Das 1889 hier erbaute Wohn- und Geschäftshaus fiel den Kriegsbomben zum Opfer. Die Baulücke wurde erst 2011 durch einen Neubau der Baywobau geschlossen, nachdem Pläne, hier eine neue Synagoge für die liberale Beth Shalom Gemeinde zu errichten, nicht realisiert wurden.

Die Synagoge (l. Mitte) auf einer Zeichnung von Ludwig Huber, 1889

2.36 Städtische Riemerschmid-Wirtschaftsschule München

Frauen in kaufmännischen Berufen? Keine sehr populäre Idee in der Mitte des 19. Jh. Der Spirituosen- und Essigfabrikant Anton Riemerschmid ließ sich jedoch von seinem Prokuristen Matthias Reischle überzeugen, dass eine »Handelslehranstalt für Frauenzimmer« eine sinnvolle Einrichtung wäre, um neue Arbeitskräfte zu finden und um »unbemittelten Mädchen« ein Einkommen und damit mehr Unabhängigkeit zu geben. 1862 eröffnete die Schule in den Räumen der Firma Riemerschmid in der Kanalstraße/Ecke Hildegardstraße, die Matthias Reischle bis zu seinem Tod 1897 leitete. Die kostenlose Ausbildung dauerte zunächst zwei Jahre und umfasste u. a. Buchführung, Wechsellehre, französische Sprache und Schönschrift. Schon zehn Jahre nach der Gründung musste die Schule erweitert werden, die Stadt kam für einen Teil der Kosten auf. Nach dem Tod Reischles übernahm die Stadt die Lehranstalt, führte ein damals übliches Schulgeld ein und baute sie zur weiterbildenden Schule mit dreijährigem Unterricht aus. 1901 eröffnete dann der von Robert Rehlen im barockisierenden Jugendstil entworfene Neubau an der Frauenstraße 19. Zwischenzeitlich beherbergte die Schule auch ein Lehrerseminar von 1904 bis 1909. Ab 1931 konnte man in der Schule die Mittlere Reife ablegen. Das Gebäude wurde im Zweiten Weltkrieg schwer beschädigt, noch bis 1958 fand der Unterricht in Ausweichgebäuden statt. Den heutigen Namen bekam die Schule im Jahr 1973. Ein bundesweites Novum war 1985, dass Absolventinnen neben der IHK-Prüfung als Bürogehilfinnen gleichzeitig die Mittlere Reife ablegen konnten. Die letzte Generalsanierung mit Neugestaltung der Räume erfolgte 2012 bis 2016. Seit 2019 stehen die beiden städtischen Wirtschaftsschulen (Riemerschmid- und Friedrich-List-Wirtschaftsschule) unter einer gemeinsamen Leitung.

Ein Relief am Schulhaus erinnert an das Teckentor, das einst hier stand.

Die Statue »Öffentliche Rose« von Rolf Szymanski steht seit 1971 in der Grünanlage neben der Schule

2.37 Zentrum für außergewöhnliche Museen

Ein Museumskomplex der ganz besonderen Art existierte bis 2005 in der Westenriederstraße 41. Im ZAM waren auf rund 500 m² sieben kulturgeschichtliche Spezialmuseen untergebracht. Es gab je ein Museum für Tretautos, Nachttöpfe, Osterhasen, Parfumflakons, Kaiserin Sisi, Schutzengel und Vorhängeschlösser (hier waren auch Foltergeräte und Schatztruhen integriert). Die Exponate hatte der Sammler und Museumsgründer Manfred Klauda zusammengetragen. Mit dem 1984 eröffneten Nachttopfmuseum (die größte einschlägige Sammlung der Welt) ging es los. 1993 eröffnete das ZAM. Klauda, der den Weltrekord im Solo-Tretautofahren hielt (er fuhr 458,8 km im Tretauto von München nach Dresden), kam 2000 bei einem Verkehrsunfall ums Leben. Fünf Jahre später musste das Museum schließen. Teile der Ausstellungsstücke wurden verkauft, so erwarb das Wiener Sisi-Museum 240 Exponate aus dem Sisi-Museum.

2.38 Oktoberfestmuseum

Eines der ältesten Münchner Bürgerhäuser steht in der schmalen Gasse Sterneckstraße. Es ist im Kern spätgotisch, Teile des Gebäudes sollen aus dem Jahr 1327 (in anderen Quellen 1346) stammen. Das Haus mit den vier niedrigen Geschossen wurde im 17./18. Jh. umgebaut und aufgestockt. Im Inneren findet sich noch eine »Himmelsleiter«, also eine schmale Stiege mit 43 Stufen, die gerade nach oben ins erste Dachgeschoss führt. Das Gebäude gehört seit 1998 der Edith-Haberland-Wagner-Stiftung, die auch die Mehrheit der Augustinerbräu-Aktien hält. 2005 eröffnete hier das Bier- und Oktoberfestmuseum mit zahlreichen Exponaten rund um den Gerstensaft und das größte Volksfest der Welt. Im Museum sind auch die Zunftlade und die Zunftfahne der Brauer untergebracht.

2.39 Theater vor dem Isartor

1812 hob sich erstmals der Vorhang im Königlichen Theater vor dem Isartor unter der Leitung von Direktor Johann Weinmüller, um das Melodrama *Salomes Urteil* über die Bühne gehen zu lassen. Zehn Jahre später übernahm Carl Carl (eigentlich Carl von Bernbrunn) die Leitung. München-Chronist Ulrich von Destouches schrieb über das von Emanuel d'Herigoyen erbaute Haus: »Das Innere des Theaters gewährt einen heiteren Anblick. Es ist blau und weiß dekoriert und mit kleinen Figuren über den Logen besetzt, enthält rückwärts im Parterre eine Parterre-Galerie, 3 Reihen Logen und über der letzten Logenreihe eine Galerie.« Zwar mühte sich das Theater redlich, das Programm halbwegs anspruchsvoll zu gestalten, doch letztlich schwankte es zwischen Hamlet und Varietenummern von Tierdompteuren. Gerade deshalb stieg das Theater zum ernsten Konkurrenten für das Hoftheater auf, dessen Intendanz eifrig gegen das Vorstadttheater intrigierte. 1825 starb König Max II., der das Theater gefördert hatte. Die Subventionen wurden sofort gestrichen, Carl zog mit seiner Truppe weiter nach Wien. Im leeren Theaterbau kam erst ein Leihhaus unter, später der Atlantik-Filmpalast. Im Zweiten Weltkrieg zerstörten Bomben das Haus, das eingeebnet und zur Straße wurde (zwischen Westenrieder- und Frauenstraße am Isartor).

2.40 Optisches Institut

Joseph Utzschneider, Techniker und Unternehmer, war eine schillernde Persönlichkeit und verfügte zudem als ehemaliger Geheimer Referendar über ausgezeichnete Beziehungen zum Hof. In jener Zeit platzte die Stadt aus allen Nähten und die Schleifung der städtischen Wehranlagen lief bereits seit Monaten. Goldene Zeiten für

Das Ertl-Schlösschen: links hinter den Büschen liegt heute die Blumenstraße, hinter dem Gebäude, Richtung Peterskirche, sind heute Frauenstraße und Viktualienmarkt.

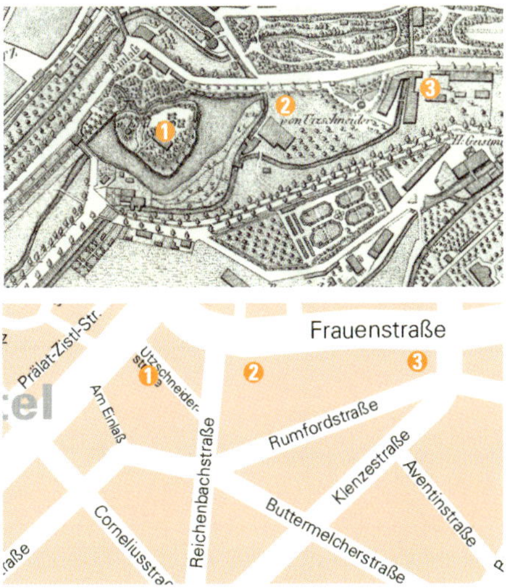

Dieselbe Gegend 1812 und 2012: Auf dem Utzschneider-Gelände stand inmitten eines Teiches ❶ das Ertl-Schlösschen, Utzschneiders Wohnhaus, außerdem die Tuchfabrik ❷ und die Lederfabrik ❸.

Grundstücksspekulanten. Unter ihnen Joseph Utzschneider. 1801 kaufte er u. a. für 10 000 Gulden von den Karmelitern einen riesigen Garten direkt beim Einlaßtor. Vor dem Karmelitergarten hatte hier einst der städtische Kupferhammer gestanden.

Utzschneider baute auf dem Grundstück eine Ledermanufaktur auf und bezog auch gleich das nach seinem Erbauer benannte Ertl-Schlösschen, das inmitten eines kleinen Weihers stand. 1804 stieg Utzschneider als Finanzier der »Mathematischen Werkstätte« von Georg Reichenbach ein, einem jungen Start-up-Unternehmen der neuen Hightech-Branche von geodätischen Instrumenten von bislang nicht gekannter Präzision. Später stieß noch der Erfinder Joseph Fraunhofer hinzu und die Firma hieß ab 1809 »Optisches Institut von Utzschneider, Reichenbach und Fraunhofer«. Produziert wurde allerdings in Benediktbeuern, wo Fraunhofer mit seinen Erfindungen die optische Glasherstellung revolutionierte.

1814 kam es zu einem Zerwürfnis der Teilhaber, Reichenbach und Utzschneider machten sich fortan aufs Heftigste Konkurrenz. Utzschneider produzierte inzwischen auf einem seiner Grundstücke in der Maxvorstadt. Und er geriet zudem immer mehr in finanzielle Bedrängnis, denn eine Tuchfabrik, die er neben der Ledermanufaktur auf seinem Grundstück Am Einlaß aufgezogen hatte, lief katastrophal schlecht. Dann starb auch noch Fraunhofer überraschend 1826, seine Nachfolger wurden Georg Merz und Joseph Mahler. Auf dem Utzschneider-Gelände Am Einlaß wurde eine Glasschleiferei eingerichtet, die ab 1830 mit Wasserenergie aus einem eigens angelegten Kanal betrieben wurde. Merz und Mahler verlegten wohl zwischen 1830 und 1835 das Optische Institut von der Maxvorstadt in die Müllerstraße 11, heute Müllerstraße 40 (siehe S. 38). 1839 verkaufte Utzschneider sein Unternehmen, ein Jahr später kam er bei einem Kutschenunfall ums Leben. Sein Grundstück wurde kurz nach seinem Tod mit Wohnblöcken bebaut, nachdem das Schlösschen 1840 abgerissen und der Teich zugeschüttet worden waren. Die alte Utzschneidersche Glasschleiferei am heutigen Reichenbachplatz blieb noch bis 1875 in Betrieb.

2.41 Hochbunker

Der »Blumenbunker« wurde 1941 nach Plänen von Karl Meitinger als Luftschutzbunker für bis zu 1 200 Menschen gebaut. Auf das Zeltdach wurde ein Dachreiter gesetzt, damit der Bunker für Flugzeuge von oben wie eine Kirche aussah (und nicht bombardiert wurde). Pläne, den Bunker 1947 zu sprengen, wurden nicht umgesetzt. Seit Jahr(zehnt)en wird über die mögliche Nutzung diskutiert, von Gastronomie bis Privatmuseum war alles Mögliche dabei. Im Oktober 2021 beschloss der Stadtrat, den Bunker als öffentliches Zentrum für Architektur zu öffnen.

2.42 Teamtheater

Mit einem Vatermord startete das Teamtheater unter der Leitung von Stephan Märki seine Existenz. *Vatermord* hieß das Stück von Arnolt Bronnens, mit dem die Theatergruppe 1985 in den Räumen Am Einlaß 4 eröffnete. Erfolgsstücke wie *Butterbrot* von Gabriel Barylli prägten die Anfangsjahre und man beschloss sich auszudehnen, als 1992 die benachbarte Tankstelle aufgab. Das Teamtheater Tankstelle war geboren. Doch schon zwei Jahre später endete das Projekt – die wichtigen Fördergelder der Stadt München blieben plötzlich aus. Stephan Märki und sein Team lösten sich auf. Einzig das Gründungsmitglied Petra Maria Grühn wollte nicht aufgeben. Sie übernahm die Leitung und am 4. Oktober 1994 begann unter ihrer Regie mit *Der tropische Baum* von Yukio Mishima die neue Ära des Teamtheaters. Die Anfangszeit musste sich das Theater, das 99 Zuschauern Platz bietet, ohne öffentliche Gelder durchkämpfen. Erst 1996 flossen die überlebenswichtigen Zuschüsse wieder. Ein Jahr später kam das alte Teamtheater in den Räumen neben der Tankstelle ebenfalls unter die Fittiche von Petra Maria Grühn und firmierte nun als Teamtheater Comedy.

2.43 Glockenbachwerkstatt

Trotz des Namens: Die Glockenbachwerkstatt liegt nicht im Glockenbachviertel, sondern in der Altstadt. Sie ist das älteste Bürgerhaus Münchens.

Eigentlich begann die Geschichte bereits 1975, als eine Gruppe von Engagierten den Isarvorstadt e. V. gründete, um die Lebensbedingungen von Jugendlichen im Stadtteil zu verbessern. Damals war die Verbronxung des Viertels kaum zu übersehen. Am 21. Juli 1979 konnte das Bürgerhaus Glockenbachwerkstatt in der Blumenstraße eröffnet werden. Das ehemalige private Wohnhaus wurde früher als Boxschule und dann von einer der ersten Computerfirmen Münchens genutzt. 1980 übernahm der Paritätische Wohlfahrtsverband die Trägerschaft für das Projekt. Zwei Jahre später eröffnete der kneipenähnliche Stadtteiltreff und 1987 erhielt der Kindergarten seine Anerkennung durch das Stadtschulamt. Musik wird in der Glockenbachwerkstatt großgeschrieben. Seit beinahe 30 Jahren sind die Übungsräume stark frequentiert von Musikern aller Altersklassen. 1998 kamen die Bandübungsräume in der Schallhalle, Thalkirchner Straße, hinzu. In den späten 1980ern formierte sich die Punkszene mit dem Lärmkessel und dem Dauerbrenner Volxtanz. In den späten 90ern eroberten die Indie-Rocker die Glockenbachwerkstatt, aus deren Aktivitäten das Plattenlabel Red-Can Records hervorging. Außerdem gilt das Haus als Hotspot des Münchner Hip-Hop, dank der Macher von Pigeon-Records.

Gleichzeitig ist der Verein auch Träger von angegliederten Institutionen wie dem Atelierhaus in der Baumstraße, dem Kooperationsprojekt mit dem Pfadfinderstamm PEGASUS, dem Medienprojekt für Senioren, den Kulturräumen in der Schallhalle und der Mittagsbetreuung an der Grundschule am Gärtnerplatz. Eine Kinderkrippe in der Baumstraße kam Ende 2008 dazu. Stadtweit ist der Glockenbachwerkstatt e. V. zudem Träger der Kindergärten in der Messestadt Riem, in Bogenhausen und in Obersendling.

2.44 Bellevue di Monaco

Lange waren die Häuser an der Müllerstraße 2-6 ein Zankapfel. Die Stadt wollte die heruntergekommenen Anwesen abreißen, Aktivisten von der fiktiven »Goldgrund Immobilien Organisation« (Till Hofmann, Christian Ganzer und Alex Rühle) forderten die Sanierung, ein Guerilla-Renovierungsvideo mit zahlreichen Stars wie den Sportfreunden Stiller und Gerhard Polt ging 2013 viral. 2015 nahm die Stadt die Abrisspläne zurück. Aus der Protestbewegung formierte sich eine gemeinnützige Genossenschaft, um die Gebäude in ein Wohn-, Begegnungs- und Kulturzentrum für Geflüchtete zu verwandeln. Ein Jahr später beschloss der Stadtrat, das Erbbaurecht an Bellevue di Monaco zu vergeben. Das Nutzungs- und Sanierungskonzept übernahmen Hirner & Riehl Architekten. Die ersten Wohnungen konnten nach der Sanierung 2017 bezogen werden. Besonderes Highlight neben dem Café im Erdgeschoss: 2020 konnte auf dem Dach ein Bolzplatz fertiggestellt werden.

2.45 Action-Theater

Wo heute ein Spielsalon in der Müllerstraße 12 auf Kundschaft wartet, gab es einst das Action-Kino, wie der Name verriet: spezialisiert auf Actionfilme. Das Kino ging in der zweiten Hälfte der 1960er-Jahre pleite und eine junge, wilde Theatergruppe okkupierte kurzerhand die Räume: Ursula Straetz, Horst Söhnlein und Peer Raben gründeten 1966 das Action-Theater. Ein Jahr später stieß Rainer Werner Fassbinder mit Hanna Schygulla im Schlepptau zur Truppe und entwickelte hier sein Konzept des Antitheaters. Im Zuschauerraum durfte geraucht und getrunken werden. Berühmt wurde die »Inszenierung« von Büchners *Leonce und Lena*, vier Monate nachdem in Westberlin Benno Ohnesorg bei Demonstrationen anlässlich des Schahbesuchs erschossen worden war: Auf Stellwänden klebten Farbfotos des persischen Kaiserpaares, davor lag Fassbinder und las aus dem Reclam-Heftchen Büchners Lustspiel vor.
Im Juni 1968 ließen die Behörden das Action-Theater wegen technischer Mängel schließen. Das Ensemble zog weiter in die Maxvorstadt, in Hinterräume der Wirtschaft *Witwe Bolte* in der Amalienstraße.

2.46 Das Sub

Massiv bedrängt durch die rigide Aids-Politik des Münchner Kreisverwaltungsreferenten Dr. Peter Gauweiler sahen sich die Münchner Schwulen gezwungen, ihr Recht auf Sexualität und ihren Lebensstil massiv zu verteidigen. So gründeten die Gruppen Homosexuelle und Kirche (HuK), Münchner Leder Club (MLC) und der Verein für Sexuelle Gleichberechtigung im Jahr 1984 die Münchner Aids-Hilfe. Zwei Jahre später, am 4. September 1986, entstand das Schwule Kommunikations- und Kulturzentrum München, das Schwulen ein vielfältiges Selbsthilfe- und Freizeitangebot machte. 1988 zog das SchwuKK in die Müllerstraße 44, zwei Jahre später dann in die Müllerstraße 38 und weitere vier Jahre später in die Müllerstraße 43. Der Verein, der mittlerweile Sub heißt, erweiterte sein Angebot ständig und wurde 1991 in die städtische Regelförderung aufgenommen. Neben Beratung, HIV-Prävention und dem Anti-Gewalt-Projekt bietet das Sub heute zahlreiche Freizeit- und Selbsthilfegruppen. 2007 bekamen junge Schwule und Lesben ihr eigenes LesBiSchwules Jugendzentrum in der Blumenstraße 11. Das Sub begründete übrigens das Hans-Sachs-Straßenfest, das erstmals zum 5. Geburtstag des Vereins stattfand, und stellte gemeinsam mit anderen Einrichtungen 2008 den Maibaum am Karl-Heinrich-Ulrichs-Platz auf. Im Jahr 2012 zog das Sub erneut innerhalb der Müllerstraße um, nun ist es in neuen Räumen unter der Hausnummer 14 zu finden.

Ein Parkplatz und Kleinbebauung (o.) mussten dem neuen Sub weichen.

Tore und Türme

Erste Stadtmauer

Bereits kurz nach der Gründung wurde die Stadt durch einen Erdwall mit vorgelagertem Graben befestigt. Vermutlich gegen Ende des 12. Jh. wurde der Wall durch eine rund 1 400 m lange Mauer mit wassergefülltem Graben ersetzt. Die erste Stadtmauer lässt sich am Verlauf dieser Straßen noch ungefähr nachvollziehen: Sparkassenstraße, Viktualienmarkt, Rosental, Färbergraben, Augustinerstraße, Schäfflerstraße, Marienhof, Hofgraben und Pfisterstraße bis zur Sparkassenstraße. Die Mauer war etwa 1,70 bis 2,00 m dick und rund 5 bis 6 m hoch. Der knapp 10 m vor der Mauer verlaufende Wassergraben wurde vom Großen Angerbach gespeist. Die erste Stadtmauer hatte fünf Tore:

- **das Hintere Schwabinger Tor** (auch Wilbrechts-/Scheffler-/Tömlinger-/Nudelturm) im Nordwesten (Lage: hier trifft heute die Schäfflerstraße auf die Weinstraße); erstmals 1325 erwähnt und 1691 abgebrochen
- **das Vordere Schwabinger Tor** (Krümleins-/Muggenthaler-/La-Rosée-/Polizeiturm) im Nordosten (Lage: am Ende der Dienerstraße); 1332 erstmals erwähnt und 1842 abgerissen; das Kellergewölbe ist unter der Nordost-Ecke des Marienhofs noch erhalten
- **das Talburgtor** (Unteres Tor, Talbrucktor, Rathausturm) im Osten (Lage: hier steht der Turm des Alten Rathauses); 1301 erstmals erwähnt, hier führte die Salzstraße hindurch; 1460 zerstörte ein Blitzschlag das Tor, 1470 bis 1480 baute Jörg von Halspach das Rathaus mit Turm im spätgotischen Stil wieder auf; nach Kriegszerstörung 1971 bis 1974 im Stil von Halspach wieder aufgebaut
- **das Innere Sendlinger Tor** (Pütrich-/Blauenten-/Ruffiniturm) im Süden (Lage: wo die Rosenstraße auf den Färbergraben trifft); erstmals 1289 erwähnt, 1808 abgerissen (siehe auch Ruffinihaus, S. 45)
- **das Kaufingertor** (Oberes Tor, Chufringer Tor, Schöner Turm) im Westen (Lage: am Ende der Kaufingerstraße); erstmals 1239 erwähnt, der zunächst einfache Torturm wurde 1479 abgerissen und 1484 im spätgotischen Stil neu erbaut, 1510 bekam er eine reiche Außenbemalung, weshalb er als »Schöner Turm« bezeichnet wurde, 1807 abgerissen; seinen Standort zeigt eine Markierung vor dem Hirmer-Haus (siehe auch S. 69)

Schnell wurde der Platz innerhalb der ersten Stadtmauer zu eng, daher ließ Herzog Ludwig I. das Gebiet im Tal bis zum Kaltenbach erweitern. Neu hinzu kam also:

- **das Kaltenbachtor** im Osten (Lage: Kreuzung Tal, Hochbrückenstraße, Radlsteg); 1319 erstmals erwähnt; mit dem Bau des Isartors wurde das Kaltenbachtor überflüssig und noch vor 1570 abgetragen

Vorderes Schwabinger Tor

Hinteres Schwabinger Tor

Inneres Sendlinger Tor

Talburgtor

Der Schöne Turm in der Kaufingerstraße

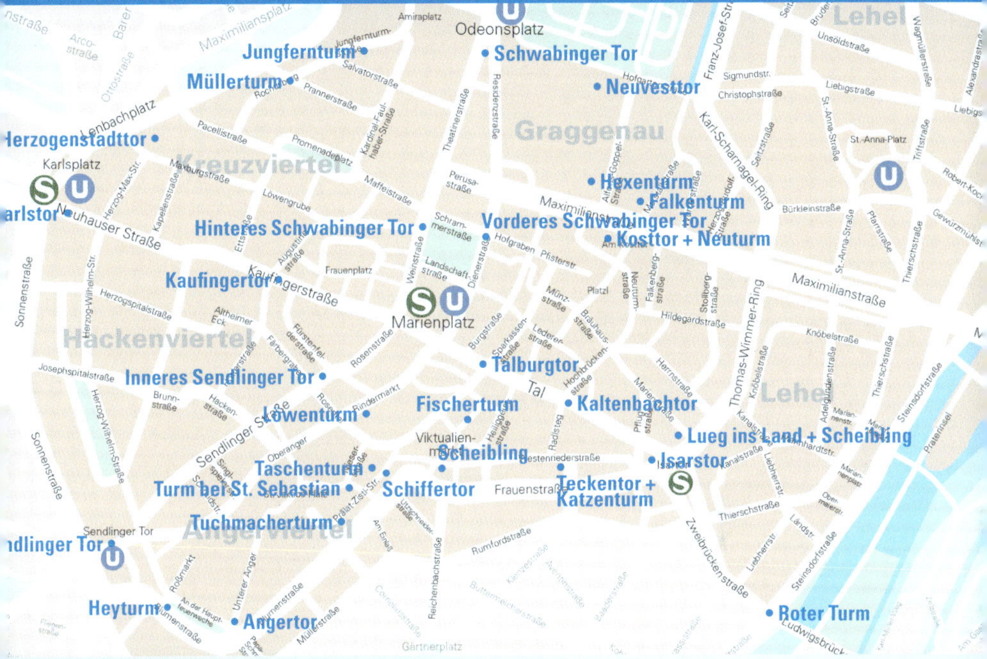

Das Isartor auf einer Postkarte von 1914

Zweite Stadtmauer

Ludwig der Strenge ließ ab 1285 mit dem Bau eines zweiten Mauerrings beginnen, dessen endgültige Fertigstellung sich bis 1499 hinzog. Diese zweite Stadtmauer hatte eine Länge von etwa 4 000 m, war etwa 8 bis 10 m hoch und umschloss eine Fläche von etwa 91 ha. Ihr Verlauf ist heute noch in etwa anhand des Altstadtrings nachvollziehbar. Die erste Stadtmauer hatte nun keine Aufgabe mehr. Sie wurde teilweise in Gebäude integriert oder abgerissen. Der Wassergraben diente wie die anderen Stadtbäche für die Abwasserentsorgung. Die zweite Stadtmauer verfügte über vier Haupttore:

- **das Schwabinger Tor** im Norden (Lage: heute steht hier die Feldherrnhalle); 1319 erstmals erwähnt, 1817 für die Anlage des Odeonsplatzes abgerissen (siehe auch S. 86)

So sah das Sendlinger Tor um 1830 von der Sendlinger Straße her aus

- **das Isartor** im Osten (Lage: Ende des Tals); 1337 fertiggestellt, wurde Anfang des 19. Jh. auf Stadtratbeschluss hin teilweise abgerissen, König Ludwig I. verhinderte den Komplettabbruch und ließ es 1833 durch Friedrich von Gärtner wiederherstellen sowie das Fresko von Bernhard Neher malen, das den Siegeszug Kaiser Ludwigs des Bayern nach der Schlacht bei Ampfing 1322 darstellt; nach Kriegszerstörung bis 1957 wieder aufgebaut; die 2005 am Hauptturm installierte Uhr läuft spiegelbildich, um an Karl Valentin zu erin-

Tore und Türme

Karlstor mit Wassergraben1830

nern; in den Flankentürmen befindet sich seit 1959 das Valentin-Karlstadt-Musäum (siehe auch S. 103)

- **das Sendlinger Tor** im Süden (Lage: Ende der Sendlinger Straße); 1318 erstmals als Startpunkt für den Weg nach Italien erwähnt, die heutige Form mit der großen Durchfahrt und den Durchgängen in den Flankentürmen stammt von 1906 (siehe auch S. 20)
- **das Neuhauser Tor** (ab 1791 **Karlstor**) im Westen (Lage: Ende der Neuhauser Straße); erstmals 1302 erwähnt, original sind noch die Flankentürme, der Hauptturm wurde nach einer schweren Explosion zerstört und 1860 abgetragen und durch das neugotische Tor (Architekt Arnold Zenetti) ersetzt (siehe auch S. 62)

Neben den vier Haupttoren gab es kleinere Stadttore:

- **Wurzertor** (später **Kosttor**, weil hier eine Armenspeisung eingerichtet wurde); 1325 erstmals erwähnt, 1872 abgerissen (Lage: hier ist der Platz Am Kosttor)
- **Taeckentor;** 1360 erstmals erwähnt; seit etwa 1400 zugemauert und 1866 abgerissen (Lage: hier mündet die Sternecker- auf die Westenriederstraße)
- **Schiffertor** (Einlaßtor); 1826 abgerissen (Lage: hier trifft die Prälat-Zistel-Straße auf das Rosental)
- **Angertor;** 1319 erstmals erwähnt, 1869 abgebrochen (Lage: Städtisches Hochhaus; siehe S. 38)

Und außerdem diese zwei Tore, die die Herzogresidenzen mit der Stadt verbanden:

- **Neuvesttor;** wohl Ende des 14. Jh. erbaut und vor 1644 abgerissen (Lage: östlich des Schwabinger Tors, heute Residenzgebäude)
- **Herzogenstadttor;** erstmals 1613 erwähnt, es verband die Wilhelminischen Veste mit einem außerhalb der Stadtmauern gelegenen Kapuzinerkloster, vermutlich in der zweiten Hälfte des 19. Jh. abgerissen (Lage: ungefähr der Standort des BMW-Pavillons am Lenbachplatz)

Zahlreiche Türme befanden sich zwischen den Toren. Die genaue Zahl ist nicht bekannt, sie schwankt zwischen 55 und 63. Auch ihre Namen sind meist nicht überliefert. Ein paar besondere waren:

- **Falkenturm** (Lage: neben dem Kosttor, Beginn der Falkenturmstraße); 1470 erstmals erwähnt, seinen Namen verdankt er dem Umstand, dass hier zeitweise Utensilien zur Falkenjagd aufbewahrt wurden; ab 1500 bis 1826 diente er als Gefängnis; 1863 abgerissen
- **Fischerturm** (Lage: mitten auf dem Viktualienmarkt); vor 1507 erbaut, 1891 wegen Bau der Trambahn abgerissen
- **Hexenturm** (Lage: neben dem Falkenturm); diente ebenfalls als Gefängnis
- **Heyturm** (Heuturm, Lage: gegenüber der Einmündung von Pestalozzistraße in die Blumenstraße); kein Teil der Wehranlage, sondern ein Wasserturm, 1873 durch das Glockenbachbrunnhaus ersetzt und 1892 außer Bertieb gesetzt. Das Gebäude diente bis 1911 als elektrische Versuchsstation
- **Katzenturm** (Lage: neben dem Taeckentor, wo der Radlsteg in die Westenriederstraße mündet); 1417 erstmals erwähnt, früher floss hier der Katzenbach in

Kosttor mit Neuturm (l.)

Teckenturm

Falkenturm

Der Fischerturm stand mitten auf dem Viktualienmarkt, im Erdgeschoss gab es ein Café

die Stadt; ab 1615 als Wasserturm genutzt und vermutlich zeitgleich mit dem Taeckentor abgerissen

• **der Lueg ins Land** (Lugerturm, das e nach dem u ist ein Dehnlaut, es wird nicht ü ausgesprochen; Lage: 200 m nördlich des Isartors, Marienstraße 21); wohl mit dem Isartor als Beobachtungsturm erbaut, erste Erwähnung 1343; bekam später einen runden Scheibling vorgesetzt, den Prinzessturm; auch Lueg ins Land diente zwischenzeitlich als Gefängnis; 1807 abgerissen

Spooky: Obwohl der Jungfernturm kein Gefängnisturm war, fand man darunter menschliche Überreste

• **Müllerturm** (Lage: wo Rochusberg und Jungfernturmstraße aufeinandertreffen); 1700 erstmals erwähnt, als der Wehrturm in ein Gefängnis für Hof- und Staatsbedienstete umgewandelt wurde; 1803 abgerissen

• **Taschenturm** (Lage: Prälat-Zistl-Straße 8, neben dem Einlaßtor); erste Erwähnung 1397, er diente als Gefängnis und wurde 1822 abgebrochen

• **Tuchschererturm** (Lage: heute das südliche Ende der Schrannenhalle); 1613 erstmals erwähnt und nach den Tuchmachern benannt, die hier auf den Zwingeranlagen ihre Tuchmacherrahmen aufgestellt hatten; 1803 letztmals genannt, wann er abgerissen wurde, ist nicht überliefert

• **Turm bei Sankt Sebastian** (Lage: Sebastiansplatz); erstmals 1541 erwähnt und 1848 abgerissen

Ab 1430 wurde die Stadtmauer durch einen **Zwinger** verstärkt. Man schüttete den Stadtgraben zu, baute darauf in ca. 8 m Entfernung zur ersten Mauer die Zwingermauer und legte davor den neuen Wassergraben an, der wie bisher vom Glockenbach gespeist wurde. Gleichzeitig erhielten die vier Haupttore sowie das Angertor Vortore mit den flankierenden Türmen und später zusätzlich Barbakanen. Von den vielen Türmen der Zwingermauer seien hier nur genannt:

• **Jungfernturm** (Lage: mitten in der Jungfernturmstraße); 1493 als Batterieturm erbaut und 1804 abgerissen

Tore und Türme

Die sichtbaren Reste des Jungfernturms

Der Rote Turm an der Ludwigsbrücke

- **Neuturm** (auch Schuldturm; Lage: am Kosttor); der runde Geschützturm wurde 1771 erbaut und 1872 abgerissen
- **Scheibling** (ab dem 19. Jh. Prinzessturm; Lage: beim Lueg ins Land); erstmals 1473 erwähnt und 1892 abgerissen; die Turmfundamente sind heute im Innenhof von Thomas-Wimmer-Ring 1 zu sehen
- **Scheibling beim Schiffertor** (siehe S. 50)

Das Isartor erhielt zwei Vortürme – hier kam schließlich die wichtige Salzstraße in die Stadt:

- **Laimtor** (Lage: wo Thiersch- und Rumfordstraße auf den Isartorplatz treffen); erstmals 1369 erwähnt, vermutlich vor 1492 abgerissen
- **Roter Turm** (Lage: am westlichen Brückenkopf der Ludwigsbrücke, Isarvorstadt); 1517 bis 1519 erbaut, ersetzte das Laimtor; 1796 von den Franzosen beschossen und so stark zerstört, dass er 1802 abgerissen wurde

Teile des Lueg ins Land sind sind im Vindeliker-Haus integriert

Im frühen 17. Jh. ließen die Kurfürsten die Stadt durch eine Festungsanlage mit **Wällen** weiter befestigen. Weil der Unterhalt das fürstliche Budget zu stark strapazierte, verpachtete man die Wälle an Bürger, die nun für die Instandhaltung sorgen mussten, die Wälle dafür z. B. als Gartenanlagen nutzten. 1791 ließ Kurfürst Karl Theodor als Erstes die Bastion vor dem Neuhauser Tor schleifen und verkündete 1795, dass **München fortan keine Festung mehr** sei. Der Festungsring wurde umgehend abgetragen, im 19. Jh. riss man die Zwingermauer und die Stadtmauer sowie die meisten Tore und Türme nieder.

Reste der ersten Stadtmauer sind als Bauelemente in Häuser integriert erhalten in der Burgstraße 2 bis 12 und am Rindermarkt 6 sowie das Talburgtor im Alten Rathaus.

Von der zweiten Stadtmauer stehen noch kleine Stücke an der Jungfernturmstraße sowie zwischen Isartor und Lueg ins Land. Ein Teil der Nordmauer des Lueg ins Land ist in das Vindelikerhaus integriert, rote Steine im Gehsteig markieren den Grundriss des Lueg ins Land. Reste der Zwingermauer kann man im Thomas-Wimmer-Ring 1 und 1a sehen. Von der Wallbefestigung ist nur noch eine Bastion im Finanzgarten erhalten.

Ehemalige Klöster

In München gab es etliche Klöster und Kirchen. Zum Beispiel:
»Unserer Lieben Frauen in der Gruft«: von 1441 bis 1803 auf dem heutigen Marienhof an der Weinstraße, etwa gegenüber der Frauengasse (siehe S. 83 f)

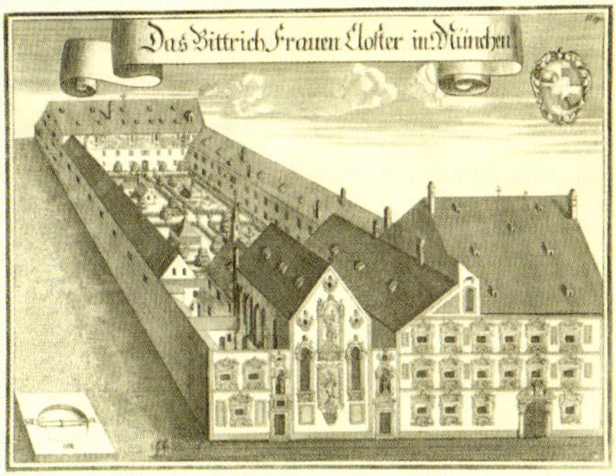

Pütrichkloster und -kirche: 1365 bis 1803 an der Theatinerstraße, etwa auf Höhe der Perusapassage, benannt nach dem Patrizier Ludwig Pütrich

Lorenzkapelle im Alten Hof: sie schloss von ca. 1319 bis 1815 den Alten Hof nach Norden ab

Kapuzinerkloster und -kirche: 1602 bis 1803 am heutigen Lenbachplatz (damals außerhalb der Stadtmauern)

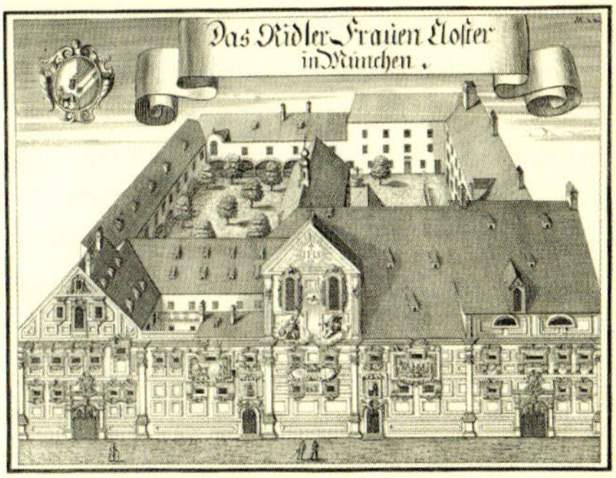

Ridlerkloster und -kirche: 1295 bis1803 an der Theatinerstraße, später verlegt an die Residenzstraße (hier steht heute der Königsbau), benannt nach dem Stifter Heinrich Ridler

Franziskanerkloster: 1284 bis 1802 am Max-Joseph-Platz, hier steht heute die Staatsoper (siehe S. 93 f)

3 Kreuzviertel

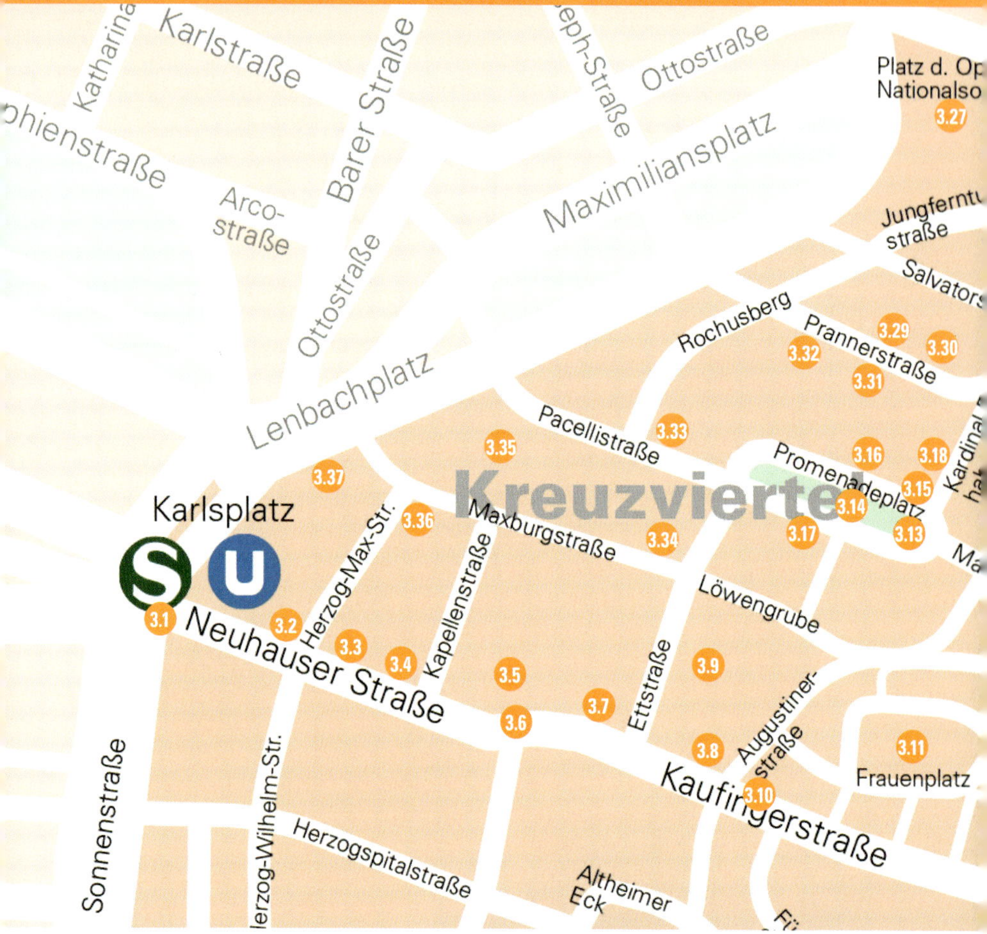

3.1 Karlstor

Das Tor barg ein Geheimnis, das erst beim Bau des Stachus-Einkaufszentrums 1970 zufällig gelüftet wurde. Da entdeckte man einen geheimen Tunnel, mit dem Soldaten bei einer Belagerung vom Karlstor aus hinter die feindlichen Linien gelangen konnten. Das Karlstor wurde 1302 erstmals erwähnt, damals hieß es noch Neuhauser Tor, weil man hier die Stadt Richtung Neuhausen verließ. Seit einem Umbau 1791 heißt es »Karlstor« nach dem damals regierenden Kurfürst Karl Theodor. Eine Schwarzpulver-Explosion beschädigte 1857 den Hauptturm in der Mitte so schwer, dass er abgerissen werden musste. Vier Jahre später gestaltete Arnold Zenetti das Karlstor neugotisch um. Das anschließende Stachus-Rondell entstand zwischen 1899 und 1902 durch Gabriel von Seidl.

Das Karlstor von innen im Jahr 1900

Blick aufs Karlstorrondell 1919

An der Nordseite des Haupttorbogens erinnert ein Denkmal an Herbert Jensen, der die Einrichtung der Fußgängerzone vorschlug. Die Bronzeplastik der drei musizierenden Kinder stammt von Konrad Knoll, der sie 1866 für den Fischbrunnen geschaffen hatte. Nach der Umgestaltung des Brunnens 1954 gab es für die Kinder keine Verwendung mehr, also brachte man sie am Karlstor an.

Ein Blick hinauf lohnt sich: An den vier Kragen im Mittelgewölbe sind vier Münchner Originale verewigt: Kapellmeister Sulzbeck, der Finessensepperl, Hofnarr Prangerl und Franz-Xaver Krenkl (der wohl berühmteste der vier Herren, denn er prägte den Spruch »Wer ko, der ko«).

Woher kommt der Name Stachus?

Er geht auf ein Gasthaus vor dem Tor zurück (heute steht hier der Kaufhof), das der Wirt Eustachius Föderl im 18. Jh. betrieb. Der Spitzname von Eustachius war Stachus. So nannte man erst das Gasthaus, dann den Platz einfach Stachus.

Warum weigern sich die Münchner, den Platz Karlsplatz zu nennen? Weil Namenspatron Kurfürst Karl Theodor so verhasst war. Er versuchte während seiner Regierungszeit zweimal Bayern an Österreich zu verschachern und dafür die Niederlande zu bekommen. Das konnte verhindert werden. Und obwohl Karl Theodor den Münchnern wirklich Großartiges wie u. a. den Englischen Garten schenkte, verzeihen sie ihm bis heute nicht und nennen den Karlsplatz zum Trotz Stachus.

3 Kreuzviertel

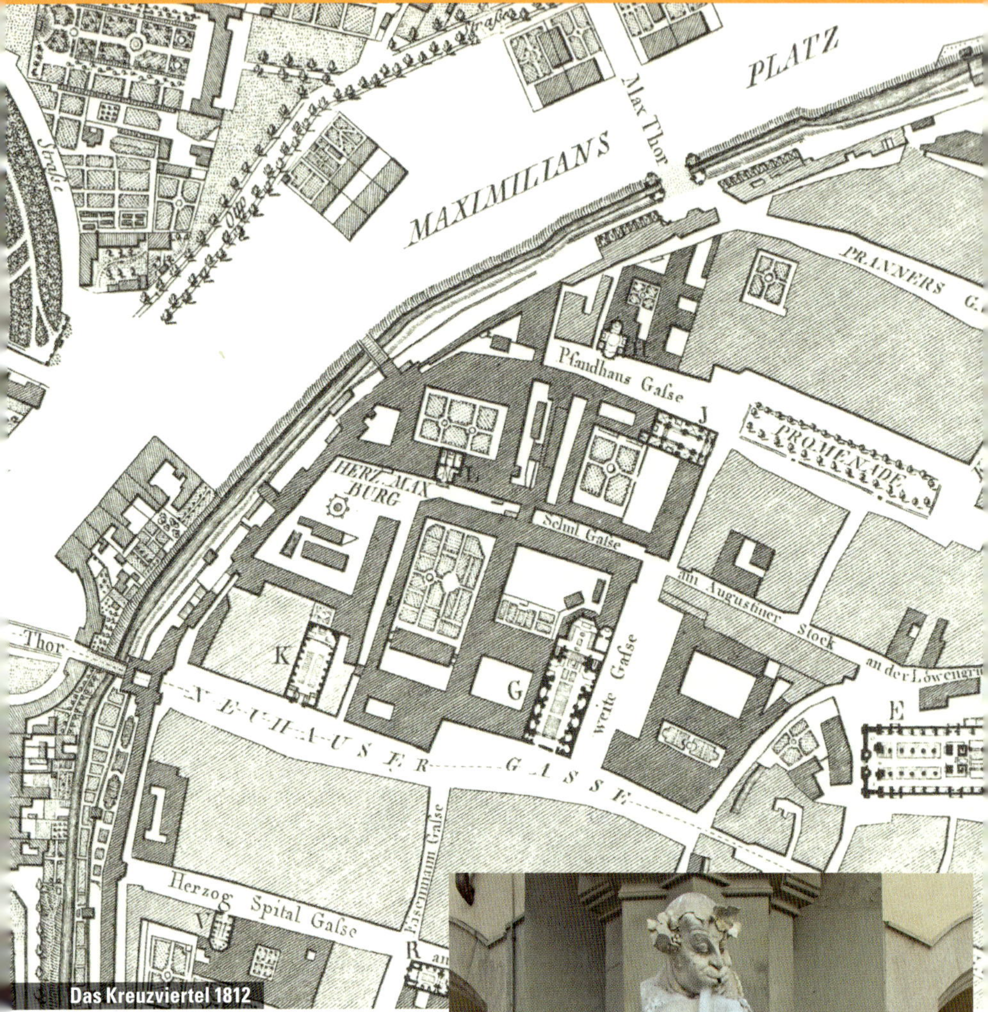

Das Kreuzviertel 1812

3.2 Brunnenbuberl

Um nicht nass gespritzt zu werden, hält ein kleiner Nackedei den Wasserhahn zu. Doch vergebens, ein frecher Satyr spuckt ihn voll. Bildhauer Matthias Gasteiger schuf den Brunnen 1895. Prinzregent Luitpold höchstpersönlich soll den Künstler um ein Feigenblatt für den Knaben gebeten haben. Gasteiger lehnte ab, die Kunst war damals so frei in München, dass sie sich über königliche Wünsche hinwegsetzen konnte. Der Brunnen stand ursprünglich in einer Grünanlage an der Sonnenstraße und wurde 1971 an seinen heutigen Platz verlegt.

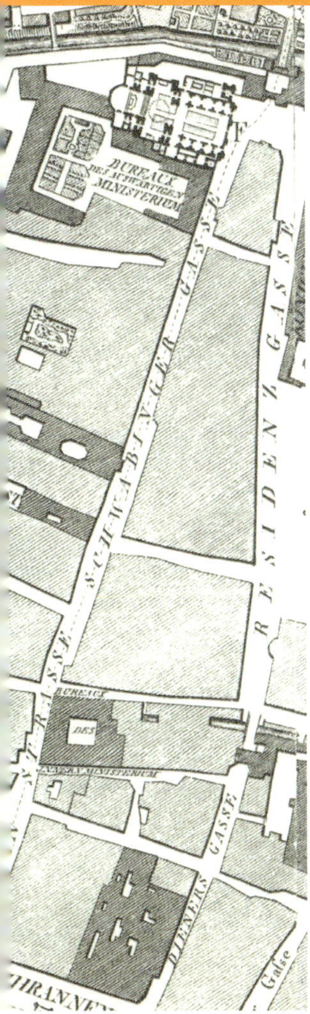

So sahen Karlstor und die Vorgängerbauten des Kaufhauses Oberpollinger 1875 aus

3.3 Oberpollinger

Ursprünglich standen hier fünf mittelalterliche Bürgerhäuser, darunter eine Brauerei, und am Eck das fürstliche Großzollamt. Die Brauerei war seit 1556 nachgewiesen, 1584 übernahm sie Christoph Pollinger, dessen Familie nahe der Sendlinger Straße eine weitere Brauerei betrieb. Die nannte man bald den »Unteren« Pollinger, die an der Neuhauser Straße den »Oberen«. 1850 kaufte Braumeister Heiss die Brauerei, kurz danach das seit 1837 als Salzamt dienende ehemalige Zollamt und weitere Gebäude. Er ließ die verschiedenen Häuser 1891 durch einen spätklassizistischen Hotelbau ersetzen. Das Hotel Oberpollinger war ein Flop, wurde mehrfach verkauft und 1903 zwangsversteigert. Der Hamburger Warenhausunternehmer Max Emden schlug zu. Er ließ alles abreißen und beauftragte den Architekten Max Littmann mit dem Neubau, der am 14. März 1905 eröffnet wurde. Die Firma M. J. Emden und Söhne brachte ein Stück Hamburg mitten in die Münchner Innenstadt: Die Fassade erinnert in ihrer Gliederung an Hamburger Kontorhäuser und auf den Dächern segeln zwei bronzene Hansekoggen. Karstadt übernahm 1927 die gesamte Firma Emden, so auch den Münchner Oberpollinger. 1945 brannte das Haus bis auf die Kellerräume ab, was noch verwertbar war, wurde geplündert. Zwei Jahre später eröffnete im Erdgeschoss wieder der Verkauf. Das Haus war 1954 wiederhergestellt. In den Jahren 2005 und 2006 wurde das Haus komplett umgebaut und durch einen Neubau im Norden um 13 600 m^2 erweitert. Das Kaufhaus wurde in den Folgejahren als Spekulationsobjekt von Käufer zu Käufer gereicht. Seit 2014 ist der Oberpollinger von Karstadt getrennt und firmiert als Premiumhaus gemeinsam mit dem KaDeWe in Berlin und dem Alsterhaus in Hamburg als KaDeWe Group GmbH. Ende 2020 gab Karstadt die benachbarte und mit dem Oberpollinger durch eine Brücke verbundene Filiale Karstadt Sports auf. Das denkmalgeschützte Gebäude von 1806 wird in eine gemischt genutzte Immobilie umgewandelt.

3.4 Bürgersaal

Die im nahen Jesuitengymnasium 1610 gegründete Marianische Männerkongregation »Mariä Verkündung« ließ sich 1709/10 nach Plänen von Giovanni Antonio Viscardi ein neues Versammlungsgebäude erbauen. Erst ab 1780 diente der Saal als Kirche. Wie sich an der Fassade ablesen lässt, gibt es eine Ober- und eine Unterkirche. Die Oberkirche ist barock mit modernem Deckengemälde, die fensterlose Unterkirche dient als Krypta. Den 1898 geweihten Kreuzweg gestaltete der Architekt Joseph Elsner. 2008 eröffnete in der Krypta ein Museum, in dessen Mittelpunkt Pater Rupert Mayer steht. Mayer (1876-1945) war 24 Jahre lang Präses der Marianischen Männerkongregation und Widerstandskämpfer gegen das Naziregime. Mayer wurde 1987 seliggesprochen.

3.5 Alte Akademie

Auf Weisung von Herzog Albrecht V. richteten die Jesuiten eine Höhere Schule im Zentrum Münchens ein. Das Gymnasium wurde von 1574 bis 1576 nach Plänen von Friedrich Sustris und Wendl Dietrich erbaut. Die Schule erfreute sich so regen Zulaufs, dass bald eine Erweiterung nötig wurde. Die Jesuiten, unterstützt von Herzog Wilhelm V., ließen im Umfeld 34 Bürgerhäuser abreißen (was in München erheblichen Ärger verursachte) und bauten die Michaelskirche sowie das Wilhelminum genannte Kollegiengebäude. Der gewaltige Renaissancekomplex diente auch als unübersehbares Manifest der Gegenreformation. 1773, nach dem Verbot des Jesuitenordens, kamen das Bayerische Kadettenkorps, die Polizeidirektion und die Bayerische Staatsbibliothek im Anwesen unter, 1781 zog der Malteserorden ein. Ab 178 beherbergte das Gebäude die Bayerische Akademie der Wissenschaften, ab 1807 die Akademie der Bildenden Künste und von 1826 bis zur Fertigstellung der neuen Universitätsgebäude in der Ludwigstraße auch die LMU. Im Zweiten Weltkrieg zerstörten Fliegerbomben die Alte Akademie und die dort eingelagerten bedeutenden Dinosaurierfunde von Ernst Stromer von Reichenbach, weil der Akademieleiter Reichenbachs Wunsch nach Evakuierung der Knochen ignorierte.

Das Jesuitenkolleg von Michael Wening, 1701

Der Komplex wurde von Josef Wiedemann in Anlehnung an die alten Gebäudestrukturen wieder aufgebaut. Ein Teil wurde an das Kaufhaus Hettlage vermietet. Im Wilhelminum waren zuletzt das Landesamt für Statistik und Datenverarbeitung, die Bayerische Landesbodenkreditanstalt und das Jesuitenkolleg mit Räumen für die Patres zu Hause. 2006 verkaufte die katholische Kirche denn nördlichen Gebäudeteil. 2013 wurde der Rest der ca. 6 055 m² im Erbbaurecht an die österreichische Signa Holding vergeben, die hier eine Mischnutzung von Einzelhandel, Gastronomie, Büros und Wohnen realisieren will. Das Baseler Architekturbüro Morger Partner gewann die Ausschreibung. Die Umbauarbeiten begannen 2020 und sollen 2023 abgeschlossen sein.

Der Turm des ehemaligen Jesuitenkollegs ist bis heute erhalten

3.6 Richard-Strauss-Brunnen

Vor der Alten Akademie steht der Brunnen, der an den berühmten Komponisten Richard Strauss erinnert. Strauss wurde im Pschorr-Haus gegenüber geboren. Bildhauer Hans Wimmer schuf den Bronzebrunnen mit Szenen aus der Oper *Salomé* im Jahr 1962.

3.7 Michaelskirche

Man nannte sie einst das 8. Weltwunder! Die Michaelskirche, erbaut zwischen 1583 und 1597, verfügt über das zweitgrößte frei stehende Tonnengewölbe der Welt nach dem Petersdom in Rom. Niemand hätte gedacht, dass die kühne Konstruktion halten würde. Doch das Dach hielt (bis 1944). Der Kirchturm hingegen stürzte schon während des Baus 1590 ein, also ließ man ihn gleich ganz weg. 1597 konnte die Kirche geweiht werden. Stilistisch lehnt sich das Gebäude an die Mutterkirche der Jesuiten »Il Gesù« in Rom an. Die Entwürfe stammten vermutlich von Hofkünstler Friedrich Sustris und Architekt Wendl Dietrich. Die Michaelskirche war die erste Renaissancekirche nördlich der Alpen und wurde zum Vorbild für über 100 Kirchenbauten. Die Fassade ist ein politisches Statement, nur der hl. Michael weist eigentlich auf eine Kirche hin. Die anderen Statuen stellen verschiedene Herrscher dar, die Michaelskirche gilt als die Kir-

chenfassade mit den meisten Herrscherfiguren der Welt. Die Jesuiten betreuten die Kirche bis zu ihrem Verbot 1773. Seit der Säkularisation sind Kirche und das angrenzende Kolleg Staatseigentum. 1921 kehrten die Jesuiten nach München zurück. Die Kirche wurde im Zweiten Weltkrieg stark beschädigt, beim Wiederaufbau mauerte man das Tonnengewölbe neu. Die Fassade wurde 2009 bis 2013 aufwendig saniert.

In der Fürstengruft von St. Michael sind 36 Familienmitglieder der Wittelsbacher beigesetzt, darunter:
Wilhelm V., Herzog von Bayern (1548-1626)
Maximilian I., Kurfürst von Bayern (1573-1651)
Eugène de Beauharnais, Stiefsohn Napoleons (1781-1824)
Auguste Amalie von Bayern (1788-1851)
Ludwig II., König von Bayern (1845-1886)
Otto I., König von Bayern (1848-1916)
Gisela von Österreich (1856-1932)
Maria de la Paz von Spanien (1862-1946)

3.8 Jagd- und Fischereimuseum

Man sieht es dem Gebäude an: Das war einmal eine Kirche. Das Deutsche Jagd- und Fischereimuseum befindet sich in der ehemaligen Augustinerkirche. Die gotische Klosterkirche St. Johannes der Täufer und Johannes der Evangelist stammt aus dem 13. Jh. und war Teil des Klosters der Augustiner-Eremiten (siehe 3.9). Von 1618 bis 1621 wurde die Backsteinkirche barockisiert. Nach der Auflösung des Klosters im Zuge der Säkularisation wurde die Kirche ab 1803 als Mauthalle genutzt. Im Inneren baute man mehrere Etagen ein. 1911 richtete Theodor Fischer im Obergeschoss den sogenannten Weißen Saal und im Erdgeschoss die Turnhalle für das Polizeipräsidium ein, kurz danach ließ Fischer im ehemaligen Chorraum die zweiflügelige Treppenanlage bauen. Im südlichen Seitenschiff brachte man Ladenlokale unter. 1938, nach dem Abriss der Matthäuskirche, nutzte die evangelisch-lutherische Kirche den Weißen Saal als Kirchenraum. Nach dem Krieg zeigten weder die evangelische Landeskirche noch die Augustiner-Eremiten Interesse daran, die Ruine zu übernehmen und wieder zur Kirche zu machen. Unter dem Architekten Erwin Schleich wurde von 1962 bis 1964 das Anwesen wieder auf- und zum Museum umgebaut. Das Jagd- und Fischereimuseum war 1934 gegründet worden und hatte ab 1938 Räume im Schloss Nymphenburg. Am Hubertustag, dem 3. November 1966, eröffnete das neue Museum in der Innenstadt. Neben diversen Trophäen, einem Riesenhirsch und einem Höhlenbären ist vor allem die Wolpertingersammlung ein Highlight. Die Bronzeplastiken eines Wildschweins und eines Wallers vor dem Museumseingang sind beliebte Fotomotive. Der *Sitzende Keiler* ist eine 1976 hergestellte Replik einer Plastik von Martin Mayer. Der original *Sitzende Keiler* wurde 1960 in der Borstei aufgestellt. Den Waller schuf Claus Nageler 1982.

3.9 Polizeipräsidium

Mit den Augustinern fing alles an. 1294 holte Herzog Rudolf I. Augustiner-Eremiten aus Regensburg nach München und überließ ihnen ein Grundstück direkt vor der damaligen Stadtmauer am Kaufingertor. Wer also vom Westen auf München zukam, sah zuerst die Augustinerkirche und das Kloster. Ab 1500 leitete Johannes von Staupitz als Prior das Kloster. Dessen Schüler und Protegé Martin Luther sollte bald die kirchliche Welt erschüttern! Ob Luther bei seiner Romreise 1511 in München weilte, ist nicht überliefert, darf aber angenommen werden. Weil viele Mönche nach der Reformation das Kloster verließen, waren von 1559 bis 15582 die Jesui-

ten Untermieter im Haus. 1699 ließen die wieder erstarkten Augustiner eine große und repräsentative Wohnanlage auf ihrem Gelände erbauen. Die Mieteinnahmen aus dem »Augustinerblock« sanierten die Finanzen des Klosters. Nach der Säkularisation 1803 blieb die Wohnanlage erhalten. Die privatisierte Augustinerbrauerei war noch bis 1817 hier zu Hause, dann zog sie um in die Neuhauser Straße 16 (heute 27). Im Klostergebäude brachte die Regierung Justizbehörden unter. Anfang des 20. Jh. platzte die Polizeidirektion, die seit 1826 im ehemaligen Institut der Englischen Fräulein in der Weinstraße untergebracht war, längst aus allen Nähten. Die Staatsregierung beschloss den Abriss des Augustinerklosters und den Neubau des Polizeipräsidiums. Den Wettbewerb gewann Architekt Theodor Fischer. 1914 wurde das neue Polizeipräsidium an der Ettstraße eröffnet. Das Portal mit dem Goethe-Zitat »Nach seinem Sinne leben ist gemein | der Edle strebt nach Ordnung und Gesetz« kennt man aus zahlreichen Münchner Krimi-Serien. Im Präsidium ist noch der letzte aus Holz gefertigte Paternoster in Betrieb.

3.10 Schöner Turm

Als Teil der ersten Stadtbefestigung stand das 1239 erstmals erwähnte Obere Tor, durch den die Salzroute aus der Stadt hinaus Richtung Westen führte (eine Gedenktafel am Hirmerhaus nennt 1157 als Baujahr, dafür gibt es allerdings keinen Beleg). Dieser Torturm diente nach dem Bau der zweiten Stadtmauer der Handelsfamilie Kaufinger als Wohnturm, weshalb man ihn das Kaufingertor nannte. Er wurde vor 1479 abgerissen und durch einen schmucken Neubau ersetzt. Zahlreiche Fresken zierten das neue Kaufingertor, das schnell den Beinamen »Schöner Turm« bekam. 1807 riss man den Schönen Turm ab. Sein Standort vor dem Herrenmodenhaus Hirmer ist durch farblich abgesetzte Gehwegplatten markiert.

Goldschmied vom Schönen Turm

Einst betrieb ein Goldschmied direkt neben dem Schönen Turm seine Werkstatt. Wann genau, ist nicht überliefert. Ein nobler Herr brachte diesem Goldschmied ein wertvolles Geschmeide, mit dem Auftrag, ein ähnliches Stück anzufertigen. Der Schmied begann sofort mit der Arbeit. Mittags machte er eine kurze Pause, ging ins Wirtshaus für eine Jause. Passieren konnte eh nichts, denn die Tür hatte er sorgsam verschlossen. Gut, ein Fenster stand einen Spalt offen, aber die Werkstatt lag ja nicht im Erdgeschoss und das Fenster war viel zu klein, als dass ein Mensch hindurch gepasst hätte. Als der Schmied zurückkam und die Tür aufschloss – war der Schmuck weg! Niemand glaubte dem armen Handwerker, der seine Unschuld beteuerte. So wurde der Goldschmied wegen Diebstahls zum Tode verurteilt und hingerichtet. Einige Wochen später zeigten sich Lücken in den Dachziegeln des Schönen Turms. Handwerker kletterten hinauf, um das zu richten. Dabei entdeckten sie im Dachstuhl ein Elsternest. Darin: der vermisste Goldschmuck. Seitdem wandelt der Geist des Goldschmieds durch München und warnt die Menschen vor einem vorschnellen Urteil. Eine Steinplastik am Kaufhaus Hirmer erinnert an den unglücklichen Mann.

3.11 Frauenkirche

Das kleine Bild der Frauenkirche ist eine technische Sensation: Es ist das allererste Foto, das jemals auf deutschem Boden gemacht wurde. 1839 hatten Carl August von

Das erste deutsche Foto von 1839

Steinheil und Franz von Kobell ein Fotografieverfahren erfunden – und was soll man denn in Deutschland sonst fotografieren, wenn nicht die Frauenkirche?

Der Dom zu Unserer Lieben Frau, so der offizielle Name, war die zweite Pfarrkirche Münchens. Zuvor stand an dieser Stelle, direkt an der Stadtmauer, eine romanische Marienkapelle inmitten eines Friedhofs. Die Kirche war bald zu klein geworden, ein Neubau tat not. 1468 legten Herzog Sigismund und Bischof Tulbeck den Grundstein für eine neue, große Marienkirche. Vier Jahre später riss man die alte Kapelle ab. Baumeister Jörg von Halspach (auch Ganghofer genannt), der zeitgleich auch das (damals neue, heute alte) Rathaus baute, zog die Kirche in nur zwanzig Jahren hoch, in damaliger Zeit eine Sensation für einen derart gewaltigen Bau. Die Frauenkirche wurde 1494 geweiht. Die charakteristischen »Welschen Hauben« zieren seit 1525 die Türme. Pläne aus dem 19. Jh., die Welschen Hauben wie bei den meisten gotischen Kathedralen üblich, durch neugotische, achteckige Spitzhelme zu ersetzen, wurden glücklicherweise nicht umgesetzt. Die Türme sind etwas unterschiedlich hoch (Nordturm: 98,57 m, Südturm: 98,45 m) und weithin sichtbar, weil innerhalb des Mittleren Rings nicht höher als die Frauentürme gebaut werden darf.

Die Pfarrkirche wurde 1821 mit der Neuorganisation des Erzbistums München und Freising zur Kathedrale. Mitte des 19. Jh. wurden in einer radikalen, auf Purifizierung ausgerichteten Regotisierung, fast alle Elemente und Ausstattungen aus Renaissance und Barock entfernt und durch einen damals modernen Neugotik-Stilmix ersetzt. Im Zweiten Weltkrieg erlitt der Dom schwere Schäden, das Hallengewölbe stürzte ein. Der 1955 fertiggestellte Wiederaufbau erfolgte dem Zeitgeist entsprechend schlicht und schmucklos. Seit einer 1994 abgeschlossenen Restaurierung entspricht die Ausstattung des Kircheninneren wieder eher der Vorkriegszeit. Seit 1576 befinden sich die Reliquien des hl. Benno in der Frauenkirche. Benno ist der Schutzpatron Bayerns und der Stadt München. Zahlreiche, teils reich ausgestattete Seitenaltäre, eine Krypta und die Grablegen der Wittelsbacher machen einen Besuch in der Frauenkirche lohnenswert.

Hier liegen u. a.:

Kaiser Ludwig IV. der Bayer (1282-1347)

Herzog Wilhelm III. von Bayern-München (1375-1435)

Herzog Ernst von Bayern-München (1373-1438)

Marie Therese von Österreich-Este, Königin von Bayern (1849-1919)

König Ludwig III. von Bayern (1845-1921)

3.12 Schäfflertanz

Wir schreiben das Jahr 1517: Die Pest wütet in München, über 5 000 Menschen sterben in wenigen Monaten. Alle verbarrikadieren sich in ihren Häusern. Die Bauern meiden den Markt großräumig, die Stadt ist abgeriegelt. Im Herbst schlägt der Schwarze Tod aber kaum noch zu, das schlimmste scheint vorbei. Um die lähmende Agonie zu durchbrechen, beschließt ein Schäfflermeister, der seine Werkstatt am Färbergraben 20 hat, seine Zunftkollegen zusammenzutrommeln und ein Zeichen des Lebens gegen das Sterben zu setzen. Die Schäffler (Fassmacher) schmeißen sich in ihre Zunfttracht, schaffen es sogar, die Metzgerzunft für die Idee zu begeistern und ziehen mit ihrem Reifentanz durch die Straßen. Die Metzger singend hinterher. Und der Bann bricht tatsächlich. Die Münchner trauen sich wieder auf die Straße und tanzen sich den Alptraum von der Seele. Eine alte Bäuerin aus Perlach mit einer Butte voller Eier hört vor dem Stadttor das Remmidemmi und denkt sich: »Na, wenn die feiern und singen, wirds wohl mit der Pest vorbei sein.« Sie traut sich in die Stadt und wird von den Tanzenden in einer feierlichen Prozession zum Markt geführt. Die Figur der Perlacher »Gretl mit der Buttn« bleibt bis 1802 unverzichtbarer Teil des Schäfflertanzes. Später wird sie vom Hanswurst ersetzt. Nachdem die Schäffler durch alle Straßen gezogen sind, springen die Metzgerlehrlinge in den Fischbrunnen am Marienplatz, um zu zeigen, dass auch das Wasser wieder rein ist (daher kommt angeblich der Metzgersprung, siehe S. 15 f). Nach Ende der Pestwellen wird der Schäfflertanz durch ein herzogliches Privileg zunächst alle drei Jahre aufgeführt, um den Triumph des Lebens zu feiern. Warum sich der Rhythmus 1760 auf alle sieben Jahre veränderte, ist unklar. Seitdem tanzen die Schäffler nur noch alle sieben Jahre zur Faschingszeit. Schäfflermeister oder deren Söhne durften früher nicht tanzen. Die Tänzer mussten unverheiratet sein, einen einwandfreien Leumund haben, gelernte Schäffler sein und seit mindestens zwei Jahren in München wohnen. Seit 1963 zwang Personalmangel zum Traditionsbruch, auch verheiratete Schäffler durften nun tanzen. Ab 1970 musste dann sogar auf berufsfremde Tänzer zurückgegriffen werden. 2005 gehörten nur noch fünf Schäffler der Tanzgruppe an, die übrigen 20 Tänzer kommen aus anderen Handwerksberufen. Zwei Figuren am »Schäfflereck« erinnern an die Tradition.

3.13 Montgelas-Denkmal

Maximilian Carl Joseph Franz de Paula Hieronymus Graf von Montgelas (1759–1838) diente als Minister unter Max I. und gilt als der große Staatsreformer Bayerns. Er führte konsequent die Säkularisation durch, entmachtete und enteignete dabei die Kirche und setzte die Gleichstellung der christlichen Konfessionen durch. Montgelas modernisierte und reformierte tiefgreifend Verwaltung, Finanz- und Steuerwesen sowie die Rechtspflege. Karin Sander schuf das Aluminium-Standbild 2005.

3.14 Michael Jackson-Memorial

Was haben der bedeutendste Komponist der Renaissance und der King of Pop gemeinsam? Wenig bis nichts. Außer dass sie sich in München ein Denkmal teilen. Orlando di Lasso (auch Roland de Lassus, 1532–1594), gebürtiger Niederländer, lebte und arbeitete ab 1556 in München, zuletzt als Hofkapellmeister. Ihm zu Ehren steht ein Denkmal auf dem Promenadeplatz. Michael Jackson (1958–2009), Popstar aus den USA, nächtigte mehrfach im direkt gegenüberliegenden Hotel Bayerischer Hof. Grund genug für seine Fans, nach Jackos Tod eine Kultstätte zu errichten. Man wählte dafür das Standbild von di Lasso.

3.15 Palais Montgelas

Heute ist es Teil des Hotels Bayerischer Hof. Gestaltet wurde das Palais an der Ecke Promenadeplatz 2/Kardinal-Faulhaber-Straße in den Jahren 1811 bis 1813 von Emanuel d'Herigoyen im Auftrag des Außen-, Innen- und Finanzministers Maximilian von Montgelas. Montgelas hatte 1803 das hier direkt neben dem alten Salzstadel erbaute barocke Perusa Palais erstanden und von Herigoyen aufwendig im klassizistischen Stil aus- und umbauen lassen, vom Perusa Palais ist noch die frühere Einfahrt, der linke der beiden Rundbogenportale, erhalten. Jean Baptiste Métivier zeichnete für die Innenausstattung verantwortlich, u. a. sind sein Königssaal, der Montgelas-Salon und das Ministerzimmer restauriert worden und bis heute erhalten. Im Königssaal wurden 1918 die Gründungsdokumente der Münchner Räterepublik unterschrieben. Nach Montgelas Entmachtung 1817 kaufte König Max I. Joseph das Anwesen für 250 000 Gulden und richtete darin das Bayerische Außenministerium ein. Von 1933 bis 1945 diente das Gebäude als Bayerische Staatskanzlei. 1969 kaufte der benachbarte Bayerische Hof das Anwesen und gliederte es dem Hotel an.

3.16 Bayerischer Hof

Praktisch seit der Eröffnung zählt das Hotel Bayerischer Hof am Promenadeplatz zu den ersten Häusern in Deutschland. Der Münchner Industrielle Joseph Anton von Maffei ließ das Hotel direkt neben seinem barocken Palais erbauen. Stararchitekt Friedrich von Gärtner entwarf den Bau mit damals 100 Zimmern und zwei Sälen. Zu den vornehmen Gästen zählte auch Kaiserin Elisabeth von Österreich-Ungarn. 1897 kaufte der Zuckerbäcker Hermann Volkhardt für rund 2,8 Mio. Goldmarkt das Haus und ließ die Fassade historistisch umgestalten. Unter seiner Leitung stieg das Haus zum führenden Grand Hotel Europas auf. Das im Zweiten Weltkrieg beschädigte Gebäude wurde mit einigen Veränderungen wieder aufgebaut, 1951 riss man das benachbarte Maffei Palais ab und schuf einen Erweiterungsbau. 1969 kam noch das Palais Montgelas zum Hotelkomplex hinzu. Das 5-Sterne-Haus ist bis heute in Familienbesitz (seit 1994 unter Leitung von Innegrit Volkhardt). Es bietet heute 337 Zimmer, davon 74 Suiten und fünf Restaurants. Berühmt ist die Dachterrasse mit dem Traumblick über München. Im Erdgeschoss ist das Boulevardtheater Komödie im Bayerischen Hof zu Hause.

3.17 Gunetzrhainerhaus

Ein Rokokoschmuckstück ist das Wohnhaus, das sich der Oberhofbaumeister Johann Baptist Gunetzrhainer am Promenadeplatz 15 leistete. 1726 erwarb der damals 34-Jährige für 600 Gulden das Gebäude, das er aufwendig zu einem Künstlerhaus aus- und umbaute. Das 1944 stark beschädigte Haus wurde 1960/61 von Hans von Peschke historisch restauriert. Es gehört heute der Deutschen Bank. Die Hausmadonna in der Rundbogennische ist eine Nachbildung, das Original steht im Bayerischen Nationalmuseum.

3.18 Kurt-Eisner-Denkmal

Eine in den Gehweg der Kardinal-Faulhaber-Straße eingelassene Gedenkplatte erinnert seit 1989 an die Stelle, an der der Gründer des Freistaats Bayern und erster bayerischer Ministerpräsident Kurt Eisner am 21. Februar 1919 auf offener Straße erschossen wurde. Die von Erika Maria Lankes gestaltete Platte zeigt die Umrisse des Toten.

3.19 Palais Holnstein

Das prächtige Palais in der Kardinal-Faulhaber-Straße 7 ist das wohl bedeutendste noch erhaltene barocke Adelspalais in München. Erbaut wurde es 1737 von François de Cuvilliés im Auftrag von Kurfürst Karl Albrecht für dessen Sohn Franz Ludwig von Holnstein. Das Palais ist eine Vierflügelanlage um einen Innenhof, das Vorderhaus diente repräsentativen Zwecken, das Hinterhaus als Privatresidenz. Seit 1818 gehört das Palais dem Staat, seit 1821 ist es der Dienstsitz des Erzbischofs von München und Freising. Die Innenräume sind nicht öffentlich zugänglich.

3.20 Fünf Höfe

Wie der Name verrät, existierte hier ein geschlossener Altstadtblock, der sich um fünf Höfe gruppierte. 1994 schrieb die HVB Immobilien AG einen Architekturwettbewerb für das Areal aus, das die Schweizer Architekten Herzog & de Meuron gewannen. Während einige Fassaden erhalten blieben, wurde das Innere radikal entkernt und mit Passagen sowie (fünf) individuell gestalteten Höfen neu gebaut. Der erste Bauabschnitt mit Perusa- und Portiahof, Pranner- und Salvatorpassage sowie Hypo-Kunsthalle war 2001 abgeschlossen. Es folgten Viscardi- und Amirahof sowie die von Ivano Gianola gestalteten Maffei- und der südlich der Fünf Höfe gelegene Schäfflerhof. 2003 stellte das Architekturbüro Hilmer & Sattler und Albrecht die Fassade zur Salvatorstraße fertig. Auf rund 14 000 m² finden sich rund 60 Ladengeschäfte, dazu mehrere Cafés und Restaurants sowie 24 300 m² Büroflächen und rund 3 200 m² Wohnungen.

Die Hängenden Gärten von Tita Giese

Die *Hängenden Gärten* in der Salvatorpassage schuf Tita Giese, im Viscardihof beeindruckt die riesige Stahlgeflechtkugel *Sphere* von Ólafur Elíasson.

Sphere **von Ólafur Elíasson**

3.21 Kunsthalle der Hypo-Kulturstiftung

Die Hypo-Kunsthalle in den Fünf Höfen zählt mit jährlich rund 350 000 Besuchern zu den bestbesuchten Kultureinrichtungen Deutschlands. Das 1985 gegründete Haus zog 2001 in die neuen Räume an der Theatinerstraße. Bei einer Gesamtfläche von 3 200 m² entfallen 1 185 m² auf reine Ausstellungsfläche. Die Kunsthalle ist kein Museum mit eigener Sammlung, sondern ein Haus für Wechselausstellungen mit dem sicheren Händchen für Publikumsmagneten. Das Spektrum reicht von antiken Hochkulturen bis in die Gegenwart, von Kunst über Handwerk bis zu Haute Couture. Beliebt ist auch das angeschlossene Café im ersten Stock.

3.22 Theatinerkirche

Kurfürstin Henriette Adelheid von Savoyen freute sich über die Geburt des Thronfolgers ebenso sehr wie ihr Gatte Ferdinand Maria von Bayern. Beide drückten ihre Freude in Monumentalbauten aus. Ferdinand Maria schenkte seiner Gattin zum Dank für die Geburt von Max Emanuel das Schloss Nymphenburg und Henriette Adelheid schenkte der Stadt die Theatinerkirche. 1663 begannen die Bauarbeiten für die Kirche im Stil des italienischen Spätbarock genau gegenüber der Residenz. Sie sollte Hofkirche und Stiftskirche für den Theatinerorden werden. Als Vorbild diente die Mutterkirche der Theati-

ner Sant'Andrea della Valle in Rom. Nachdem Baumeister Augostino Barelli im Streit ging und nur den Rohbau vollendete, übernahm Enrico Zuccalli die Außengestaltung. Die Kirche wurde 1675 geweiht, mitten während der Bauphase. Die Fertigstellung erlebte die Stifterin Henriette nicht mehr, sie verstarb 1676. Die endgültige Fassade entstand erst 1765 nach Plänen von François de Cuvilliés d. Ä. Auffällig am Kircheninneren ist, dass der reichhaltige Stuck weiß ist und nicht wie sonst üblich bemalt. Das zugehörige Klostergebäude entstand ebenfalls nach Plänen Zuccallis.

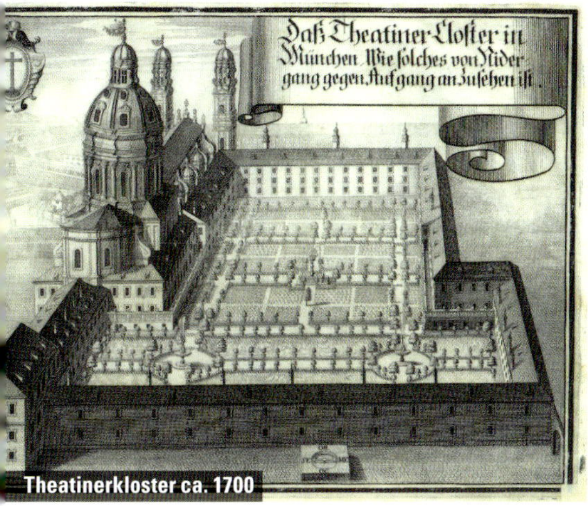

Theatinerkloster ca. 1700

Kurfürst Max IV. Joseph (der spätere König Max I. Joseph) hob das Kloster bereits vor der Säkularisation im Jahr 1801 auf und brachte in den Räumen die Ministerien für Finanzen, Justiz und Geistliche Sachen sowie das Departement der Auswärtigen Angelegenheiten unter. Die Kirche St. Kajetan und Adelheid (so der offizielle Name) blieb weiterhin Hofkirche. Im Zweiten Weltkrieg nahmen Kirche und Klostergebäude massiven Schaden. Der Wiederaufbau der Kirche dauerte bis 1955, die seit 1954 von den Dominikanern betreut wird. In dem auf dem ehemaligen Klostergelände 1973 entstandenen Gebäudekomplex ist das Bayerische Staatsministerium für Bildung, Kultus, Wissenschaft und Kunst untergebracht.

Die Theatinerkirche ist eine der Grablegen der bayerischen Herrscher, hier liegen u. a.:

Kurfürstin Henriette Adelheid (1636-1676)
Kurfürst Ferdinand Maria (1636-1679)
Kaiser Karl VII. (1697-1745)
Kaiserin Maria Amalia (1701-1756)
Kurfürst Karl Theodor (1724-1799)
König Max I. Joseph von Bayern (1756-1825)
Königin Karoline Friederike von Bayern (1776-1841)
König Otto I. von Griechenland (1815-1867)
Prinzregent Luitpold von Bayern (1821-1912)

3.24 Salvatorkirche

Weil die Friedhöfe rund um die Pfarrkirchen im alten München nicht mehr ausreichten, mussten neue Friedhöfe samt Kirchen angelegt werden. St. Peter bekam einen neuen Gottesacker mit der Allerheiligenkirche und die Frauenkirche einen neuen Friedhof mit der Salvatorkirche. Der gotische Backsteinbau wurde 1494 geweiht, wer der Baumeister war, ist nicht gesichert, vermutlich Lukas Rottaler. Der Friedhof wurde 1789 aufgelassen (wie alle innerstädtischen Friedhöfe). Mit der Säkularisation 1803 ließ man die Kirche ausräumen und nutzte sie als Lagerraum, was ihren Abriss verhinderte. 1806 schenkte Max I. Joseph das Gebäude der evangelisch-lutherischen Kirchengemeinde München. So war St. Salvator theoretisch

3.23 Palais Moy

Gleich zu Beginn der Brienner Straße errichtete Leo von Klenze zwischen 1817 und 1819 das Palais Moy, Theatinerstraße 23. Ursprünglich war zwischen Palais Moy und dem Haus Odeonsplatz 1 ein Prachttor als Pendant zum Hofgartentor geplant. Klenze errichtete die Anwesen als Wohnhäuser für den Juwelier F. X. Trautmann und den Schönfärber A. Gsellhofer. 1893 erwarb Graf Moy de Sons das Palais, das seitdem seinen Namen trägt. Der klassizistische Bau wurde im Zweiten Weltkrieg stark beschädigt. Anfang der 1950er-Jahre erfolgte der Wiederaufbau. Aus dieser Zeit stammt auch der Muschelkalkbrunnen im Innenhof des Bildhauers H. G. Winkler. Einer der ersten Mieter im renovierten Palais Moy war übrigens ein gewisser Peter Günthert. Er hatte von seiner Tante ein traditionsreiches Wäsche- und Miedergeschäft übernommen. Es hieß nach der Gründerin immer noch Martha Lange. Günthert erweiterte das Angebot um raffinierte Abendkleider und nannte seine Firma um. Er kombinierte den Vornamen seiner Frau Renate mit dem eingeführten Geschäftsnamen – die weltbekannte Modefirma Rena Lange war geboren.

Die Salvatorkirche 1830

die erste protestantische Kirche in München, doch das Gebäude blieb weiterhin Lager, Wagenremise und später Getreidespeicher. Die Protestanten bekamen erst mit St. Matthäus am Stachus ihre erste eigene (nutzbare) Kirche. Ludwig I. überließ 1828 das ehemalige Gotteshaus der griechisch-orthodoxen Gemeinde. Bei Umbauten 1869 wurde die barocke Kirchenspitze wieder regotisiert und zwölf Apostelfiguren im Inneren durch Ikonen ersetzt. Den Zweiten Weltkrieg überstand St. Salvator weitgehend unbeschadet. Zuletzt wurde die Kirche 2008/2009 renoviert.

3.25 Literaturhaus

Direkt nebenan steht die Salvatorkirche, die einst als Friedhofskirche diente. Drumherum: der Friedhof. Im 18. Jh., nachdem der Friedhof aufgelassen worden war, wurde das Gelände zum Marktplatz umfunktioniert. 1885 ließ der Magistrat auf dem Platz ein Schulhaus im Stil der Neorenaissance bauen. Der Markt zog ins Erdgeschoss ein, die oberen Räume dienten dem Unterricht. 1906 schloss der Markt für immer. Die Volksschule wurde 1925 zu Bayerns erster Mädchenrealschule umgewidmet. Nach Kriegszerstörung und Wiederaufbau diente das Haus bis 1995 der Städtischen Musikschule und anderen Schulen aus Ausweichquartier. 1993 beschloss der Stadtrat, in dem stark renovierungsbedürftigen Gebäude ein Literaturhaus einzurichten. Die Stadt München gründete gemeinsam mit Verlegern die Stiftung Buch-, Medien- und Literaturhaus München. 1995 begann die Sanierung, zwei Jahre später öffnete das Literaturhaus München seine Pforten. Seitdem finden hier Veranstaltungen, Lesungen, Podiumsdiskussionen, musikalische und multimediale Abende sowie verschiedenste Aktionen statt. Im Erdgeschoss befindet sich eine große Galerie mit vier jährlich wechselnden Ausstellungen sowie die beliebte Brasserie OskarMaria.

3.26 Opernhaus am Salvatorplatz

Im Jahre 1657 eröffnete am Salvatorplatz Deutschlands erstes festes Opernhaus mit der Oper *L'Oronte* von Johann Caspar von Kerll. Herzog Ferdinand Maria leistete sich diese Extravaganz nur zwanzig Jahre nach der Eröffnung des allerersten festen Opernhauses, dem Teatro San Cassiano in Venedig. Ein alter Haberkasten (Kornspeicher) zwischen der Pranner- und der Salvatorstraße wurde ab 1651 (andere Quellen nennen 1654) zum Opernhaus umgebaut. Federführender Architekt war Francesco Santurini, auch der Münchner Marx Schinnagl soll beteiligt gewesen sein. Im Jahr 1799 wurde das inzwischen technisch veraltete und zunehmend marode Opernhaus abgerissen.

Ansicht des Zuschauerraums 1685 und das Programmheft zur Eröffnungsoper *L'Oronte*

3.27 Platz der Opfer des Nationalsozialismus

Schräg gegenüber dem ehemaligen Wittelsbacher Palais, das 1933 bis 1945 das Hauptquartier und das gefürchtete Gefängnis der Gestapo beherbergte, befindet sich am Rande der Altstadt der Gedenkort für die Opfer der NS-Terrorherrschaft. Kurz nach Kriegsende beschloss der Stadtrat, den Ort »Platz der Opfer des Nationalsozialismus« zu benennen, was damals nicht bei allen auf Zustimmung stieß. Zunächst erinnerte nur ein von Karl Oppenrieder gestalteter Gedenkstein aus Granit an die Opfer. 1985 wurde dann die Granitsäule mit ewiger Flamme von Andreas Sobeck errichtet. Die Flamme steht für das Menschliche, das durch Unterdrückung nicht ausgelöscht werden kann. Der Gedenkstein zog um auf den Platz der Freiheit in Neuhausen. Seit 1995 erinnert ein Gedenkstein an die ermordeten Münchner Sinti und Roma. 2014 erfolgte die bislang letzte Umgestaltung durch eine 18,5 m lange und 1,30 m hohe Bronzetafel hinter der ewigen Flamme mit dieser Inschrift:
IM GEDENKEN AN DIE OPFER DER NATIONALSOZIALISTISCHEN GEWALTHERRSCHAFT – VERFOLGT AUS POLITISCHEN GRÜNDEN – VERFOLGT AUS RASSISTISCHEN GRÜNDEN – VERFOLGT AUS RELIGIÖSEN GRÜNDEN – VERFOLGT WEGEN IHRER SEXUELLEN IDENTITÄT – VERFOLGT WEGEN IHRER BEHINDERUNG

3.28 Cafe Luitpold

Was die Wiener können, können wir schon lange! Dachte man sich im München Ende des 19. Jh. Großartige Kaffeehäuser? Bitteschön: Die alten »Knorrhäuser« zwischen Brienner Straße und Salvatorplatz waren eh nicht mehr ansehnlich, also riss man sie weg und Architekt Otto Lasne entwarf einen Kaffeepalast, der die österreichischen Vorbilder nicht zu scheuen brauchte, ja, als das modernste, größte und prächtigste Kaffeehaus in ganz Deutschland galt. Zur Eröffnung am 1. Januar 1888 geruhte der gesamte Hof zugegen zu sein. Man flanierte herum in prunkvoll ausgestatteten Sälen voller Plastiken, Spiegel, Brunnen, Gemälde und exotischer Pflanzen, Highlight war die große quadratische Kuppelhalle. Schnell wurde das Cafe nicht nur für den Hochadel, sondern auch für die Künstlerszene zum Place to be. Angeblich sollen Wassily Kandinsky und Paul Klee 1911 hier die Künstlergruppe Der Blaue Reiter gegründet haben. Nur Ludwig Thoma motzte in einem Brief an seinen Onkel: »Zwischen Marmorsäulen, unter überladenen Stuckdecken trank man seine Tasse Kaffee und konnte sich einbilden, in einem Bahnhof oder Tempel zu hocken.« Der komplette Luitpoldblock wurde im Krieg zerstört und danach vereinfacht wieder aufgebaut. Das Cafe Luitpold eröffnete 1948 wieder.

3.29 Landtagsgebäude

Im Mai erhielt das Königreich Bayern eine neue Verfassung. Es wurde eine Ständeversammlung aus zwei gleichberechtigten Kammern eingerichtet, die am 1. Februar 1819 erstmals zusammentrat. Der König hatte dem Parlament ein Haus an der Prannerstraße 20 (heute Nr. 8) zur Verfügung gestellt. Es handelte sich um das 1809 von Andreas Gärtner erbaute Redoutenhaus (Ballhaus), zuvor stand hier das 1720 erbaute Palais des Grafen Seeau. Leo von Klenze baute das Ballhaus zum »Ständehaus« um. 1819 und 1844 kaufte man die Nachbarhäuser Prannerstraße 19 und 21 zur Erweiterung dazu. 1849 nannte sich das Parlament in Landtag um. 1884 baute Max von Siebert den zusammengewürfelten Landtagskomplex um und versah ihn mit einer einheitlichen Fassade. 1933 tagte der Bayerische Landtag das letzte Mal

Das Landtagsgebäude vor dem Umbau 1883

in der Prannerstraße. Die Nationalsozialisten verboten alle Länderparlamente. Wie so vieles in der Münchner Innenstadt fiel auch das Landtagsgebäude den Bomben des Zweiten Weltkriegs zum Opfer. Der Landtag kam 1946 erstmals wieder zusammen (im Ausweichquartier Universität) und mietete sich dann im Maximilianeum ein.

3.30 Palais Neuhaus-Preysing

Seit 1703 besaß die Adelsfamilie Neuhaus ein Anwesen an der Prannerstraße 2. 1737 ließ Graf Ferdinand Maria Franz von Neuhaus von Philipp Jakob Köglsperger einen Neubau errichten. Bis heute ist die Fassade im Rokokostil erhalten. Das Anwesen wurde 1898 von der benachbarten Bayerischen Staatsbank gekauft, um die Geschäftsräume zu erweitern, das Palais diente fortan als Registratur. Eine Verbindung zwischen den beiden Gebäuden wurde allerdings erst 1924 geschaffen. Nach Kriegszerstörung und Wiederaufbau durch Erwin Schleich (1956) ging das Palais 1971 zusammen mit dem benachbarten Neubau in den Besitz der Bayerischen HypoVereinsbank AG über.

Einst standen an der Pranner- und Kardinal-Faulhaber-Straße mehrere Adelspaläste, so das klassizistische Hiltl-Haus (Prannerstraße 4), das im Krieg zerstört und anschließend durch einen gesichtslosen Neubau ersetzt wurde oder das barocke Palais Thürheim (Prannerstraße 1), das 1892 durch den wuchtigen Bau der Kgl. Bayerischen Bank ersetzt wurde. Das Palais Tascher de la Pagerie (Prannerstraße 5) ist ebenso Geschichte. Das Palais Neuhaus-Preysing, das Hiltl-Haus sowie die ehemalige Bayerische Staatsbank kamen 2011 in den Besitz der Bayerischen Hausbau, die das ganze Karree in einen luxuriösen Wohnkomplex (zum Teil hinter historischen Fassaden) umbaute.

3.31 Palais Seinsheim

Joseph Franz Maria von Seinsheim (1707-1787), politischer Tausendsassa mit Verbindungen in die allerhöchsten Kreise, »erleuchteter Kavalier« und »tätigster Patriot in Baiern«, wie Zeitgenossen berichten, wünschte ein repräsentatives Heim. Also ließ er zwischen 1760 und 1770 zwei Häuser an der Prannerstraße (heute Nr. 7) zu einem großen Palais im Stil des Spätrokoko um- und ausbauen, in dem er Gäste aus ganz Europa zu Tanz-, Musik- oder Kartenabenden empfing. Zeitweise wohnte Wolfgang Amadeus Mozart im Palais. 1809 wurde das Anwesen durch Joseph Höchl umgebaut, 1949 erfolgte ein weiterer Umbau. Das Palais gehört heute einer Bank, seit 1984 ist hier der Bayerische Städtetag zu Hause.

3.32 Palais Gise

Knapp zwei Jahresgehälter, satte 33 000 Gulden, musste Außenminister August von Gise hinblättern, um 1837 das prächtige Palais in der Prannerstraße 9 zu erstehen. Ursprünglich gehörte das Gebäude den Grafen von Taufkirchen, die es um 1760 nach Entwürfen des Oberhofbaumeisters Karl Albert von Lespilliez erbauen ließen. 1831 verkauften es die Taufkirchner an die Grafen von Arco, die es an Gise weiterveräußerten. Bis 1906 blieb

es im Besitz der Familie Gise. Heute sind hier das Ressorts 2 Bau und Kunst sowie Ressort 7 Beschaffung des Erzbischöflichen Ordinariats untergebracht.

3.33 Dreifaltigkeitskirche

Maria Anna Lindmayr hatte eine Vision: Die Karmeliterin weissagte, dass München im Spanischen Erbfolgekrieg von den österreichischen Truppen verschont werden würde, wenn man eine Kirche zu Ehren der Heiligen Dreifaltigkeit errichten würde. 1704 gelobten die drei Stände – Klerus, Adel und Bürger –, das umzusetzen. Und siehe da, trotz allen Kriegslasten, blieb München von der Zerstörung und auch der Pest verschont. 1711 legte man den Grundstein zu der kleinen Barockkirche, die Giovanni Antonio Viscardi entworfen hatte. Im selben Jahr gründete Kaiserin Eleonore das zugehörige Kloster der Unbeschuhten Karmelitinnen, die barocke Anlage entstand nach Plänen von Frater Domenicus a S. Euphrosina. Das Kloster wurde 1803 säkularisiert. Heute gehört es dem Erzbischöflichen Ordinariat.

Die Kirche ist die einzige in der Münchner Innenstadt, die den Zweiten Weltkrieg unbeschadet überstand. Zur Innenausstattung gehören bedeutende Werke von Cosmas Damian Asam, Joseph Ruffini und Johann Baptist Straub.

3.34 Erzbischöfliches Ordinariat

Im Kreuzviertel befinden sich mehrere Einrichtungen der Erzdiözese München und Freising, wie z. B. das Kirchensteueramt und die Finanzkammer in der Maxburgstraße, das Erzbischöfliche Ordinariat in der Kapellenstraße 4 und das Archiv des Erzbistums.

Das Erzbistum München und Freising feierte 2021 seinen 200. Geburtstag. Nach der Säkularisation und dem Tod des letzten Freisinger Fürstbischofs wurde das Bistum von Freising nach München verlegt und Anselm von Gebsattel 1821 als erster Erzbischof von München und

Vor der Erzbischöflichen Finanzkasse in der Maxburgstraße steht eine Statue des hl. Korbinian, die Klaus Backmund 1989 schuf

Freising ins Amt eingeführt. Die Frauenkirche wurde zur neuen Kathedrale. Die Verwaltung zog in den ehemaligen Dekanatshof direkt neben der Westfassade des Doms. Die Räume waren viel zu klein, ab 1844 konnte das Ordinariat das ehemalige Karmelitenkloster in der heutigen Pacellistraße nutzen. Einhundert Jahre später legten Weltkriegsbomben das Gebäude in Schutt und Asche. Die verschiedenen Dienststellen wurden auf Standorte in München und Freising verteilt. In einem Neubau in der Maxburgstraße, der 1956 fertiggestellt wurde, kamen die Abteilungen wieder unter ein Dach. Die nahe ehemalige Karmelitenkirche St. Nikolaus, 1660 geweiht und 1955 bis 1957 durch Sep Ruf vereinfacht wiederaufgebaut, wurde zum Archiv des Erzbistums umfunktioniert. Platzmangel führte dazu, dass 1979 mehrere Referate in das alte Karmelitinnenkloster hinter der Dreifaltigkeitskirche in der Rochusstraße zogen. 2006 erwarb die Erzdiözese das Gebäude der Landesbodenkreditanstalt in der Kapellenstraße und ließ es umbauen. 2016 eröffnete es als neues Hauptgebäude des Ordinariats. Seit 2007 ist Reinhard Kardinal Marx Erzbischof.

Die ehemalige Karmelitenkirche dient heute als Archiv

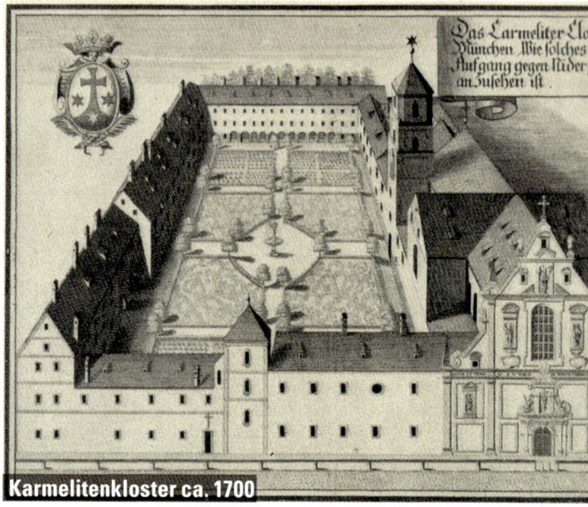
Karmelitenkloster ca. 1700

3.35 Maxburg

Herzog Wilhelm V. wünschte sich nach einem Brand im Alten Hof einen neuen Wohnsitz und ließ dafür ab 1579 im Osten der Stadt 54 Grundstücke und Häuser aufkaufen. 1593 legte der Herzog den Grundstein zu seiner »Wilhelminischen Veste«. Vier Jahre später, mit Weihe der Kapelle, war der Palast bezugsfertig. Ihren heutigen Namen verdankte die Anlage Herzog Maximilian Philipp von Bayern-Leuchtenberg, der als Regent für den noch minderjährigen Kurfürsten Max Emanuel hier in der zweiten Hälfte des 17. Jh. residierte. In ihrer Geschichte wurde die Anlage mehrfach aus- und umgebaut, zuletzt 1866. Während die Residenz von den regierenden Wittelsbachern bewohnt wurde, lebten in der Maxburg nicht-herrschende, immer wieder auch abgedankte Familienmitglieder. Die letzten royalen Bewohnerinnen waren Königinwitwe Karoline, die 1841 starb, und Kurfürstinwitwe Maria Leopoldine (gest. 1848). Bereits seit Mitte des 18. Jh. wurden Gebäudeteile für Behörden wie die Salinenverwaltung, das Wirtschaftsministerium oder die Bayerische Kriegsakademie genutzt. Nach dem Ersten Weltkrieg kam die Bayerische Landespolizei in der Maxburg unter. Die im Zweiten Weltkrieg weitgehend zerstörte Anlage wurde 1951 abgetragen. Sep Ruf und Theo Papst bauten 1954–1957 die Neue Maxburg, die Geschäfte sowie Justizbehörden beherbergt. Erhalten blieb nur der Renaissanceturm. Die Münchner lehnten den Neubau vehement ab. Da nutzten auch die Architekturpreise und die Jubelorgien der Fachpresse nichts. Da das Gebäude bis 1964 eingerüstet blieb, weil die Verkleidung ständig nachgebessert werden musste, bekam die Maxburg den Spottnamen »Murxburg«.
Den Moses-Brunnen im Inneren der Anlage schuf Josef Henselmann 1955.

Maxburg 1860

Maxburg heute

3.36 Alte Hauptsynagoge

Sie zählte einst zu den die Skyline prägenden Bauten Münchens: die Hauptsynagoge in der Herzog-Max-Straße. Da die jüdische Gemeinde nach der Aufhebung der Niederlassungs- und Gewerbefreiheit für die bayerischen Juden 1861 stark anwuchs, reicht die Synagoge an der Westenriederstraße längst nicht mehr aus. Ludwig II. ließ den Bauplatz nahe dem Stachus zur Verfügung stellen, die Gemeinde kaufte ihn für 348 000 Mark. Der neoromanische Monumentalbau nach Plänen von Albert Schmidt wurde am 16. September 1887 eingeweiht. Im Juni 1938 wies die Stadt die jüdische Gemeinde an, die Synagoge samt Grundstück für 100 000 Reichsmark zu verkaufen. Das Gebäude wurde umgehend »aus verkehrstechnischen Gründen« abgerissen und in einen Parkplatz umgewandelt. Das Grundstück erwarb 1999 der Arcandor-Konzern, der hier einen Erweiterungsbau für das Kaufhaus Oberpollinger errichtete, für 20,5 Millionen Euro. Der Verkaufserlös diente zur Finanzierung des neuen Jüdischen Zentrums auf dem Sank-Jakobs-Platz.

An die alte Synagoge erinnert ein 1969 von Herbert Peters gestalteter Gedenkstein an der Herzog-Max-Straße.

Künstlerhaus (r.) und alte Hauptsynagoge vom Lenbachplatz aus gesehen

3.37 Künstlerhaus am Lenbachplatz

»Das Haus soll allen Künstlern Münchens ein Sammelplatz sein (...) für Frohsinn, Rat und ernste Tat«, so die Ausgangsidee für ein Künstlerhaus. 1852 wurde ein Baukomitee gegründet, doch die Sache verlief zunächst im Sand. Erst als Malerfürst Franz von Lenbach sich dafür einsetzte, kam neuer Zug in die Planung. Als Grundstück fand man einen Platz an der ehemaligen Stadtmauer neben der Hauptsynagoge und dem Hotel Leinfelder, hier lag das Vereinslokal der 1871 gegründeten Künstlergesellschaft Allotria, der damals bedeutendsten Künstlervereinigung Deutschlands. Stararchitekt Gabriel von Seidl entwarf den Bau, zu dem Prinzregent Luitpold 1893 den Grundstein legte. Nach der Eröffnung Ende März 1900 wurde das Künstlerhaus zum Fixpunkt für viele Künstlerfeste, Bälle und Konzerte. Ab 1933 verwaiste das Haus zusehends. Fünf Jahre später wurde der Künstlerhaus-Verein aufgelöst. Bei einem Bombenangriff 1944 brannte das Haus aus. Nach dem Krieg dienten die noch erhaltenen Teile den Amerikanern als Offizierskasino, 1955 bekam der wieder gegründete Künstlerhaus-Verein die Ruine zurück, 1961 eröffnete OB Hans-Jochen Vogel das Künstlerhaus. 1998 wurde der historische Festsaal restauriert und das gesamte Gebäude generalsaniert. 2001 wurde die Münchner Künstlerhaus-Stiftung gegründet, die seitdem das Haus leitet. Im Haus befindet sich heute u. a. eine Lithografiewerkstatt und das Figurentheater Die Spieldose.

Der dreibeinige Zentaur wacht über dem Eingang zum Künstlerhaus

4 Graggenauviertel

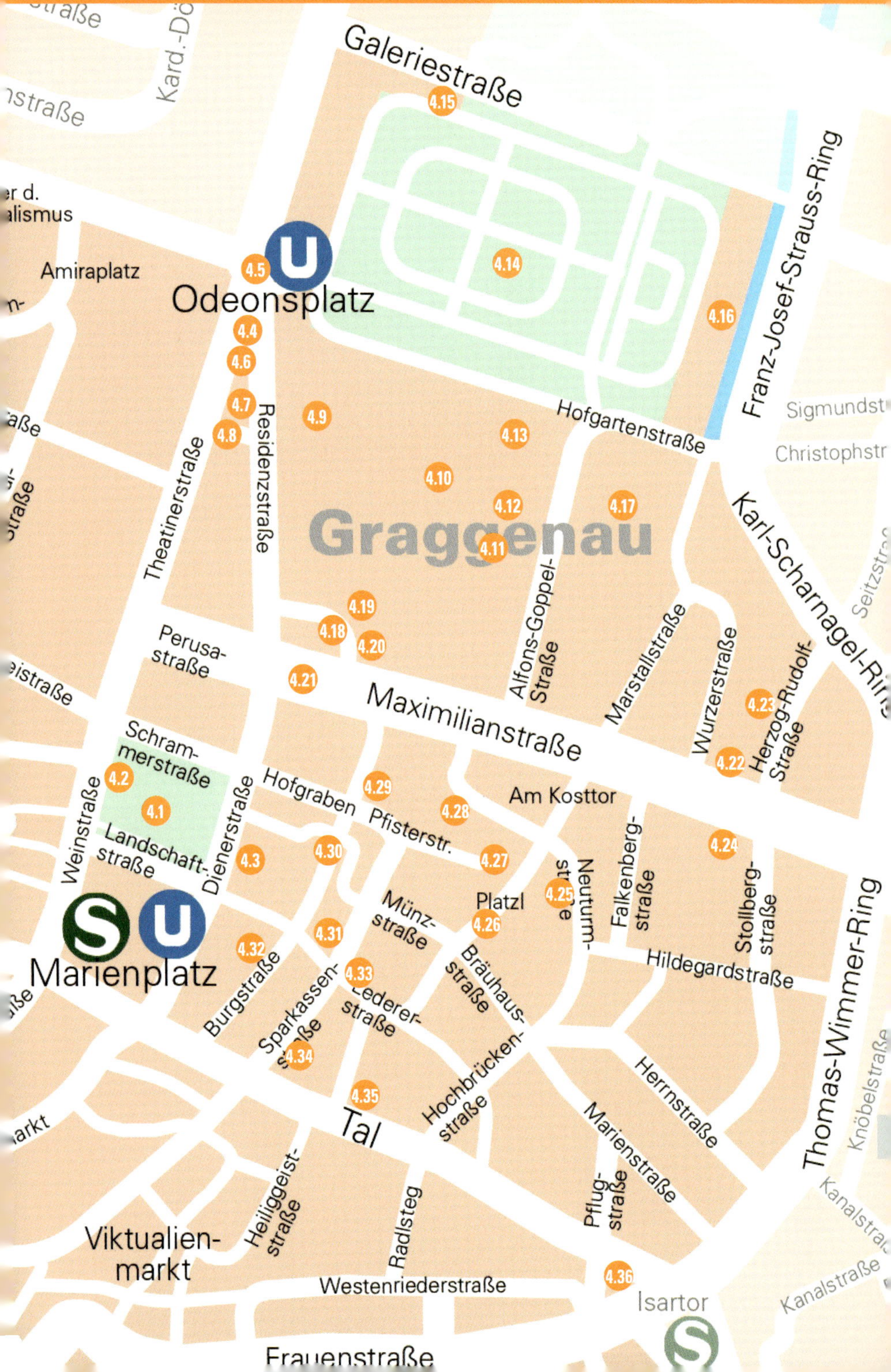

4.1 Marienhof

Eine grüne Oase mitten in der Stadt – nun ja – aktuell, während dieses Buch entsteht, eher nicht. Hier ist die Großbaustelle für die 2. Stammstrecke. Zuvor jedoch war der Marienhof tatsächlich eine kleine grüne Oase. Das lag an den Zerstörungen des Zweiten Weltkriegs. Ursprünglich war der Bereich dicht bebaut. Im Mittelalter befand sich hier das jüdische Viertel, von 1380 bis zur Vertreibung 1442 betrieb die jüdische Gemeinde hier Synagoge und Schule. Die Synagoge wurde von Herzog Albrecht III. seinem Leibarzt Johannes Hartlieb geschenkt. Der baute die Synagoge zum Wohnhaus um und richtete in der tieferliegenden Mikwe (dem rituellen Reinigungsbad) eine Marienkapelle ein – zur Sühne dafür, dass man einst die Juden in die Stadt gelassen hatte (so entstanden viele Marienkirchen in Deutschland als »Buße«, z. B. die Marienkirchen in Würzburg, Bamberg, Nürnberg, Mainz etc.). Später ließ Hartlieb eine weitere Kapelle erbauen. Die Bauten finanzierte Hartlieb übrigens aus dem beschlagnahmten jüdischen Vermögen. Ein Drittel wurde für den Kirchenbau zur Verfügung gestellt, ein Drittel bekam der Kaiser, weil er die Vertreibung der Juden hatte genehmigen »müssen«, und das letzte Drittel erhielten die Münchner für ihre »Mühen«. Das Kloster Andechs betreute die Wallfahrtskapellen bis zur Säkularisation. In der Kapelle stand eine gotische Pietá, eine außergewöhnlich krasse Darstellung der trauernden Maria mit dem extrem ausgemergelten Leichnam Christi. Die Holzfigur wurde 1803 von der Metzgerszunft vor der Säkularisation in Sicherheit nach Salmdorf gebracht, wo sie heute noch steht. Die ehemalige Judengasse wurde wegen der Kapellen jedenfalls in Gruftgasse umbenannt.

Die Ecke Gruft-/Dienerstraße 1935 (heute Grünanlage)

Der Marienhof diente 1961 als Parkplatz

Nach Vertreibung der Juden lebten hier wohlhabende Patrizier, an der Schrammerstraße befand sich eines der ältesten Badehäuser der Stadt. 1627 gründete Maria Ward die erste Mädchenschule in Bayern (Weinstraße 13), von 1869 bis 1882 war die Börse an der Dienerstraße zu Hause. Die kleinteilige mittelalterliche Bebauung mit Einzelhandelsgeschäften, Büros und Wohnungen blieb bis zum 18. Dezember 1944 erhalten. Dann legten Fliegerbomben alles in Schutt und Asche. Nach dem Abräumen der Trümmer entschied die Stadt, das Gelände nicht wieder zu bebauen. Autofahrer eroberten das Areal, ein riesiger Parkplatz, als »Oase für Autofahrer« gelobt, entstand. Für die Olympischen Spiele 1972 installierte man ein Informationszentrum auf dem Marienhof – neben Parkplätzen natürlich und ein wenig Grün, das allerdings nicht gut ankam. Also entschloss man sich zu radikalem Grün (sprich einer Rasenfläche) und verbannte den Parkplatz. Ideen, den Platz neu zu bebauen, gab es viele, die reichten von

Die gotische Pietà aus der Gruftkirche steht heute in Salmdorf

4 Graggenauviertel

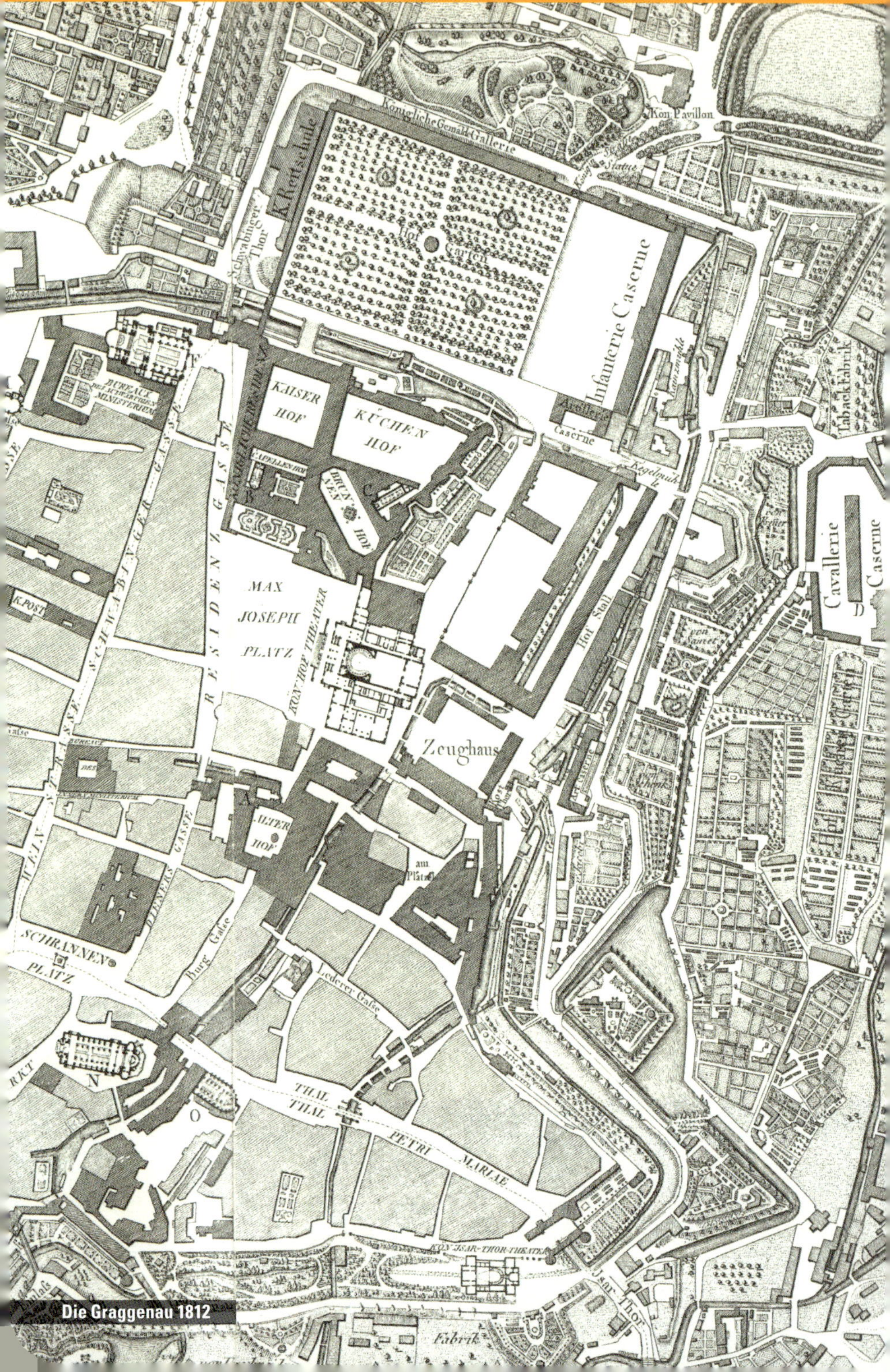

Die Graggenau 1812

Das Informationszentrum zur 2. Stammnstrecke auf dem Marienhof 2021

Stadtbücherei und überdachten Ladenpassagen über Biergarten und Kindergarten bis hin zu einer Blockbebauung mit Autosilo. Sogar ein »Kultur-Lustplatz« mit Freilichttheater stand zur Diskussion. 1991 schufen die Landschaftsarchitekten Büro Hansjakob die Grünanlage, die viele noch kennen. 2006 schrieb die Stadt einen neuen Wettbewerb zur Neugestaltung für die Zeit nach Abschluss der Bauarbeiten der 2. Stammstrecke aus. Eine Bebauung ist ausdrücklich nicht vorgesehen. Sieger wurden bbz landschaftsarchitekten Berlin. In Vorbereitung auf den Aushub für die S-Bahn-Röhre fanden 2011/12 archäologische Grabungen statt, dabei fand man u. a. einen Kochtopf aus dem frühen 14. Jh. mit Speiseresten und in einer Latrine Keramikscherben aus dem 11. Jh., was erneut dafür spricht, dass München deutlich älter ist, als offiziell anerkannt.

4.2 Zentralbüro der Polizei

Kurfürst Max Emanuel zeigte sich großzügig: Er ließ den Englischen Fräulein an der Schwabinger Gasse (heute Weinstraße) einen prächtigen Neubau mit zwei Kapellen errichten. Dort, im sogenannten Paradeiserhaus, richteten die Nonnen Münchens erste Mädchenschule ein. Nicht nur die Töchter des Adels und der Hofbeamten wurden hier unterrichtet, im gesonderten »Arme Mädchen Haus« kamen 40 Mädchen aus armen Verhältnissen in die Gunst von kostenlosem Unterricht, Kost, Kleidung und Logis. Großzügige Spender sorgten dafür, dass die Englischen Fräulein die Schule samt Internat für insgesamt 400 Mädchen frei von finanziellen Sorgen betreiben konnten. Auch nach der Säkularisation durften die Englischen Fräulein als einer der wenigen Orden zunächst weiter existieren und ihre Schulen offen halten. Doch 1808 kam dann der Befehl zur Auflösung. Das Gebäude stand zunächst leer, 1810 wurde es nach Plänen von Carl von Fischer und Emanuel d'Herigoyen umgebaut. In das prächtige Anwesen an der Weinstraße zog 1812 das Innenministerium, 1926 dann die königliche Polizeidirektion. Nach Auszug der Polizei 1914 nutzte die

Zetralbüro der Polizei 1943, ganz links hinten die Theatinerkirche

Stadtverwaltung den Bau, der schließlich im Zweiten Weltkrieg zerstört wurde. Heute ist das Gelände Teil des unbebauten Marienhofs.

4.3 Dallmayr

Schaut das Haus wirklich so aus wie in der Kaffeewerbung? Ja, tut es. Längst ist Dallmayr eine der heimlichen Touristenattraktionen in München. Gegründet wurde das Traditionshaus bereits 1700. Den heutigen Namen verdankt es Alois Dallmayr, der das Geschäft um 1870 erwarb. Schon 15 Jahre später verkaufte er es an Therese und Anton Randlkofer. Therese baute den Laden zu einem der führenden Delikatessenhäuser Europas auf, Dallmayr durfte sich mit 15 Hoflieferantentiteln schmücken. Der Kaffee kam relativ spät. Erst 1933, als der aus Bremen stammende Kaffeekaufmann Konrad Werner Wille eine Spezialabteilung für Kaffee aufbaute. Die berühmten Porzellangefäße, die man aus der Werbung kennt, stehen tatsächlich in der Kaffeeabteilung. Im ersten Stock des Stammhauses befindet sich das Restaurant Alois, das seit 2009 zwei Sterne hält. Dallmayr befindet sich bis heute im Besitz der Familie Randlkofer.

4.4 Schwabinger Tor

Etwas nördlich der Feldherrnhalle stand einst das Schwabinger Tor, das 1319 erstmals erwähnt wurde. Es war ursprünglich ein rund 30 m hoher Torturm. Im 15. Jh. erhielt es ein Vortor mit Durchgang und zwei quadratischen Seitentürmen.
Es gab noch zwei »innere« Schwabinger Tore: Zum einen das Vordere Schwabinger Tor an der Stelle, an der der Hofgraben auf die Dienerstraße trifft; 1332 erstmalig erwähnt, 1842 abgerissen; die Kellergewölbe sind bis heute unter dem Marienhof erhalten. Zum anderen das Hintere Schwabinger Tor an der Stelle, wo die Schäffler- auf die Weinstraße trifft; 1325 erstmals erwähnt, 1691 abgerissen (siehe S. 56).

Das Schwabinger Tor von außen (o.) und innen (u.)

4.5 Odeonsplatz

Er hasste München. Kronprinz Ludwig, der spätere Ludwig I., wollte am liebsten fort aus München und drohte bei Thronbesteigung, den Regierungssitz nach Bamberg zu verlegen. Also dachte sich sein Vater König Max I., dass der Junge beschäftigt werden müsse und ließ ihn sich bei der Gestaltung der Maxvorstadt austoben. Ludwig beschloss: »Ich will aus München eine Stadt machen, die Deutschland so zur Ehre gereichen soll, dass keiner Deutschland kennt, wenn er nicht München gesehen hat.« Seit 1791 waren die alten Münchner Wallanlagen konsequent abgerissen worden. Also konnte nun auch das alte Schwabinger Tor weichen. Ludwig I. beauftragte 1816 den Architekten Leo von Klenze mit der Gestaltung seines Traums vom »Isar-Athen«. Klenze riss das Tor ab, ebnete alles ein, um einen gewaltigen Platz zu schaffen, der den Beginn des neuen Prachtboulevards Ludwigstraße darstellen sollte. In den 1820er-Jahren umbaute Klenze den Platz mit dem Palais Moy, an der Kreuzung zur Brienner Straße, dem Konzertsaal Odeon (heute das Innenministerium), dem Palais Leuchtenberg (heute das Finanzministerium) und dem Basargebäude, in dem sich von 1951 bis 2011 das bekannte Kino Filmcasino befand und heute noch Münchens ältestes Kaffeehaus Tambosi, gegründet 1774, befindet. Nach dem Krieg war der Odeonsplatz übrigens ein einziges Trümmerfeld. Die Palais und das Basargebäude wurden jedoch originalgetreu wiederaufgebaut.

4.6 Feldherrnhalle

Unverkennbar stand die Loggia dei Lanzi in Florenz hier Pate: Sehr zum Ärger von Leo von Klenze, der den gesamten Odeonsplatz konzipiert hatte, durfte nicht er, sondern sein größter Konkurrent den Startpunkt der Ludwigstraße bauen: Friedrich von Gärtner gestaltete die Feldherrnhalle nach italienischem Vorbild zwischen 1841 bis 1844. Zuvor stand hier das Wirtshaus Bauerngirgl direkt am Schwabinger Tor. Die Halle ist dem bayerischen Heer gewidmet und korrespondiert mit dem 1 km entfernten Siegestor. Nach Abriss des Schwabinger Tors entstand als Point de vue die Feldherrnhalle. Die bronzenen Standbilder von Graf Tilly und Fürst Wrede entwarf Ludwig von Schwanthaler. Das Bayerische Armeedenkmal in der Mitte, 1892 auf Wunsch von Prinzregent Luitpold zu dessen 71. Geburtstag erbaut, soll an die siegreichen bayerischen Verbände im Deutsch-Französischen Krieg von 1870/71 erinnern. Die beiden flankierenden Löwen stehen erst seit 1906 hier, sie gehörten ursprüng-

lich zu einem Prinzregentendenkmal, das Bildhauer Wilhelm von Rümann für Nürnberg geplant hatte. Modell stand übrigens der beliebte Löwe namens Bubi aus dem Tierpark Hellabrunn.

4.7 Preysing-Palais

Direkt gegenüber der Residenz wohnen – eine derart begehrte Wohnlage konnten sich nur die wenigsten leisten. So beispielsweise Johann Maximilian IV. von Preysing-Hohenaschau, einer der besten Freunde von Kurfürst Karl Albrecht. Doch Preysing besaß nur zwei wenig repräsentative alte Häuser, wofür ihn der Kurfürst verspottete. Davon angestachelt, ließ Preysing 1723 die Gebäude in Abwesenheit des Kurfürsten abreißen und in Windeseile das Palais von Baumeister Joseph Effner errichten. Man musste sogar nachts bei Fackelschein arbeiten, denn Preysing wollte unbedingt den Kurfürsten bei dessen Rückkehr mit dem prächtigen Rokokobau überraschen (was gelang). Das Palais galt damals als Sensation.

4.8 Drückebergergasse

Am 9. November 1923 scheiterte vor der Feldherrnhalle Hitlers Putschversuch. Er kostete vier Polizisten und 16 Putschisten das Leben. 1933 wurde an der Ostseite der Feldherrnhalle ein Ehrenmal für die getöteten Putschisten mit der Inschrift »Und Ihr habt doch gesiegt!« angebracht. Davor stand eine SS-Ehrenwache. Wer hier vorbeiging, musste den Hitlergruß als Ehrenbezeugung bringen. Wer das nicht wollte, ging einfach durch die kleine Viscardigasse zur Theatinerstraße und der Feldherrnhalle. Die Münchner nennen die schmale Gasse seitdem bis heute Drückebergergasse. Um an die Form des zivilen Widerstands zu erinnern, wurde 1995 eine vom Bildhauer Bruno Wank gestaltete, s-förmig geschwungene Bronzespur in das Kopfsteinpflaster der Viscardigasse eingelassen.

4.9 Residenz

Die Bürger rebellierten! Zwar gelang es den gemeinsam regierenden Herzog-Brüdern Johann II., Stephan III. und Friedrich, den Aufstand der Münchner niederzuschlagen, doch nun wurde ihnen ihre Alte Veste zu unsicher. Eine Fluchtburg musste her. So ließ Stephan III. 1385 am Rande der Stadt die Neue Veste mit Wassergraben anlegen, um sich im Zweifelsfall gegen die revoltierenden Münchner Bürger verschanzen zu können. Neueste Ausgrabungen zeigen, dass der Ort schon vor Jahrtausenden besiedelt war. Im Apothekerhof fand man ein spätbronzezeitliches Grab.

Diese Festung entwickelte sich schließlich zum Herrschersitz der bayerischen Herzöge, Kurfürsten und Könige. Die Regenten bauten aus und um und langsam wucherte die Residenz immer weiter in die Stadt hinein und die Stadt rückte immer näher heran. Als Verteidigungsanlage taugte die Veste bald nicht mehr. Wilhelm IV. verlegte den herzoglichen Sitz im 16. Jh. endgültig von der Alten in die Neue Veste.

Über die Jahrhunderte entstand ein riesiger Gebäudekomplex mit zehn Innenhöfen, der das größte innerstädtische Schloss Deutschlands ist. Vieles, was einzelne

4 Graggenauviertel

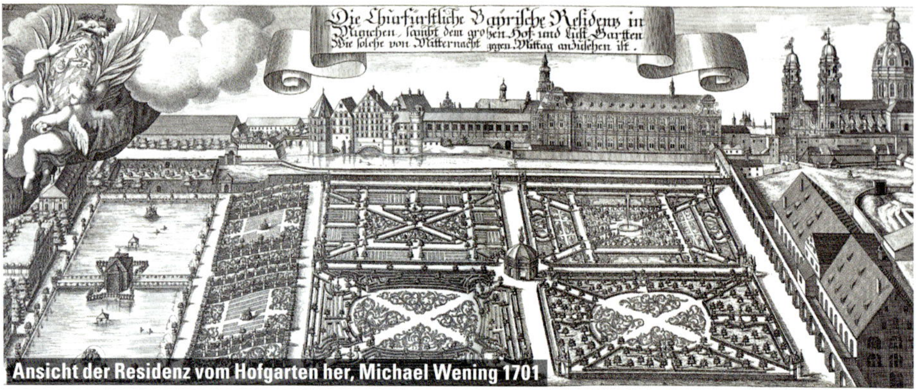

Ansicht der Residenz vom Hofgarten her, Michael Wening 1701

Eine kurze Baugeschichte der Residenz:

- **1385:** Errichtung der Neuveste unter Herzog Stephan III. der Kneißl (reg. 1375-1392)
- **Ausbau bis ins 16. Jh.** (Teile unter dem Apothekenhof und dem Ostflügel des Festsaalbaus erhalten)
- **1568-1571:** Bau des Antiquariums nach Entwürfen von Jacopo Strada und Simon Zwitzel als Aufstellungsort für die herzogliche Sammlung antiker Skulpturen unter Albrecht V.
- **1584-1600:** reichere Ausgestaltung des Antiquariums (Leitung Friedrich Sustris) unter Herzog Wilhelm V.
- **1581-1586:** Bau der Grottenhoftrakte
- **um 1590:** Schwarzer-Saal-Bau
- **um 1600:** Sommerwohnung an der Residenzstraße, Erweiterung des Hofdamenstocks mit Altem Herkulessaal zwischen Kaiser- und Kapellenhof unter Kurfürst Maximilian I.
- **1601-1603:** Hofkapelle
- **1607 (Weihe):** Reiche Kapelle
- **1612-1616:** Westfassade an der Residenzstraße; Kaiserhoftrakte mit Kaisertreppe, Kaisersaal, Vierschimmelsaal, Steinzimmern und Trierzimmern (Ausstattung durch Hans Krumpper und Peter Candid)
- **1613-1615:** Umbauung des Brunnenhofs, Anbindung der Neubauten an die Neuveste durch Gänge
- **ab 1613:** Anlage eines neuen Hofgartens nördlich der Residenz
- **1666-1667:** Goldener-Saal-Trakt und Appartement der Kurfürstin an der Residenzstraße unter Kurfürst Ferdinand Maria
- **1680-1685:** Bau der Alexander- und Sommerzimmer am Grottenhof durch Enrico Zuccalli unter Kurfürst Maximilian II. Emanuel
- **1690-1700:** Renovierung von Steinzimmer und Vierschimmelsaal
- **1693-1704:** Einbau der Cäcilienkapelle durch Enrico Zuccalli
- **1726-1730:** Ahnengalerie und Schatzkabinett (heute: Porzellankabinett) durch Joseph Effner und François Cuvilliés d. Ä. unter Kurfürst Karl Albrecht (ab 1742 Römischer Kaiser: Karl VII.)
- **1730-1737:** Bau eines neuen Staatsappartements, der Reichen Zimmer am Grottenhof sowie Bau der zugehörigen Grünen Galerie auf dem Gelände des alten südlichen Residenzgartens durch François Cuvilliés d. Ä.
- **1746-1748:** Neugestaltung der Kurfürstenzimmer über dem Antiquarium unter Kurfürst Max III. Joseph
- **1751-1755:** Bau des Alten Residenztheaters (Cuvilliés-Theater) als höfisches Opernhaus, ursprünglich im Süden des Residenzareals, durch François Cuvilliés d. Ä.
- **ab 1789:** Anlage des Englischen Gartens als Volksgarten ab 1789 durch Friedrich Ludwig von Sckell unter Kurfürst Karl Theodor
- **1799-1816:** Einrichtung der Hofgartenzimmer anstelle von Kaiser- und Vierschimmelsaal durch Charles-Pierre Puille und Andreas Gärtner unter König Max I. Joseph
- **1810:** Staatsratszimmer entlang der Residenzstraße
- **1814-1816:** Umgestaltung des Alten Herkulessaals (heute: Max-Joseph-Saal) durch Andreas Gärtner
- **1814:** Ausgestaltung der Charlottenzimmer am Brunnenhof
- **1817-1822:** **B**au der Hofreitschule am Marstallplatz durch Leo von Klenze
- **1826-1835:** Errichtung des Königsbaus mit den königlichen Appartements und den Nibelungensälen durch Leo von Klenze unter König Ludwig I.
- **1826-1835:** Bau der Allerheiligen-Hofkirche durch Leo von Klenze
- **1835-1842:** Abbruch der letzten oberirdischen Reste der Neuveste, Errichtung des Festsaalbaus mit Apothekenflügel durch Leo von Klenze
- **1854:** Bau eines Wintergartens auf dem Dach des Alten Residenztheaters durch Franz Jakob Kreuter und August von Voit unter König Maximilian II.
- **1866-1869:** Einrichtung eines Wohnappartements im nordwestlichen Pavillon am Odeonsplatz durch Franz Seitz unter König Ludwig II.
- **1868-1869:** Anlage eines Wintergartens über dem Kaisersaaltrakt durch Eduard Riedel und August von Voit
- **1897:** Einbau der Alten Schatzkammer (heute: Kassenraum) durch Julius Hofmann unter Prinzregent Luitpold

Das Antiquarium

Die Ahnengalerie

Herzöge erbauten, ist nicht mehr erhalten. Dennoch lädt die Residenz ein zu einer Zeitreise durch die Jahrhunderte: Von Gotik über Renaissance, Barock und Rokoko bis hin zum Klassizismus sind alle wichtigen europäischen Stilepochen vertreten.
Bereits unter König Ludwig I. konnten interessierte Bürger Teile der Residenz besichtigen (wenn das Königspaar nicht zugegen war). Bis zur Zerstörung im Zweiten Weltkrieg war die Residenz das größte Raumkunstmuseum der Welt. Heute sind weit über 100 üppig ausgestattete Zimmer, Appartements und prunkvolle Festsäle öffentlich zugänglich. Darunter ist auch das Antiquarium, das Herzog Albrecht V. zwischen 1568 und 1571 für seine Sammlung antiker Skulpturen bauen ließ. Es ist der älteste erhaltene Raum der Residenz und gleichzeitig der größte Renaissancesaal nördlich der Alpen.
Welche schier unermesslichen Schätze aus Juwelen, Elfenbein und Edelmetallen Bayerns Regenten angehäuft haben, lässt sich in der Schatzkammer bewundern. Und bei einem Besuch nicht vergessen: Einem der bronzenen Löwen, die den Eingang zum Kaiserhof bewachen, die Nase rubbeln – das soll Glück bringen.

Ganz schön abgerubbelt: Löwenkopf am Kaiserhof-Eingang

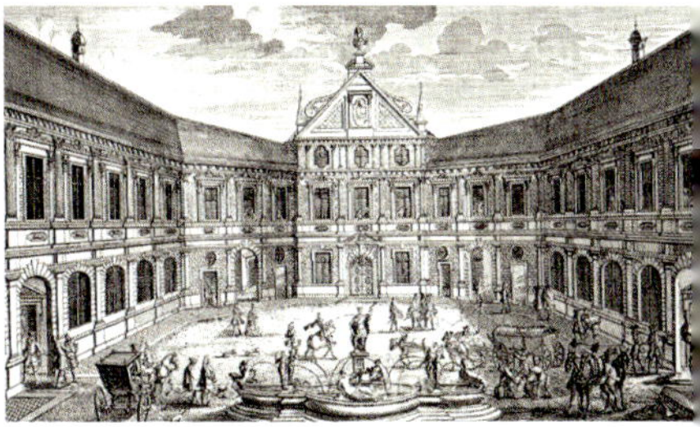

Prospekt des Prinzenhofs (1730, o.) »Freuden-Gerüst« vor der Residenzfassade, aus dem roter und weißer Wein floss, während Kurfürst Karl Albert aus dem Fenster Geld unter die Menge warf (13. Mai 1727), anlässlich der Geburt des Kurprinzen Max Joseph. Kupferstich von Elias Böck (l.).

4.10 Cuvilliés-Theater

Ein wahres Rokokojuwel befindet sich im Apothekerstock des Festsaalbaus der Residenz. 1750 ließ Kurfürst Max III. Joseph ein neues Theater in der Residenz bauen, nachdem das alte kurz zuvor von einem Brand zerstört worden war. François de Cuvilliés d. J. entwarf den Bau, der damals an der Stelle stand, wo heute das neue Residenztheater steht. 1753 eröffnete es mit der Oper *Catone in Utica*. 1781 kam Mozarts *Idomeneo* hier zur Welturaufführung. Ab 1795 durften alle Bürger der Stadt das ganz in Gold und Rot gehaltene Theater besuchen. König Ludwig I. schien kein Freund des Hauses gewesen zu sein. Er ließ es schließen und die Ausstattung herausnehmen, der Saal diente fortan als Dekorationsmagazin für das Nationaltheater. Erst sein Sohn Max II. ließ das Theater wieder herrichten und 1857 neu eröffnen. Eine technische Sensation hielt 1896 Einzug: Außer in Japan kannte die gesamte Theaterwelt bislang keine Drehbühne für schnelle Szenenwechsel. Das Cuvilliés bekam die erste Einrichtung dieser Art außerhalb Japans, entwickelt vom Hoftheatermaschinisten Carl Lautenschläger, die mit einer Inszenierung von Mozarts *Don Giovanni* in Betrieb ging. Rechtzeitig vor der Bombardierung während des Zweiten Weltkriegs wurde die kostbare Innenausstattung ausgelagert. Nach dem Krieg wurde auf dem alten Bauplatz das neue Residenztheater errichtet. Daher baute man das Cuvilliés-Theater 1956-1958 in den Apothekerstock der Residenz ein. 2008 erfolgte eine grundlegende Sanierung und Restaurierung. Das Cuvilliés-Theater wird heute nicht von der Staatsoper, sondern vom Residenztheater bespielt.

4.11 Allerheiligen-Hofkirche

Der erste Kirchenbau in Bayern nach der Säkularisation war die 1826-1837 im Auftrag Ludwigs I. erbaute Allerheiligen-Hofkirche. Leo von Klenze ließ sich vom Markusdom in Venedig inspirieren und entwarf einen neubyzantinischen Bau. Die Kirche war für alle offen, für die Bevölkerung gab es den großen Osteingang, die königliche Familie hingegen konnte den Raum direkt von der Residenz aus betreten. Die im Krieg schwer beschädigte Kirche wurde zunächst nicht wieder aufgebaut und sollte 1964 abgerissen werden. Das südliche Seitenschiff musste tatsächlich einem Neubau des Residenztheaters weichen, weshalb die Symmetrie zerstört ist. Proteste verhinderten die komplette Zerstörung. Ab 1972 wurde mit der Renovierung begonnen. Ihre heutige Form erhielt sie bei einem Umbau, der 2003 abgeschlossen wurde. Die Kirche dient heute als Veranstaltungsort für Konzerte, Vorträge und Festakte.

4.12 Kabinettsgarten

Ein kleiner Hof an der östlichen Seite der Residenz birgt einen versteckten, wunderschönen Garten. Das Gärtlein wurde im 19. Jh. angelegt. Einst stand hier ein Springbrunnen in einer Rasenfläche, umgeben von vier Linden. Der Garten verwilderte, wurde zwischenzeitlich als Gemüsegarten und Hühnerhof genutzt. 2002/03 gestaltete Landschaftsarchitekt Peter Kluska das Gärtlein neu mit flachen Wasserbecken, Platanen, kleinen Rasenflächen und schattigen Bänken. Die Eingangsskulptur *Flora III* schuf Fritz Koenig.

4.13 Bayerische Akademie der Wissenschaften

Schon Anfang des 18. Jh. bemühte sich Bayern, den Anschluss an die europaweiten Akademiebewegungen nicht zu verpassen. Doch erst 1758 gelang es Johann Georg von Lori eine Einrichtung zu etablieren, die sich dauerhaft um Forschung und wissenschaftlichen Fortschritt bemühte: die Bayerische Gelehrte Gesellschaft. Am 28. März 1759 machte Kurfürst Max III. Joseph daraus die Bayerische Akademie der Wissenschaften. Die Akademie wählte ihre Mitglieder ohne Ansehen von Religion und Nationalität aus. Man traf sich in der historischen oder in der philosophischen Klasse (wobei Philosophie damals auch Mathematik und Physik beinhaltete). Ab 1783 war die Akademie im Wilhelminum in der Neuhauser Straße untergebracht, nach dem Zweiten Weltkrieg bezog sie 1959 die Räume im Nordostflügel der Residenz. Die ersten Frauen, die in die Akademie aufgenommen wurden, waren 1892 die Naturforscherin Therese von Bayern und die Papyrologin Medea Norsa. Die Akademie betreibt innovative Langzeitforschung, dient als Netzwerk für Gelehrte über Fach- und Ländergrenzen hinweg, fördert naturwissenschaftlichen Nachwuchs und vermittelt zwischen Wissenschaft und breiter Öffentlichkeit. Sie betreibt das Leibniz-Rechenzentrum und das Walther-Meißner-Institut für Tieftemperaturforschung. Präsident ist aktuell Thomas O. Höllmann.

4.14 Hofgarten

Argentinischer Tango, Salsa, Swing – mitten im Hofgarten wird eifrig getanzt. Denn dort im Dianatempel treffen sich regelmäßig Tanzbegeisterte aus ganz München. Der Dianatempel, 1615 von Heinrich Schön d. Ä. geschaffen, ist der Mittelpunkt des Hofgartens. Kurfürst Maximilian I. ließ ihn von 1613 bis1617 als Renaissancegarten im italienischen Stil anlegen. Die Bavaria-Statue auf dem Tempeldach, 1623 von Hubert Gerhard gegossen, ist nur eine Kopie. Das Original steht im Kaisersaal der Residenz. Das zur Theatinerkirche gerichtete Hofgartentor schuf Leo von Klenze 1816.

Prospekt des Hofgartens 1730

Die nördlichen Arkadengänge wurden 1780/81 von Karl Albert von Lespilliez als »Churfürstliche Galerie« erbaut. In diesen Arkaden fand von Juli bis November 1937 ein Tiefpunkt der deutschen Kulturgeschichte statt: die von den Nazis organisierte Propagandaausstellung »Entartete Kunst«. Ein Denkmal zur Erinnerung an den Widerstand gegen die Nazi-Diktatur weist seit 1996 am Arkadengang zur Bayerischen Staatskanzlei darauf hin.
Die westlichen Arkadengänge zieren große Fresken von Peter von Cornelius, die Szenen aus der Geschichte des Hauses Wittelsbach zeigen.

Ausstellung »Entartete Kunst« in den Arkaden 1937

4.15 Theatermuseum

Die Bretter, die die Welt bedeuten, kannte Klara Ziegler zur Genüge. Die berühmte Hofschauspielerin hatte sich auf jenen Brettern ein kleines Vermögen erspielt und sich davon eine ansehnliche Villa am Englischen Garten geleistet. Dort richtete sie eine Stiftung ein: »Ich habe mit meiner Stiftung den Zweck im Auge, unserer Kunst eine Heimstätte im vornehmen Sinne zu gründen, welche unserem Stande zur Ehre gereichen soll …« Neben Villa und Geld spendete Klara Ziegler zudem ihre eigene Sammlung an Theaterobjekten. Am 24. Juni 1910 eröffnete dann das erste Theatermuseum der Welt. Die Villa von Klara Ziegler fiel den Bomben des Zweiten Weltkriegs zum Opfer, doch ein Großteil der Sammlung konnte rechtzeitig ausgelagert werden. 1953 bezog die Klara-Ziegler-Stiftung dann ihre heutigen Räume an der Galeriestraße 4a. Seit 1979 heißt die Institution nun Deutsches Theatermuseum. Hier wird die Theatergeschichte Münchens, Bayerns und der Bundesrepublik Deutschland dokumentiert. Die Sammlung setzt sich zusammen aus ca. 40 000 Zivil- und Rollenporträts von Sängern, Tänzern, Schauspielern, Dramatikern, Komponisten und Regisseuren der wesentlichen Theaterkulturen seit der Renaissance. Zum Bestand gehören über 50 000 Bühnenbild- und Kostümentwürfe, mehr als 300 000 Programmhefte, Originalmodelle von Theaterbauten, die größte Wagner-Sammlung außerhalb Bayreuths und die größte Theaterfotografiesammlung der Welt. In der Präsenzbibliothek finden sich rund 120 000 Bände, darunter Originale aus der Renaissance sowie Libretti zu frühen Opern. Die wichtigsten Theaterzeitschriften und -almanache vom 18. Jh. bis heute liegen ebenfalls vor. Das Deutsche Theatermuseum bietet keine Dauerausstellung.

4.16 Bayerische Staatskanzlei

Ein Grundstück mit bewegter Vergangenheit: Einst standen an dieser Stelle mehrere Villen. Dieses Gelände wählte König Max I. Joseph (damals noch Kurfürst) 1801 als neuen Standort für eine Kaserne des königlichen Leibregiments. Die von Joseph Frey entworfene Kaserne im klassizistischen Stil war 1809 bezugsfertig. Die Kaserne entpuppte sich als Krankheitsschleuder, der feuchte Baugrund förderte Typhus. 1899 wurde das Gebäude abgerissen und ein Jahr später begannen die Bauarbeiten zu dem bereits 1879 von Ludwig II. gegründeten Armeemuseum. 1905 war der Monumentalbau nach Plänen von Ludwig von Mellinger fertig. Staatliche Militariasammlungen, die in ganz Bayern verstreut waren, konnten nun in einem Gebäude zusammengefasst werden. Die Bomben des Zweiten Weltkriegs zerstörten das Museum weitgehend. Die Sammlung, zwischenzeitlich im Bayerischen Nationalmuseum untergebracht, zog 1969 um nach Ingolstadt. Die Ruine wurde erst 1982 teilsaniert. Die erhalten gebliebene Kuppel bekam wieder ein Kupferdach. Ministerpräsident Franz Josef Strauß wählte das ehemalige Armeemuseum als Standort für die neue Staatskanzlei. Den Wettbewerb gewann das Architektenteam Diethard J. Siegert und Reto Gansser. Die gewaltigen Pläne für den Neubau waren heftig umstritten. Erst nach Strauß' Tod einigten sich Freistaat und Stadt auf ein deutlich kleineres Bauvolumen, dennoch nenne viele Münchner die Staatskanzlei das »Straußoleum«. Der Neubau konnte 1993 bezogen werden.

Vor der Staatskanzlei befindet sich das Kriegerdenkmal, eine 28 x 17 m große Gruft aus Traventinerblöcken in der die überlebensgroße Figur eines toten Soldaten liegt. Die Originalstatue stammt von Bernhard Bleeker, sie wurde 1972 durch einen Bronzeabguss ersetzt. Das Original ist nun im Bayerischen Armeemuseum in Ingolstadt. Die Anlage wurde 1924 zu Ehren der im Ersten Weltkrieg gefallenen Münchner eingeweiht.

Neubau der Opernwerkstätten am Marstallplatz

4.17 Marstall

Das heute als Marstall bezeichnete Gebäude dient als Kulissenhaus, Werkstatt und Bühne für das Residenztheater. Das Haus, ein klassizistischer Bau 1817 bis 1822 nach Plänen von Leo von Klenze errichtet, war einst Reitschule und gehörte zu einem weitaus größeren Baukomplex mit Stallungen und Kutschenremisen. Im Zweiten Weltkrieg wurde der Marstall zerstört. Nur die Reitschule baute man 1969/70 wieder auf.

4.18 Franziskanerkloster

Ursprünglich war das Angerkloster ihre Heimat, doch auf Wunsch Herzogs Ludwig des Strengen siedelten die Franziskaner 1284 auf ein Gelände nördlich des Alten Hofs. 1392 wurde das Kloster dem hl. Antonius von Padua geweiht, weil dem Konvent eine kostbare Reliquie geschenkt wurde: der Oberarmknochen des hl. Antonius. Berühmtester Gast im Kloster war der bedeutende Spätscholastiker Wilhelm von Ockham, der vor Papst Johannes XXII. aus Avignon fliehen musste und bei Kaiser Ludwig dem Bayern Schutz in München

Das Franziskanerkloster 1687

fand. Ockham diente Umberto Eco als Vorlage für dessen Hauptfigur William von Baskerville in *Der Name der Rose*. Der rebellische Franziskaner starb 1347 im Münchner Kloster und wurde auf dem Klosterfriedhof (heute der Max-Joseph-Platz vor der Oper) beigesetzt. Als das Kloster während der Säkularisation 1802 aufgelöst und abgerissen wurde, fand man eine Kiste mit Ockhams sterblichen Überresten. Den Schädel überließ man der Bayrischen Akademie der Wissenschaften, er ist inzwischen verschwunden. Wo einst die Kirche stand, ließ König Max I. Joseph sein neues Nationaltheater bauen. Der einstige Friedhof diente bis 1826 als Exerzierplatz der Münchner Garnison. Die Franziskaner sind seit 1827 im Kloster St. Anna im Lehel zu Hause. Unterirdische Reste der Klosteranlage fand man 1963 beim Bau der Tiefgarage – und räumte sie ohne jegliche wissenschaftliche Untersuchung einfach ab.

Die Franziskaner-Brauerei gehörte übrigens nicht, wie man vermuten könnte, zum Kloster. Die »Bräustatt bey den Franziskanern«, die Seidel Vaterstetter 1363 gründete, lag schräg gegenüber dem Kloster. Daher der Name.

Wo heute der Max-Joseph-Platz ist, lag einst der Friedhof der Franziskaner

4.19 Bayerisches Staatsschauspiel (Residenztheater)

Über die Jahrhunderte traten immer wieder fahrende Schauspielergruppen in der Residenz vor den Herzögen und Kurfürsten auf. Ab 1740 diente der Georgssaal als Logentheater. Die festen Theaterbauten, darunter auch das alte Residenztheater (Cuvilliés-Theater) boten in der Regel nur Opern, kein Sprechtheater. Unter dem für neue Ideen offenen Kurfürsten Karl Theodor zog dann 1777

erstmals in ganz Deutschland eine feste Schauspielergruppe in das Kurfürstliche (später Königliche) Hof- und Nationaltheater. Sprechtheater gewann immer mehr an Bedeutung, vor allem ab der Mitte des 19. Jh. Skandale wie die Uraufführung von Hebbels *Agnes Bernauer* (1852) oder Ibsens *Nora oder Ein Puppenheim* ließen nicht lange auf sich warten. Nach dem Zweiten Weltkrieg wurde von 1949 bis 1951 an der Stelle des alten das neue Residenztheater erbaut. Die Fassade zwischen Oper und Königsbau der Residenz gestaltete Karl Hocheder. Hocheder und der für die Bühnentechnik zuständige Adolf Linnebach entwarfen ein für damalige Zeit hochmodernes, technisch bestens ausgestattetes Theater mit über 1 000 Sitzplätzen. 1951 eröffnete das neue Haus mit *Der Verschwender* von Ferdinand Raimund. 2011 gestaltete Konstantin Grcic das Foyer und die Räume mit Blick auf den Max-Joseph-Platz neu. Das Residenztheater, von den Münchnern einfach und liebevoll »das Resi« genannt, ist heute eines der traditionsreichsten und größten Sprechtheater im deutschsprachigen Raum. Seit 2019 ist Andreas Beck Intendant. Neben dem Haupthaus bespielt es auch das Cuvilliés-Theater und den Marstall.

Das einst an dieser Stelle gestandene alte Residenztheater (Cuvilliés-Theater) wurde 1958 im Apothekerstock wieder aufgebaut (siehe S. 90).

Opernbrand von 1823

4.20 Bayerisches Staatstheater (Staatsoper)

Die Oper brannte! Während einer Aufführung am 14. Januar 1823 hatte die Dekoration Feuer gefangen. Weil es eine eisige Winternacht war, waren die Löschwasserseen zugefroren. Also ließ König Max I. Bierfässer im Hofbräuhaus beschlagnahmen und auf das Feuer gießen, doch es half nichts. Das erst am 12. Oktober 1818 eröffnete neue Königliche Hof- und Nationaltheater, entworfen vom Architekten Carl von Fischer, brannte nieder. Es war dies das zweite Opernhaus in München, das erste, das Opernhaus am Salvatorplatz, das auf Betreiben der Kurfürstin Henriette Adelheid von Savoyen 1657 eröffnet worden war, war 1799 abgerissen worden. Nun lag also auch die zweite Oper in Schutt und Asche. Der Wiederaufbau unter der Leitung von Leo von Klenze war 1825 abgeschlossen. Eine technische Sensation machte das Theater dann zur modernsten Bühne des späten 19. Jh. Als erstes deutsches Theater bekam es 1883 elektrische Beleuchtung. Unter König Ludwig II. wurden hier mehrere Wagner-Opern uraufgeführt.

Die Bombennächte des Zweiten Weltkriegs ließen von der Oper nichts mehr übrig. Man beschloss aber, kein neues Theater zu bauen, sondern das alte zu rekonstruieren. Die Kosten von 62 Millionen D-Mark wurden zu einem guten Teil durch Spenden aufgebracht. Die Wiedereröffnung feierte man 1963 mit *Die Frau ohne Schatten* von Richard Strauss. Die moderne Figurengruppe im unteren Giebel schuf Georg Brenninger 1972. Das Mosaik im oberen Giebel von 1894 hingegen hat den Krieg überstanden. Die Münchner Oper hat nach Paris und Warschau die drittgrößte Opernbühne der Welt.

Stadtstrand vor der Oper 2020

4.21 Maximilianstraße

»Pfui Teufel, pfui Teufel, pfui Teufel«, so äußerste sich Ex-König Ludwig I., als er das erste Mal die neue Prachtstraße seines Sohnes Max II. besichtigte. Und seine Majestät waren nicht der Einzige, der an der Maximilianstraße kein gutes Haar ließ. Für die »Fliegenden Blätter« war sie eine »verlogene Straße« mit »Hosentürl-Gotik« und der Dramatiker Friedrich Hebbel kommentierte: »Barbarischer Mischmasch.« Der seltsame Mix aus Gotik (vor allem englischer Neugotik) und Renaissance kam bei den Zeitgenossen nicht gut an. Max I. wollte mit dieser Straße seinem Vater Ludwig nacheifern, der mit der Ludwigstraße Maßstäbe gesetzt hatte. Seine Straße sollte die Residenz über das Lehel mit der Isar verbinden, über die Isar führen und dann auf der anderen Isarseite mit dem Maximilianeum einen würdigen Abschluss finden. Die Achse wurde kerzengerade geschlagen, ohne Rücksicht auf vorhandene Bebauung. Die Projektleitung übernahm Georg Friedrich Bürklein, die Bauarbeiten begannen 1853. Der erste fertiggestellte Neubau war das Hotel Vier Jahreszeiten. König Max II. erlebte die Vollendung seiner Straße nicht mehr. Er starb 1864.

Von der im Zweiten Weltkrieg stark zerstörten Straße wurden beim Wiederaufbau hauptsächlich nur die Fassaden erhalten. Ende der 1960er-Jahre holzte man rücksichtslos den Altstadtring durch die Prachtstraße, wobei der Forum-Charakter an dieser Stelle zerstört wurde. War die Maximilianstraße bis in die frühen 80er-Jahre noch bekannt für ihre vielen Kunstgalerien, ist sie inzwischen eine der teuersten Einkaufsboulevards der Republik, in der beinahe alle wichtigen Modelabels ihre »Flagship-Stores« unterhalten.

Etwas stiefmütterlich in der unterirdischen Passage unter dem Altstadtring versteckt ist das **MaximiliansForum**, ein städtischer Kunstraum für angewandte Künste wie Schmuck, Mode, Architektur und interdisziplinäre Kunstprojekte. Die Unterführung wurde 1969 angelegt, die ab 1971 von einer privaten Initiative als Ausstellungsraum genutzt wurde. Von 1973 bis 1995 bespielte das Lenbachhaus den nun »Kunstforum« genannten Ort mit über 150 Ausstellungen. Nach Leerstand eröffnete das »MaximiliansForum« 1999 neu mit dem Schwerpunkt Medienkunst, gleichzeitig lief der Umbau zu einem variablen Ausstellungsraum. 2003 dann folgte in Zusammenarbeit mit dem Zentrum für Kunst und Medientechnologie Karlsruhe die Neuorientierung auf multimediale Kunst, das Forum hier nun ZKMax. Seit 2010 nun heißt es MaximiliansForum.

Der Abgang zum MaximiliansForum

4.22 Hotel Vier Jahreszeiten

Majestät wünschten Prunk und bekamen Prunk: König Max II. wollte in seiner Prachtstraße das nobelste aller Stadthotels, das alle bisherigen Standards sprengen sollte. Als Standort wählte man das Grundstück, auf dem bis dato die Bauruine der nie fertiggestellten Textilfabrik Röckenschuß stand. Friedrich Bürklein, der die Gesamtkonzeption der Maximilianstraße verantwortete, beauftragte Architekt Rudolf Wilhelm Gottgetreu mit dem Hotelbau. So bekam Max II. das Vier Jahreszeiten, das 1858 unter der Leitung von August Schimon mit gewaltigem Pomp eröffnete. Auf die verwöhnte Gästeschar warteten 60 Pferdeställe, modernste Gasbeleuchtung, Glockenzüge zur Kommunikation mit dem Portier, Rosshaarmatratzen, sechs Marmorbäder und ein Paternoster. 1926 übernahmen die Brüder Alfred und Otto Walterspiel das Hotel, eröffneten das Gourmetrestaurant Walterspiel und konnten generell das hohe Niveau halten. 1944 brannte ein Großteil des Hauses ab. Was noch nutzbar war, übernahm 1945 die US Army. Drei Jahre später bekamen die Walterspiels die Genehmigung, das Hotel wieder aufzubauen und (zunächst ausschließlich in harter Währung, sprich Dollar, zahlende) Gäste zu beherbergen. 1958 ging durch die Presse, dass das teuerste Doppelzimmer des Vier Jahreszeiten das teuerste Hotelzimmer in ganz Deutschland sei. 1970 übernahm Kempinski von den Walterspiel-Erben das Hotel, das ab 2005 in mehreren Phasen komplett saniert wurde. Etwas Namedropping gefällig? Im Hotel Vier Jahreszeiten nächtigten u. a. der Dalai Lama, Konrad Adenauer, Willy Brandt, Königin Elizabeth II., König Juan Carlos, Kaiser Akihito, Franz Liszt, Richard Strauss, Edvard Grieg und Gustav Mahler, Federico Fellini, Roman Polanski, Sophia Loren, Sammy Davis jr., Elizabeth Taylor und Richard Burton, Alain Delon, Roger Moore, Hildegard Knef …

4.23 Ohel-Jakob-Synagoge

Der wohl berühmteste Sohn des Lehels ist der Schriftsteller Lion Feuchtwanger – Feuchtwanger war jüdisch, wie so viele Bewohner des Lehels. Nicht wenige von ihnen gehörten den Orthodoxen an. Die gründeten 1876 den Verein Ohel Jakob und versammelten sich zum Gebet in einem Betsaal in der Kanalstraße (heute Herzog-Rudolf-Straße 1). Nach der Fertigstellung der neuen (liberalen) Hauptsynagoge 1887 forderte der Verein eine orthodoxe eigene Synagoge. Durch großzügige Spenden konnte ein neoromanischer Neubau nach Plänen von August Exter realisiert werden. Die Einweihung fand im März 1892 statt. 150 Gläubige fanden im Inneren Platz. 1924 gründete man eine jüdische Schule. In der Reichspogromnacht vom 9. auf den 10. November 1938 gingen Synagoge und Schule in Flammen auf. Die Kosten für den Abriss der Ruinen musste die Kultusgemeinde selbst tragen.

Die Synagoge am 10. November 1938

4.24 Kammerspiele

Die Geschichte der Kammerspiele ist ein wenig länger, als die offizielle Website des heutigen Theaters zu berichten weiß. 1906 übernahm Hofrat Köpke in der Augustenstraße 89 das Varieté Universum und machte daraus das Lustspielhaus – immer noch mehr Varieté denn ernsthaftes Theater. Geboten wurden Einakter und Gesangseinlagen. Doch Köpke und mehreren anderen Direktoren blieb der Erfolg versagt. Schließlich übernahm Eugen Robert 1912 die Bühne und nannte sie »Zum großen Wurstel. Grand Guignol«. Sehr zum Unwillen von

Heinrich Mann, mit dessen Einakter Varieté das Theater eröffnet werden sollte. Der Autor sah sich in die Nähe des Kasperltheaters gerückt. Robert lenkte ein und benannte das ehemalige Lustspielhaus um in die Münchner Kammerspiele. Das ambitionierte Programm machte die Kammerspiele schnell über Münchens Grenzen hinaus bekannt. 1917 übernahm der Mann die Kammerspiele, der das Geschick des Theater für Jahrzehnte entscheidend prägen sollte: Otto Falckenberg. Falckenberg machte die Kammerspiele zu einer der wichtigsten deutschsprachigen Bühnen. Bertolt Brecht inszenierte hier sein eigenes Stück *Trommeln in der Nacht* und *Leben Eduards II. von England* von Christopher Marlowe. Brecht arbeitete zudem als Dramaturg. Für die ständig schwierige finanzielle Situation des damals noch privat finanzierten Theaters nicht unwichtig waren die publikumswirksamen Gastspiele von Karl Valentin und Liesl Karlstadt. Im September 1926 schließlich verließen die Kammerspiele die Maxvorstadt und zogen in ihr heutiges Domizil in der Maximilianstraße 26, ins »Schauspielhaus«. Dieser Jugendstilbau war 1901 von Max Littmann erbaut worden. Für die Innenausstattung zeichnete Richard Riemerschmid verantwortlich. Von Anfang an war klar, dass das Schauspielhaus an das gleichnamige Theaterunternehmen vermietet werden sollte. Das 1897 gegründete Theaterunternehmen brachte bevorzugt moderne Stücke auf die Bühne und eröffnete das neue Haus am 20. April 1901 mit *Johannes* von Hermann Sudermann.

1933 wurden die Kammerspiele ein städtisches Theater. Seit 1946 ist die Fachakademie für Darstellende Kunst der LH München (Otto-Falckenberg-Schule) dem Theater angegliedert. Das Theater zählt seit Jahrzehnten zu den besten und wichtigsten deutschen Sprechbühnen und wird regelmäßig mit Preisen geehrt.

4.25 Die Pfeffermühle

Nur kurz, aber dafür umso nachhaltiger, wirkte das politische Kabarett »Die Pfeffermühle« in den Räumen des beliebten Revuetheaters Bonbonniere in der Neuturmstraße 5. Am 1. Januar 1933 fand die Premiere des von Erika Mann, ihrem Bruder Klaus Mann und der berühmten Schauspielerin Therese Giehse gegründete Kabarett statt. Thomas Mann hatte seiner Tochter den seltsamen Namen vorgeschlagen. Das »militant antinazistische« Programm (so Erika Mann) war ein großer Erfolg. Nach dem Wahlsieg der NSDAP und der Machtübernahme war für die Betreiber klar, dass sie Deutschland verlassen würden. Im Oktober 1933 eröffnete die Pfeffermühle neu in Zürich und zog dann als Wanderbühne durch halb Europa. Der Versuch, in den USA mit »Erika Mann's The Peppermill« an den Erfolg anzuknüpfen, scheiterte. Im Januar 1937 fiel in New York der letzte Vorhang.

Die »Bonbonniere und Eremitage« selbst war 1910 von Erich Meßthaler und seiner Ehefrau, der Schauspielerin Gussy Holl, gegründet worden. Nach dem Tod ihres Mannes ging Gussy Holl 1911 zurück nach Berlin. Ab 1912 machte Hans Gruß aus der Bonbonniere eine der führenden Münchner Kleinkunstbühnen. Viele Jahre später, von 1997 bis 2015, war unter der gleichen Adresse ein legendärer Live-Club zu Hause: das Atomic Café.

4.26 Hofbräuhaus

Im Hofbräuhaus Biergarten

Lange bezogen die bayerischen Herzöge ihren Biervorrat aus der Hansestadt Einbeck nahe Hannover, die berühmt für ihre köstlichen Biere war. Um Kosten zu sparen, ließ Herzog Wilhelm V. schließlich 1589 das Hofbräuhaus als Brauerei für den Eigenbedarf bauen. Als Ort wählte er das ehemalige Hühnerhaus nahe der Residenz, das Bräuhaus ließ er von Braumeister Haimeran Pongratz planen. Schon bald konnte das kleine Bräuhaus die gewünschten Mengen nicht liefern, es war Zeit für einen Neubau, so wurde 1607 das neue Hofbräuhaus (am heutigen Platzl) erbaut. Man braute dort das einfache braune Bier sowie das obergärige Weißbier, eine teure Spezialität. Maximilian I. erlaubte drei Jahre später, dass auch Wirte und Bürger dort ihr Bier kaufen durften. Doch das braune Bier schmeckte einfach nicht so gut wie das Einbecker! Also warb man den Preißn ihren besten Braumeister ab, der Einbecker Elias Pichler kam in herzoglich-bayerische Dienste und braute ab 1614 im Hofbräuhaus Bier nach »Einbecker Art«. Maulfaulheit machte daraus das »Ainpockbier« – und schließlich den »Bock«. So kam das Bockbier nach München. 1798 verloren die Wittelsbacher das Monopol des Weißbierbrauens, es war eh aus der Mode gekommen. 1828 verfügte Ludwig I., dass die Bevölkerung fortan im Hofbräuhaus bewirtet werden durfte.

1896 war das Hofbräuhaus am Platzl bereits ein so großer Touristenmagnet, dass der Braubetrieb nach Haidhausen verlegt und die Gaststätte vergrößert wurde. Architekt Max Littmann entwarf das neue, heutige Hofbräuhaus, das am 22. September 1897 eröffnete. Das beliebte Wirtshaus wurde 1945 durch Bomben fast vollständig zerstört. Die Rekonstruktion war 1958, pünktlich zur 800-Jahr-Feier Münchens, abgeschlossen.

4.27 Orlando-Haus

Das schmucke Anwesen am Platzl 4 wurde nach dem Renaissance-Komponisten Orlando di Lasso benannt, dessen Wohnhaus hier einst stand. Das Orlando-Haus wurde im Jahr 1900 im Stil der Neorenaissance nach Plänen des Architekten Max Littmann gebaut. In den Vorgängergebäuden (das heutige Haus steht auf dem Grund von zwei Gebäuden) betrieb die berühmte Millionenbetrügerin Adele Spitzeder 1872 ihre »Volksküche«, in der sie sich als Wohltäterin gab, um von ihren kriminellen Machenschaften abzulenken. »Zweck der Volksküche ist es, dem Mittel- und Arbeiterstande sowohl früh als auch mittags und abends kräftige und billige Kost zu geben«, hieß es. Die Spitzederin wurde wie eine Fürstin vom Volk dafür gefeiert – und sieben Wochen später wegen Betrugs in Millionenhöhe verhaftet.

4.28 Hofspielhaus

Die Schauspielerin Christiane Brammer erfüllte sich im Oktober 2015 einen Herzenswunsch und eröffnete in der Falkenturmstraße ein kleines Theater, das Hofspielhaus. »Hier ist alles möglich, hier darf alles sein«, ist das Motto der Intendantin. Mehrere Räume und auch der kleine Innenhof können mit Theater, Lesungen, Musik oder anderen Veranstaltungen bespielt werden.

4.29 Alte Münze

Ein spektakulärer Raub hielt München in Atem: In der Nacht vom 20. auf den 21. September 1906 hatten Unbekannte die Königliche Münze ausgeraubt und Goldmünzen im Wert von 130 030 Mark erbeutet. Die Diebe waren ganz einfach durch das unterirdische, vorübergehend trockengelegte Bachbett in den Keller hinein- und wieder hinausspaziert. Die Diebe, der Münzangestellte Wilhelm Ruff und der Soldat Wilhelm König, wurden letztlich geschnappt. Die Geschichte des Gebäudes begann allerdings nicht als Münzanstalt. Herzog Albrecht V. ließ sich die vierflügelige Anlage zwischen 1563 und 1567 als Marstall und Kunstkammer errichten. In den gewölbten Hallen des Erdgeschosses befand sich der Marstall, darüber waren Personalräume und im zweiten Obergeschoss die Kunst- und Wunderkammer mit über 6 000 außergewöhnlichen Objekten (sie wurde leider 1632 durch die Schweden geplündert). Ab 1809 diente das Haus als Königliche bayerische Münze. Nach Plänen von Johann Andreas Gärtner wurde die Fassade klassizistisch umgestaltet. Im Inneren befanden sich große Maschinen zum Münzprägen, die durch den unterirdischen Pfisterbach betrieben wurden. Den Bombenhagel des Zweiten Weltkriegs überstanden nur die Arkaden und der Südflügel. Der Wiederaufbau erfolgte 1950 bis 1952. 1986 zog das Bayerische Landesamt für Denkmalpflege ein. Bei Grabungen in den 2010er-Jahren fand man unter den Kellerräumen Reste der Stadtmauer aus dem 13. Jh. und der Zwingermauer aus dem 15. Jh.

4.30 Alter Hof

Das kleine Baby, das einmal als Ludwig der Bayer deutscher Kaiser werden sollte, lag arglos in seiner Wiege. Da kam der zahme Hausaffe und holte Baby Ludwig zum Spielen heraus. Als die Amme das sah, schrie sie laut. Das erschreckte das Äffchen so, dass es mit dem Baby im Arm quer durch die Burg flüchtete und bis auf die Turmspitze kletterte. Durch gutes Zureden kehrten Affe und Baby Ludwig unversehrt zurück. Eine schöne Geschichte, die bis heute gerne erzählt wird: King Kong in

4 Graggenauviertel

Alter Hof von der Burgstraße aus

Das Reiterstandbild Kaiser Ludwigs des Bayern schuf Hans Wimmer 1967

Das Affentürmchen

München – dumm nur, dass der kleine Holzturm erst 1470 erbaut wurde und Kaiser Ludwig der Bayer schon 1347 starb …

Die Geschichte des Alten Hofs reicht bis ins 12. Jh. zurück, als Ludwig der Kelheimer hier eine erste Burg baute. Ab 1255 residierten hier Bayerns Herrscher. Kaiser Ludwig der Bayer machte die Burg zur ersten festen Kaiserresidenz Deutschlands, damit war München tatsächlich mal quasi Deutschlands Hauptstadt. Um sich vor revoltierenden Münchner Bürgern zu schützen, bauten die Herzöge schließlich 1385 eine Fluchtburg auf dem Gelände der heutigen Residenz. Der Alte Hof blieb aber noch bis Mitte des 16. Jh. der Hauptsitz der Herzöge. Erst Wilhelm IV. verlegte den Fürstensitz in die Neuveste, die spätere Residenz. Der Alte Hof diente fortan als Sitz des Rentamts und verschiedener Finanzbehörden. Im 17. Jh. kamen ein Bräuhaus und das Bräuamt im sogenannten Brunnenstock hinzu. Die gesamte Anlage wurde im Zweiten Weltkrieg schwer in Mitleidenschaft gezogen. Der Burgstock und der Zwingerstock wurden weitgehend originalgetreu restauriert. Dabei wurde auch der 1816 abgerissene Torturm wieder aufgebaut. Im Burgstock befindet sich heute die Landesstelle für die nichtstaatlichen Museen in Bayern, der Infopoint Museen und Schlösser in Bayern sowie die Ausstellung »Münchner Kaiserburg«. Die Gebäudeteile Pfisterstock und Brunnenstock wurden 2001 durch Neubauten des Architekturbüros Auer+Weber+Assoziierte ersetzt. Den Lorenzistock baute man nach Plänen von Peter Kulka um.

4.31 Weinstadl

1550 verkaufte die Patrizierfamilie Barth ihr 1525 erbautes Anwesen in der Burgstraße 5 an die Stadt München. Die Stadt ließ es mit einem Neubau in der Dienerstraße 20 verbinden und richtete in Erdgeschoss und Keller den städtischen Weinstadl mit Lager und Verkauf ein. Der erste Stock der Burgstraße 5 wurde von Stadtmaurermeister Hans Aerenhofer ein Jahr später zur Stadt-

schreiberei umgebaut. Schon 1595 zog die Stadtschreiberei um ins Tal hinter dem Alten Rathaus. Während Erdgeschoss und Keller weiterhin im Besitz der Stadt blieben, wurden die restlichen Räume der zusammengelegten Häuser 1622 an Privatpersonen verkauft. 1787 hielt Johann Georg Dominikus von Linprun in seiner Wohnung mit Gleichgesinnten die Gründungssitzung der neuen Akademie der Wissenschaften ab. 1809 verkaufte die Stadt auch die letzten Räume. Hofschlossermeister Büttchen erwarb 1820 das komplette Gebäude und richtete dort seine Werkstätten ein. Etliche Besitzerwechsel später wurde im Erdgeschoss eine Gastronomie eingerichtet. Das im Zweiten Weltkrieg schwer beschädigte Gebäude wurde durch Siegfried Schmelcher 1951 weitgehend originalgetreu wiederhergestellt – mit prächtigen Gewölben, einem Laubenhof und dem letzten erhaltenen gotischen Treppenturm mit Schnecke. Bei Bauarbeiten 1962 entdeckte (und restaurierte) man Reste der 1522 angebrachten Fassadenmalerei von Hans Mielich.

4.32 Zerwirkgewölbe

Zerwirken stammt aus der Jägersprache und bedeutet, das Wild zerlegen. Damit gibt der Name einen genauen Hinweis auf die zeitweise Nutzung dieses Gebäudes, das das zweitälteste noch erhaltene Münchens ist. Das Haus stammt aus dem späten 13. Jh. (die Jahreszahlen in den Fassadenfresken sind falsch) und wurde ursprünglich Herzog Ludwigs Haus genannt. Die bayrischen Herzöge hatten es wohl dem herzoglichen Falken-

haus in der Burgstraße angegliedert. Ab 1590 gehörte der Gewölbebau der Familie Schlichtinger und von 1733 bis 1808 diente er als Nebengebäude für das Hofbräuhaus. Danach zog das 1558 gegründete »Wildpreatgwelb« ein, in dem bei Hofjagden erlegtes Wild zerwirkt wurde, daher der heutige Name. Lange Jahre blieb in den Räumen ein Wild-Spezialgeschäft. Von 1989 bis 2001 diente das obere Gewölbe dem Gärtnerplatztheater als Studiobühne, danach der Bayerischen Theaterakademie. In den vergangenen Jahren befanden sich in den Räumen unterschiedliche gastronomische Einrichtungen (u. a. auch ein veganes Restaurant). Seit 2020 wird das Zerwirkgewölbe generalsaniert und soll als bayerisches Wirtshaus wieder eröffnen.

4.33 Scholastikahaus

1368 wurde an dieser Stelle erstmals ein Badehaus, das Thürlbad, in den Steuerbüchern der Stadt erwähnt. Bis in die 1860er-Jahre wurde das Anwesen von Badern und Wundärzten genutzt, dann als Café und Restaurant. 1890 kaufte der Akademische Gesangsverein (1861 im

Kinos in der Altstadt

Action (National-Lichtspiele, Residenz)	Müllerstr. 12	1912-1968
Atlantik-Lichtspiele	Isartorplatz 3	1915-1966
Bavaria Bioskop	Sonnenstr. 19	1907-1908
Central	Färberstr. 14	1909-1944
Filmcasino	Odeonsplatz 8-10	1951-2011
Film-Eck	Kaufingerstr. 11	1956-1981
Filmmuseum	Sankt-Jakobs-Platz 1	seit 1963
Film-Palast	Blumenstr. 29	1924-1936
Filmtheater am Lenbachplatz	Lenbachplatz 3	1949-1980
Germania-Lichtspiele	Blumenstr. 48	1913-1944
Gloria-Palast	Karlsplatz 5	seit 1956
Helios-Lichtspiele (Elektra)	Sendlinger Str. 54	1907-1922
Kammer	Kaufingerstr. 18	1912-1964
Karlsplatztheater	Karlsplatz 21	1915-1944
Karlstor Kinos (Theater am Karlstor)	Neuhauser Str. 47	1936-2004
Lipali (Passage-Lichtspiele, Welt-Kinematograph)	Kaufingerstr. 13	1906-1944
Maxx	Isartorplatz 8	seit 1993
Mohren-Filmtheater	Tal 13	1952-1969
PAM-Kino Movie	Falckenbergstr. 7	1974-1995
Peterhof-Filmtheater	Marienplatz 22	1958-1978
Rathaus-Lichtspiele	Weinstr. 8	1920-1971
Regina	Kaufingerstr.26	1918-1931
Rumford-Lichtspiele (Zachs-Lichtspiele)	Rumfordstr. 10	1912-196
Sendlinger Tor-Lichtspiele	Sendl.-Tor-Platz 11	seit 1913
Sonnen-Filmtheater	Karlsplatz 17	1953-1989
Stachus-Filmpalast	Karlsplatz 19	1952-1970
Kinocenter	Sonnenstr. 6	1973-2001
Theatiner-Filmkunst	Theatinerstr. 32	seit 1956
Tivoli	Neuhauser Str. 3	1954-2011
Ufa-Palast (Phoebus-Palast)	Sonnenstr. 23	1926-1944
Universum	Sonnenstr. 4	1953-1973

Löwenbräu gegründet) das Gasthaus Scholastika in der Ledererstraße, das bald für den stetig wachsenden Verein zu klein wurde. Also wurde ein Nachbargrundstück hinzugekauft, das alte Haus abgerissen und 1915 das neue Gebäude errichtet. Der Akademische Gesangsverein (AGV) ist eine nichtschlagende Studentenverbindung. Neben der Gaststätte befinden sich das verbindungseigene Studentenwohnheim und die Übungsräume im Haus. Der AGV unterhält drei Chöre, eine Jazzband, eine Big Band, zwei Theatergruppen, ein Improtheater und ist die einzige Studentenverbindung, die sogar ein eigenes Symphonieorchester unterhält. Lange war das Haus berühmt für den Haxnbauer, den die Wirtsfamilie Kuffler seit 1980 darin betrieb. Die Kufflers ließen das Haus 1996 originalgetreu renovieren. Da der Pachtvertrag 2022 ausläuft, wird die Gastronomie nun von Augustinerbräu übernommen.

4.34 Stadtsparkasse

Einst stand an der Ecke Tal/Sparkassenstraße das mittelalterliche Stadtoberrichterhaus, das ab 1840 als Administrationsgebäude diente. Es wurde zwischen 1898 und 1906 in mehreren Etappen abgerissen und durch den imposanten neobarocken Neubau von Hans Grässel ersetzt. Einen Durchgang zur heutigen Sparkassenstraße gab es damals noch nicht, denn statt einer Straße floss dort offen der Pfisterbach.

4.35 Schneider Bräuhaus

Weißbier zu brauen, war einst ein exklusives Privileg. Als 1602 Graf Hans Sigmund von Degenberg ohne männlichen Nachkommen starb, bedeutete das für die Weißbierproduktion: Aus und vorbei! Denn nur die Grafen von Degenberg genossen das Privileg, in Bayern Weißbier zu brauen. Kurzerhand zog Herzog Maximilian I. das Privileg an sich und ließ von nun an das obergärige Bier in München im Hofbräuhaus brauen, um von den Einnahmen an dem beliebten Bier zu profitieren. Die Wittelsbacher verzichteten 1798 auf das Weißbiermonopol. Man benötigte jedoch ein »Regal«, um Weißbier zu brauen. Georg Schneider kaufte 1856 das vom Hof nicht mehr benötigte Weißbierregal des Hofbräuhauses von Ludwig II. und gründete die heute noch existierende »Schneider Weisse«. Ab 1872 braute Schneider im Tal 10, 1946 wurde die Brauerei nach Kelheim verlegt. Das Schneider Bräuhaus ist heute noch eine der wenigen Wirtschaften, in denen man die klassische Münchner Kronfleischküche erhält, also Spezialitäten wie Kalbsbries, Kuheuter, Stierhoden etc.

4.36 Isartor

Das Isartor ist das heute noch am besten erhaltene Stadttor. Es besitzt als einziges neben den beiden flankierenden Seitentürmen noch seinen ca. 40 m hohen Hauptturm in der Mitte. Das Isartor entstand 1337 im Rahmen der großen Stadterweiterung unter Kaiser Ludwig dem Bayern. Wer die Salzstraße entlangreiste, betrat durch dieses Tor die Stadt. Anfang des 19. Jh. wollte der Stadtrat das Isartor abreißen lassen. Doch König Ludwig I. war dagegen. Er beauftragte den Architekten Friedrich von Gärtner mit der Wiederherstellung nach historischem Vorbild. Im Rahmen der Renovierung malte Bernhard von Neher auch das monumentale Fresko über die drei mittleren Torbögen. Es zeigt den Siegeszug Kaiser Ludwig des Bayern nach seiner Schlacht bei Ampfing im Jahre 1322. 2005 bekam der Hauptturm auf der Westseite eine Uhr, die rückwärtsläuft, aber dank des spiegelverkehrten Ziffernblatts dennoch die richtige Uhrzeit anzeigt. Getreu dem Motto: »In Bayern gehen die Uhren anders.«

Seit 1959 ist im Isartor das Valentin-Karlstadt-Musäum zu Hause, das sich dem Leben und Werk der beliebten Komiker Karl Valentin und Liesl Karlstadt widmet. Zu sehen sind u. a. auch skurrile Exponate wie der pelzbesetzte Winterzahnstocher oder die geschmolzene Eisskulptur. Das bis 2017 private Musäum wurde 2018 städtisch. Im 3. Stock befindet sich das Café Turmstüberl.

1827 war das Isartor komplett baufällig (Grafik von Heinrich Adam)

Europas größter Floßhafen

Ein paar Baumstämme zusammengebunden – fertig ist das Floß. Ganz so einfach war es freilich nicht. Es gehörte schon etwas mehr zur Flößerei, die auf der Isar seit dem Ende des 13. Jh. aufblühte.

Die mutigen Flößer ritten wie Jockeys auf dem wilden Wasser, ihre kostbare Fracht musste schließlich komplett, wohlbehalten und trocken ankommen. Die verzweigten Stadtbäche der Isarvorstadt gehörten ganz selbstverständlich zu ihrem Revier. Oft zum Schaden der Beschlächte (Uferbefestigungen). Bereits um 1300 drohte die Stadt jedem mit empfindlichen Geldstrafen, der mit Flößen die Mühlbäche befahren wollte, um Schäden an den Wuhren zu verhindern. Man richtete die Obere Lände ein (Karl-Heinrich-Ulrichs-Platz), in die man durch den großen Stadtbach einfahren konnte. Die Obere Lände war eine Kopflände, man konnte nicht zurück in die Isar fahren. Dort landete hauptsächlich das Holz, das von den ansässigen Müllern, Zimmerern und Brauern weiterverarbeitet wurde. An der Steinsdorfstraße, gleich an der Ludwigsbrücke, gab es die Untere Lände und eine weitere Lände gegenüber auf den Sandbänken der Kohleninsel (heute Museumsinsel). Den stadtseitigen Isararm baute man schon im 18. Jh. konsequent aus, um ein strömungsfreies Hafenbecken zu erreichen.
Für München als Handelsort war die floßbare Isar von entscheidender Bedeutung. Waren aus dem Alpenraum und aus Norditalien beförderte man so über München immer weiter die Flüsse abwärts bis nach Regensburg, Passau, Wien oder Budapest. Um die Isarflößerei zu fördern, sicherte Kaiser Ludwig der Bayer 1315 allen Kaufleuten, die München ansteuerten, Geleit und Königs-

An der Oberen Lände, heute Geyerstraße, legten ebenfalls Flöße an. Das Brunnhaus mit der Optik einer Kapelle verteilte Trinkwasser an die Haushalte der Gegend. Im Hintergrund sieht man die Mauer des Alten Südfriedhofs und die Spitze der Schmerzhaften Kapelle. Aquarell von M. Kuhm, ca. 1870.

Friedrich Perlberg malte die alltägliche Holzvermarktung an der Unteren Lände 1886. Ganz links sieht man den Giebel der Schweren-Reiter-Kaserne an der Zweibrückenstraße (heute Deutsches Patentamt), rechts gehts zur Ländstraße.

frieden zu. Und die Kaufleute kamen. 1405 lieferten die ersten Flöße Kalkstein aus dem Karwendelgebirge für die Münchner Kalköfen. Ab 1470 transportierte man das Holz für den Bau der Frauenkirche über die Isar, 147 Flöße mit 2 100 Baumstämmen sollen es gewesen sein. Siebzehn Jahre später zählte man 3 312 Flöße, die innerhalb von zwölf Monaten Grünwald passiert hatten. Je nach Anzahl der nebeneinanderliegenden Baumstämme nannte man die Flöße Achter, Zwölfer, Sechzehner, Achtzehner und Vierundzwanziger. Normalerweise war ein Floß 12 bis 24 m lang.

Mit dem Linienfloß nach Wien

1581 stand in der ersten Zunftordnung der Münchner Floßmeister: »Die Floßleutt, welche Leutt, Guetter aufnehmen umb ain Lohn, die sollen mit selbs aignen Personen solche fueren an die Ort, da sie hingehören.« Daraus lässt sich ablesen, dass auch die Personenbeförderung schon früh eine große Rolle spielte. Ab 1623 gab es sogar eine Art Linienverkehr mit den »Ordinari«-Flößen, die an der Ludwigsbrücke ablegten. Einmal wö-

An der Unteren Lände

Europas größter Floßhafen

Holzbettler hofften am Ufer des Isarkanals auf mildtätige Flößer, die ihnen ein paar Brennscheite zuwarfen

chentlich konnte man sich z. B. auf dem Ordinari München–Wien einbuchen. Gegen einen Aufpreis von zwei Gulden konnte man sich ein trockenes Plätzchen in der auf der Floßmitte errichteten Ordinari-Hütte mieten – ein Schnäppchen im Vergleich zur Postkutschenreise, denn die dauerte nicht nur länger, sondern kostete sieben Gulden, dazu kamen noch Kost und Logis bei den Postwirten entlang der Strecke. Die Fahrt nach Wien dauerte sechs bis sieben Tage und erst 1904 wurde die Floßlinie eingestellt. Das letzte Floß brachte eine kupferne Brauerei-Sudpfanne von mehr als 6 m Durchmesser zur Weltausstellung nach Wien.

Neben Baumaterial zählten auch Lebensmittel zu den Haupthandelsgütern, Lebendvieh wurde ebenso transportiert wie Bier aus Bad Tölz, das sich größter Beliebtheit erfreute, war es doch trotz der Transportkosten deutlich billiger als die Münchner Konkurrenz. In Kriegszeiten, vor allem während der Türkenkriege, brachten Flößer Waffen, Soldaten und Lebensmittel bis vor Wien. Frauen durften übrigens keine Flöße lenken, auch wenn dies öfter vorkam. 1841 sah sich die bayerische Regierung dazu veranlasst, »auf die Unzulässigkeit der Verwendung lediger Weibspersonen zur Lenkung der Flöße hiermit aufmerksam zu machen«. Schließlich galten die »weiblichen Individuen« als weder des Floßfahrens kundig noch als »hinlänglich rüstig«. Zudem sah der Staat die Sittlichkeit durch die Lebensweise der Flößer – besonders in den Nachtherbergen – »sehr gefährdet«.

Die Trift

Die Flößerei erreichte um 1870 ihren absoluten Höhepunkt in München. Die Kohleninsel galt als größter Floßhafen Europas, bis zu 12 000 Flöße legten jährlich an. In den engen Stadtbächen vor der Oberen Lände reihte sich Baumstamm an Baumstamm. Da kollidierte so mancher zudem mit den Stämmen, die im Rahmen der Trift auf der Isar trieben. Die Eisenbahn brachte auch den Flößern das Ende. Die neue Zentrallände, die die Stadt Ende des 19. Jh. bei Maria Einsiedel zur Entlastung der Oberen und der Unteren Lände bauen ließ, war letztlich schon bei ihrem Bau überflüssig. Per Bahn ging alles flotter und billiger. Geblieben ist bis heute das Ausflugsvergnügen, das die Isarflöße bieten. Abgelegt wird in Wolfratshausen, gelandet bei Maria Einsiedel.

Wie bei der Flößerei beendete die Eisenbahn auch die Trift. Längst war die Holztrift ein Quell permanenter Ärgernis. Seit Jahrhunderten ließen die Holzhändler die Baumstämme einfach die Isar abwärtstreiben, wo sie in München aus dem Fluss gefischt wurden.

Das Holz musste aufgefangen, an einen Sammelplatz geleitet und dort verarbeitet werden. Zwischen Praterwehr und Maximiliansbrücke baute man über die Isar einen Abrechen, auf dem Arbeiter die Stämme zum linken Flussufer in den Triftkanal zogen. Der Triftkanal war 1606 von Hofbaumeister Johann Reiffenstuel angelegt worden. Der Kanal führte in den Holzgarten – das Gelände zwischen Alexandrastraße, Englischem Garten,

Der Holzgarten mit den verschiedenen Becken im Bereich des heutigen Bayerischen Nationalmuseums, undatiertes Aquarell von Joseph Puschkin

Seeau-, Oettingen und Liebigstraße. Der Holzgarten war in mehrere Becken, Auen genannt, unterteilt. War eine Au gefüllt, wurde deren Schleuse geschlossen und die nächste Auenschleuse geöffnet. Nach Ende der Trift, die zunächst von Juli bis September dauerte, später dann auf das Frühjahr verlegt, wurde das Wasser abgelassen, das Holz zum Trocknen aufgeschichtet und verarbeitet. Beim Brennholz bediente sich erst der Hof, dann kam der Adel und den Rest durfte die Bevölkerung kaufen.

Der Schaden, den die losen Baumstämme an Beschlächt und Ufern anrichteten, führte dazu, dass man 1870 die Trift komplett einstellte. Den Todesstoß versetzte der Trift die Eisenbahn, mit der man das Holz schneller und zuverlässiger in die Stadt transportieren konnte. Der Kanal wurde 1887 aufgefüllt. Auf dem Gebiet des Holzgartens stehen heute das Landesvermessungsamt, das Wirtschaftsministerium und das Nationalmuseum.

Ausbau der Uferbefestigung, um die geplante Widenmayerstraße anzulegen (1893), im Hintergrund die Luitpoldbrücke

5 Lehel

An der Ostseite des Isartorplatzes steht ein schönes Beispiel für Münchner Jugendstil: Der *Fortunabrunnen* wurde 1907 vom Bildhauer Karl Killer geschaffen. Er stellt mit der Glücksgöttin Fortuna als zentraler Figur, die ihr Füllhorn ausschüttet, die segensreichen Kräfte des Wassers dar.

Situation an der Fabrikstraße um 1820, hinten links sieht man das Trockenhaus der Pers-Fabrik, damals das höchste Gebäude im Lehel, rechts das Haus des Floßmeisters, vor dem Holz bearbeitet wird.

5.1 Pers- und Kottonmanufaktur

Baumwollstoffe waren einst ein begehrtes und teures Produkt, das importiert werden musste. 1747 stattete Kurfürst Max III. Joseph (der spätere König Max I. Joseph), die Gründung einer Baumwollmanufaktur mit großzügigen Privilegien aus, um die Industrialisierung im landwirtschaftlich geprägten Bayern voranzutreiben. Die Gesellschafter setzten sich aus Adel, Hofbeamten und dem Kurfürsten selbst zusammen. Als ideales Grundstück wählte man die ehemalige untere Stadtbleiche (Kreuzung Adelgunden- und Mannhardtstraße) für die Pers- und Kottonmanufaktur. Gewebt wurde hier zunächst nicht, das erledigten private Weber, erst 27, später 40, die ihre Stoffe zum Färben und Bedrucken ablieferten. Über ein Ladenlokal am Rindermarkt wurden die Stoffe dann verkauft. Weil das Geschäft so gut lief, begann man selbst zu weben, sehr zum Ärger der freien Weber. Man produzierte den derberen Pers (Kattun, Bombasin) und den feineren Zitz (glatte »chinesische« Baumwolle). 1793 arbeiteten an mehr als 50 Tischen rund 500 Leheler. Die großzügigen kurfürstlichen Privilegien erloschen jedoch 1800, womit es mit der Baumwollfabrik im Lehel bergab ging. Ausländische Konkurrenz mit Dumpingpreisen tat ihr Übriges. Die Produktion wurde immer weiter zurückgefahren. 1819, die Manufaktur wurde inzwischen an einen Privatinvestor verpachtet, arbeitete man nur noch an vier Tischen. Nach nur einem Jahr kündigte der Pächter den Vertrag. 1823 legte man die Färberei still, die Abwicklung der Fabrik zog sich jedoch noch Jahre hin. Im September 1839 wurde sie versteigert.

5.2 Grüner Baum

Eine mächtige Linde gab der Gartenwirtschaft ihren Namen. Leider überlebte dieser grüne Baum einen heftigen Sturm 1789 nicht. Das hinderte die Münchner nicht daran, weiterhin fleißig einzukehren, denn hier gab es im Sommer noch das Tölzer Bier, während in München ja ab März das Sommerbrauverbot galt. Nicht nur Flößer, Holzarbeiter und Soldaten der nahen Isarkasernen amüsierten sich hier, auch König Ludwig I. soll unter den Gästen gesehen worden sein. Mit der Isarregulierung und dem Bau der Uferpromenade kam 1886 das Aus für die Gaststätte an der Steinsdorfstraße 14.

5 Lehel

Das Lehel im Jahr 1807

Einsturz der Isarbrücke im Jahr 1812

5.3 Ludwigsbrücke

»Schauts auf, da Tod kummt!«, soll der Legende nach eine Totengräberfrau, die mit ihrem Schubkarren ein Kruzifix über die steinerne Isarbrücke rollte, den Gaffenden scherzhaft zugerufen haben. Alle lachten, dann kam er wirklich mit voller Wucht – der Tod. Das Hochwasser vom 13. September 1813 hatte zahlreiche Schaulustige auf die Brücke (heute Ludwigsbrücke) gelockt, alle wollten sehen, wie die *Kaiserwirtschaft* vom tosenden Wasser davongerissen wurde. Dann gab ein Pfeiler den Wassermassen nach, drei Bogen folgten und rissen rund 100 Menschen mit in den Tod. Es war einmal eine Brücke …

Es war einmal eine Brücke – so beginnt letztlich die Geschichte der Stadt München. Die Brücke, die war, stand bis 1158 bei Oberföhring und gehörte dem Bischof von Freising. Dieser profitierte von den Zöllen, die er für die Benutzung seiner Brücke einstrich, was der bayerische Herzog Heinrich der Löwe mit glühendem Neid zur Kenntnis nahm. Kurzerhand ließ Heinrich die bischöfliche Brücke zerstören und baute nahe dem alten Kloster am Petersbergl seine Brücke über mehrere Isarinseln. Der Urbrücke des Löwen folgten zahlreiche Holzkonstruktionen. Im Mittelalter war die Isarbrücke eine von Holzgerüsten getragene Pfahl- oder Jochbrücke, eine mannshohe Brüstung verhinderte zu beiden Seiten, dass man in den Fluss stürzte. Nicht erst 1813 zerstörten katastrophale Hochwasser den Brückenbau. Regelmäßig musste man die Brücke neu aufbauen: allein zwischen 1343 und 1495 stürzte die Konstruktion fünfzehn Mal zusammen. Die habsburgischen Truppen, die München 1742 zwei Jahre lang besetzt hielten, ließen die Brücke bei ihrem Abzug sogar hinter sich niederbrennen. Zuvor zwang man die Münchner, die Brücke mit zehn Zentnern Pech für den Brand vorzubereiten – der Pechwinkel (heute Palmstraße) lag praktischer- bzw. unglücklicherweise gleich in der Nähe. Auf alten Stadtplänen aus der Mitte des 18. Jh. kann man noch heute erkennen, dass die Brücke über mehrere Wasserarme der Isar führte.

Heute befindet sich ungefähr an der Stelle der alten Isarbrücke die Ludwigsbrücke, die nur noch über eine Insel führt und die Grenze zwischen Isarvorstadt und Lehel bildet. Früher zählte man die Gegend bis hinauf zum Gasteig mit zur Isarvorstadt. Die Brücke wurde 1828 auf Befehl Ludwigs I. errichtet. Die Katastrophe von 1813 spülte auch alle Pläne, vom Isartor aus einen Prachtboulevard über die Brücke zu errichten, endgültig in den Orkus. Die heutige Brücke stammt aus dem Jahr 1891 und wurde 1934/35 erneuert und überarbeitet. Sie hat eine Spannweite von 43 m und eine Gesamtlänge von 77 m. Nach schweren Schäden im Zweiten Weltkrieg wurde die Ludwigsbrücke 1948 wiederhergestellt. Die drei (ehemals vier) steinernen Pylonen mit Figuren, Feuerschalen und Gedenkschrifttafeln schuf der Bildhauer Syrius Eberle 1890 bis 1892.

5.4 Vater-Rhein-Brunnen

»Argentorato« steht auf der Inschrift und die Lateiner wissen sofort: »Ah, Straßburg!« Warum steht Straßburg auf einem Münchner Brunnen? Weil der Vater-Rhein-Brunnen vom Münchner Bildhauer Adolf von Hildebrand zwischen 1897 und 1903 für Straßburg geschaffen wurde und dort auf dem Broglieplatz stand. Nach Ende des Ersten Weltkriegs und damit dem Einmarsch der Franzosen wurde der Brunnen 1919 abgebaut. 1929 tauschte München die bronzene Rheinfigur gegen die

Viele Jahre lang fand der Kulturstrand am Vater-Rhein-Brunnen statt.

Brunnenfigur *Meiselocker* des in München lebenden elsässischen Künstlers Ernst Weber aus. 1932 baute man den Brunnen an seiner heutigen Stelle an der nördlichen Museumsinsel auf, wobei einige Elemente (wie z. B. die Putten) nachgebildet wurden, weil die Originalteile verloren gegangen waren.

5.5 Lukaskirche

Ursprünglich sollte die dritte protestantische Kirche Münchens einen bescheidenen Bauplatz an der Spitze der Kohleninsel (heute Museumsinsel) bekommen. Doch der Entwurf von Architekt Albert Schmid begeisterte so sehr, dass die Stadt einen repräsentativen Bauplatz am Mariannenplatz zur Verfügung stellte. Hier befand sich zuvor ein Kai, die Untere Lände, an der Tausende von Flößen anlegten. Und hier gab es eine beliebte Gaststätte namens »Ketterl«, benannt nach dem Wirt Balthasar Ketterl, der das Haus 1696 übernommen hatte. Richard Wagner soll in seiner München-Zeit oft zu Gast gewesen sein. Floßlände und Ketterl mussten weichen. Die Grundsteinlegung zu dem Bau mit seinem ungewöhnlichen historisierenden Mix aus Neugotik und Neoromanik plus einem Schuss Neorenaissance erfolgte 1893, drei Jahre später fand die Einweihung statt. St. Lukas überstand den Zweiten Weltkrieg nahezu unbeschadet, weshalb auch ihre Innenausstattung weitgehend original erhalten ist.

Die historische Postkarte von 1887 zeigt den späteren Bauplatz der Lukaskirche. Links sieht man das Gasthaus Grüner Baum, rechts das Ketterl, davor eine Menge Flöße an der Unteren Lände.

5.6 Kabelsteg

Die wunderschöne Jugendstilbrücke mit dem Eisengeländer zwischen Praterinsel und Haidhausen schufen Adolf Schwielning und Aquilin Altmann 1898.

5.7 Praterinsel

Prater klingt nach Wien und das ist auch nicht ganz falsch, denn der Gastwirt Anton Gruber, der 1810 ein Gasthaus mit Karussell auf der Insel baute, nannte es in Anspielung an den bekannten Wiener Vergnügungspark »Die Praterwirtschaft«. 1834 kam noch ein Tanzsaal hinzu. Das beliebte Ausflugsziel wurde bald nur noch Praterinsel genannt. Zuvor nutzten die Franziskaner bis zur Säkularisation die Insel als Erholungs- und Nutzgarten. Mit den umfangreichen Bauarbeiten der Maximiliansbrücke, die 1864 fertiggestellt wurde, lockte die Insel immer weniger Besucher an, sodass die Wirtschaft an Anton Riemerschmid verkauft wurde. Der richtete dort 1870 seine »Königlich Bayerische priviligierte Weingeist-, Spiritus-, Likör- und Essigfabrik« ein. 1888 gewann die Insel Land hinzu: Durch Zuschütten eines Teils der Isar wurde die südlich gelegene Feuerwerksinsel mit der Praterinsel eine Einheit. Die Feuerwerksinsel hieß so, weil der gegenüber wohnende Pyrotechniker Heinrich Burg dort seine Experimente durchführte. Hier entstand das Restaurant und Café Isarlust (heute die Heimat des Alpinen Museums). Die Schnapsfabrik Riemerschmid verlegte 1984 den Produktionsstandort nach Erding. Vier Jahre später erwarb der Investor Dieter Bock die einstige Fabrik, um dort ein Hotel zu errichten, was der Stadtrat untersagte, da ein Großteil der Anlage für kulturelle Zwecke genutzt werden muss. Also vermietete Bock die Räume als Künstlerateliers, Büros und als Veranstaltungslocations. 2006 wurde der Künstlerkolonie wegen Renovierungsarbeiten gekündigt, Dieter Bock versprach, die Künstler bekämen anschließend die Räume wieder. Kaum war das Haus leer, verkaufte Bock an einen Zusammenschluss dänischer und niederländischer Pensionskassen (mit der Patrizia AG als Verwalter). Mit der Renovierung wurde nie begonnen, die Räume stehen weiterhin leer, das Gebäude verfällt zusehends. 2015 kaufte der Großbauunternehmer Urs Brunner das Anwesen, um dort Luxuswohnungen zu bauen. Seit 2021 tragen Brunner und der bekannte österreichische Wolfgang Flatz einen öffentlichen Schlagabtausch wegen der Nutzung der Praterinsel aus. Flatz hat(te) auf der Insel sein Atelier.

Die Praterinsel 1830, vorne links die Abrechenbrücke, im Hintergrund das Ripfelschlößl, rechts das Gasteigkircherl

Die ehemalige Schnapsfabrik heute

Seit 2010 liefert das Praterkraftwerk Energie für die Stadtwerke München. Um den Eisbach aus der Isar auszuleiten, wurde das Praterwehr zwischen Insel und Steinsdorfstraße erbaut. Nach dem Wehr kommen einige Betonkaskaden, bevor sich die Isar wieder mit ihrem östlichen Arm vereint. Diese Nordspitze der Insel, jenseits der Maximiliansbrücke, wird übrigens Schwindinsel genannt. Das Gefälle zwischen Wehr und Kaskaden wird für die Energiegewinnung genutzt. Das Kraftwerk ist unterirdisch und nicht sichtbar unter der letzten Kaskadenstufe.

Auf der Praterwehrbrücke steht eine steinerne St. Nepomuk-Statue, Schutzpatron der Flößer, die 1857 von der Floßmeisterfamilie Heiß gestiftet wurde.

Gasthaus Isarlust 1893

Alpines Museum 2021

5.8 Alpines Museum

1907 beschloss der Deutsche und Österreichische Alpenverein (DuOeAV), ein Museum zu gründen. Die Stadt München bot dem Verein das Gebäude des ehemaligen Café-Restaurants Isarlust auf der Praterinsel kostenfrei zur Nutzung an. Das prächtige Caféhaus war 1893 nach Plänen von Architekt Friedrich Löwel erbaut worden. 1909 übernahm der DuOeAV das Anwesen und eröffnete nach Umbau und Einrichtung der Sammlung am 17. Dezember 1911. Das Haus wurde im Zweiten Weltkrieg zerstört, die Sammlung überstand den Krieg unversehrt in einem Bergwerkstollen. Weil der Deutsche Alpenverein (DAV) das stark vereinfacht wieder aufgebaute Gebäude nun als Verwaltung nutzte, drohte eine Rückforderung der Stadt, da keine Museumsnutzung mehr vorlag. 1993 beschloss der DAV die Neuerrichtung des Museums, das drei Jahre später eröffnete. 2021 begannen umfangreiche Umbauarbeiten, weshalb Museum, Archiv und die einzige deutsche Bibliothek zum Thema Alpen bis auf weiteres geschlossen sind.

5.9 Maximiliansbrücke

Als Verlängerung seiner Prachtstraße plante König Max II. eine Brücke hinüber zum Maximilianeum nach Haidhausen. Die Brücke, die Arnold Zenetti entwarf und die 1857 bis 1863 erbaut wurde, musste aus Budgetgründen 10 m schmaler sein als die 23 m breite Maximilianstraße. 1903 begannen dann die Bauarbeiten zur Verbreiterung nach Plänen von Friedrich von Thiersch, wobei die Brücke über die äußere Isar komplett neu gebaut wurde. Die Innere Maximiliansbrücke besteht aus drei Bögen und ist 42 m lang, die rund 46 m lange Äußere Maximiliansbrücke aus zwei Bögen. Für die Statue der Pallas Athene, die Bildhauer Franz Drexler 1906 für die Äußere Maximiliansbrücke schuf, stand Thierschs Tochter Frieda Modell.

Maximiliansbrücke mit Blick nach Haidausen

5.10 Maxmonument

Ein Denkmal für den Erbauer der Maximilianstraße: Das Max-II-Denkmal wurde nach dem Tod König Max II. in Auftrag gegeben. Den ausgeschriebenen Wettbewerb gewann Caspar von Zumbusch 1865. In 5 m Höhe steht auf einem Sockel aus Meißner Granit der König in vollem Krönungsornat. In der rechten Hand hält er die Verfassungsurkunde, die linke stützt sich auf sein Schwert. Die vier sitzenden Figuren symbolisieren Herrschertugenden: Der junge Mann mit Palmzweig und Füllhorn steht für Friedensliebe, die Frau mit Buch und Schwert für Gerechtigkeit, die Frau mit Fackel für Weisheit und der Mann mit Helm, Schwert und Löwen steht für Stärke. Die vier Putten halten Schilde mit den Landesteilen Altbayern, Pfalz, Franken und Schwaben. Die Statue Max II. alleine wiegt fast 5 t. Das Denkmal wurde im Oktober 1875 enthüllt.

Das Maxmonument

5.11 Museum Fünf Kontinente

Neben vielen anderen (Kunst-)Objekten sammelten die Wittelsbacher auch begeistert Ethnologisches. Schon 1820 kamen die wichtigen »Transatlantischen Sammlungen« von Forschungsreisen nach Brasilien, in die Südsee und nach Russisch-Amerika nach München. Als dann auch der Würzburger Forscher Philipp von Siebold, der lange in Japan gelebt hatte, vorschlug, ein ethnologisches Museum in München zu gründen, ließ König

Max II. im Galerie-Gebäude der Hofgartenarkaden 1862 das erste deutsche Völkerkundemuseum, die »Königlich Ethnographische Sammlung«, einrichten. Die Räumlichkeiten erwiesen sich als auf Dauer zu klein und ungeeignet. Es dauerte jedoch, bis die Sammlungen ins heutige Gebäude an der Maximilianstraße umziehen konnten. Das einstige Nationalmuseum diente dem Deutschen Museum von 1906 bis 1925 als provisorischer Ausstellungsbau. 1926 dann zog das »Museum für Völkerkunde« ein. Von 1954 bis 2014 hieß es »Staatliches Museum für Völkerkunde, dann wurde es in »Museum Fünf Kontinente« umbenannt. Die Sammlungen des Museums beinhalten über 160 000 Kunstwerke und Alltagsobjekte außereuropäischer Völker, dazu kommen über 135 000 Fotografien und eine rund 100 000 Bücher umfassende Fachbibliothek. Das Museum bietet verschiedene Veranstaltungsreihen und Projekte zur deutschen Kolonial- und Postkolonialgeschichte.

5.12 Regierung von Oberbayern

Bei der Neuordnung seines Reiches 1808 befahl Max I. Joseph auch die Einrichtung eines Königlichen Generalskommissariats des Isarkreises, die Geburtsstunde der Regierung von Oberbayern. Der Isarkreis wurde 1837 zum Regierungsbezirk Oberbayern umbenannt. Die Behörde war zunächst im alten Landschaftsgebäude am

Die Regierung von Oberbayern

Marienplatz untergebracht. 1856 erfolgte die Grundsteinlegung zum repräsentativen Neubau nach Plänen von Friedrich Bürklein an der Maximilianstraße 39, der 1964 bezogen werden konnte. Die Fliegerbomben des Zweiten Weltkriegs zerstörten das Anwesen 1944 großteils. Erhalten bzw. restauriert wurden die Fassaden, das Innenleben hingegen ist komplett neu mit veränderten Grundrissen und Geschosshöhen. Zwei der drei weiblichen Bronzestatuen auf dem Dach stammen von Johann Halbig: Fides (Treue) und Sapientia (Weisheit). Die Justitia (Gerechtigkeit) in der Mitte schuf Ludwig

Gamp 1897. Die Wappenschilde von 23 oberbayerischen und einer oberpfälzischen Stadt zieren die Türme. Auf dem Forum zwischen Regierung und Museum Fünf Kontinente stehen vier ähnlich gestaltete Denkmäler: nördlich der General Bernhard Erasmus Graf von Deroy (1856 von Johann Halbig) und Sir Benjamin Thompson Graf von Rumford (1866 von Caspar Zumbusch), südlich Friedrich Wilhelm von Schelling (1861 von Friedrich Brugger) und Joseph von Fraunhofer (1868 von Johann Halbig).

5.13 GOP

1946 vergaben die Amerikaner eine Lizenz zur Eröffnung eines Privattheaters an den Theaterwissenschaftler Gerhard Metzner. Der eröffnete in den Räumen eines ehemaligen Caféhauses an der Maximilianstraße 47 die Kleine Komödie am Max II. Das private, auf Boulevardstücke spezialisierte Theater wurde schnell eine Institution in München. Zum Erfolgskonzept gehörte, dass im Zentrum jeder der jährlich vier Inszenierungen mindestens ein prominenter Publikumsmagnet stand, und so standen Stars wie Johannes Heesters, Uschi Glas, Heinz Rühmann oder Walter Sedlmayr auf dieser Bühne. 1961 übernahm Metzner auch die Komödie im Bayerischen Hof. Ab 1983 standen beide Theater unter der Leitung von Nino Korda und Isebil Sturm. 2007 trug sich die Kleine Komödie finanziell nicht mehr und schloss. Ein Jahr später übernahm die GOP Entertainment Group das Theater und bietet seitdem klassisches Varieté-Programm. Das GOP stammt ursprünglich aus Hannover.

5.14 Wilhelmsgymnasium

Altehrwürdig im besten Sinne des Wortes: Das Wilhelmsgymnasium wurde 1559 als »Paedagogium« von Herzog Albrecht V. gegründet und ist damit das älteste Gymnasium Oberbayerns. Es war im Jesuitenkloster an der Neuhauser Straße untergebracht (Alte Akademie), die Jesuiten leiteten bis zu ihrem Verbot 1773 das Gymnasium. Nachdem 1826 die Universität von Ingolstadt nach München verlegt wurde und die Alte Akademie als Räumlichkeit zugewiesen bekam, musste das Gymnasium behelfsweise erst in den Alten Hof ziehen, 1830 in ein Gebäude in der Herzogspitalstraße 18. Die Räume wurden bald zu klein. König Ludwig II. unterstützte finanziell einen Neubau an der Thierschstraße 46. Karl von Leimbach entwarf das Gebäude im Stil der Neorenaissance. Nach schweren Bombenschäden wurde die Schule zwischen 1952 und 1958 mit einigen Veränderungen wiedererrichtet. Anfang der 70er-Jahre führte man die Koedukation ein und nahm auch Mädchen auf. Bei umfangreichen Sanierungsarbeiten von 2015 bis 2018 wurde das Gebäude bis auf die denkmalgeschützten Elemente entkernt und renoviert. Der Unterricht fand in dieser Zeit in einem Containerdorf nahe dem Chinesischen Turm statt. Berühmt ist die Bibliothek des Wilhelmsgymnasiums, dessen älteste Bestände aus der Frühzeit des Buchdrucks stammen. Zu den zahlreichen bekannten Schülern des Gymnasiums gehörten z. B. Lion Feuchtwanger, Franz Xaver Gabelsberger, Heinrich Himmler, Ödön von Horváth, Golo Mann, Klaus Mann, Max von Pettenkofer, Carl Spitzweg, Konstantin Wecker und Ludwig Thoma.

5.15 Versicherungskammer Bayern

Versicherungen, wie wir sie heute selbstverständlich wahrnehmen und nutzen, gab es Anfang des 19. Jh. noch kaum. Es existierten einige Feuerschutzkassen, doch das ging König Max I. Joseph nicht weit genug. Er bündelte mehrere kleine Feuerkassen und gründete die Allgemeine Brandversicherungsanstalt »zum Schutz und Wohle des bayerischen Volkes«. 1875 wurde unter Ludwig II. daraus die staatliche Königlich Bayerische Brandversicherungskammer, deren Leiter Matthäus von Jodlbauer auf dem Gelände des ehemaligen Hofbaustadels

Zentrale der Versicherungskammer 1903

Zentrale der Versicherungskammer heute

zwischen Stern-, Gewürzmühlstraße und Thierschplatz ein Verwaltungsgebäude erbauen ließ, das in den Folgejahren immer mehr erweitert wurde. Ab 1918 hieß die Behörde dann Bayerische Versicherungskammer. Bis 1994 blieb die Versicherungskammer staatlich, dann zog sich der Freistaat Bayern aus dem Geschäft zurück und bildete eine Holding, die Versicherungskammer Bayern Versicherungsanstalt des öffentlichen Rechts. Der große Verwaltungskomplex an der Maximilianstraße 53 beherbergt neben Büros auch das Kunstfoyer der Versicherungskammer Kulturstiftung, in dem Ausstellungen und Konzerte veranstaltet werden.

Die Bronzestatue *Stürzende (Ende einer Epoche)* vor der Versicherungskammer schuf Alexander Fischer 1973

5.16 Pumuckl

Hurra, hurra, der Kobold mit dem roten Haar ... Wer kennt nicht den frechen Klabauter Pumuckl, der dem geduldigen Schreinermeister Franz Eder das Leben bereichert. Für die TV-Serie *Meister Eder und sein Pumuckl* drehte man die Werkstattszenen in einem alten Hinterhaus in der Widenmayerstraße 2. Das marode Haus aus dem Jahr 1899 (nach anderen Quellen 1908) diente in den 1960er-Jahren tatsächlich mal als Schreinerei, danach wohnte die Hausmeisterin bis Anfang der 70er darin. Bis zu den Dreharbeiten für die erste Staffel 1979 stand das Haus leer und wartete auf den Abriss, es wurde extra für Pumuckl noch einmal für 250 000 Mark aufgehübscht und komplett eingerichtet. Die letzte Klappe für die zweite Staffel war kaum gefallen, als im April 1985 sofort die Abrissbagger kamen. Der Hinterhof geht heute über in den Hof der Bayerischen Versicherungskammer, für deren Tiefgarage die Werkstatt abgerissen wurde.

Weil die Widenmayerstraße wegen Verkehrslärm zu laut war, drehte man die Szenen, die vor dem Haus spielten, in der Tattenbachstraße 16. Die anderen Drehorte (Wirtshaus, Spielwarengeschäft etc.) lagen nicht im Lehel.

Die Werkstatt von Meister Eder in der Widenmayerstraße 2, 1983

5.17 Klosterkirche St. Anna

St. Anna war die Kirche des 1727 erbauten Hieronymitenklosters. Kurfürstin Maria Amalia legte den Grundstein für das Gebäude, das von Johann Michael Fischer entworfen wurde. Die Hieronymiten übernahmen fortan die Seelsorge der rund 2 000 (armen) Bewohner, die im unwirtlichen Auwald links der Isar vor der Stadtmauer lebten. Während der Säkularisation 1807 mussten die Hieronymiten das Kloster räumen, es wurde zur Kaserne umfunktioniert. Die Klosterkirche mit ihrer reichen Rokoko-Ausstattung der Gebrüder Asam

Die Bronzestatue *Franziskus als Friedensbote* schuf Martin Meyer 1978, sie stand ursprünglich vor der Post in der Sonnenstraße.

Die Klosterkirche St. Anna bekam 1853 durch Karl von Voit wenig sensibel eine neoromanische Fassade mit zwei Türmen (Foto von 1865) verpasst. Nach der Kriegszerstörung wurde bis 1968 die ursrpüngliche Rokoko-Fassade rekonstruiert.

erhob man zur Pfarrkirche. In die Lehel-Kaserne zogen zunächst 250 Soldaten mit 220 Pferden. Die Kaserne wurde in den folgenden Jahrzehnten immer weiter aus- und umgebaut. 1827 bekamen die Franziskaner auf Befehl Ludwigs I. den Mittelbau zugesprochen, um wieder ein Kloster zu errichten. Das Militär blieb aber noch bis 1899. Das Franziskanerkloster wurde zum Hauptkloster der Bayerischen Franziskanerprovinz, seit 2010 ist es Leitungssitz der Deutschen Franziskanerprovinz der Heiligen Elisabeth. Die Klosterkirche wurde im Krieg komplett zerstört und bis 1979 neu aufgebaut.

5.18 St. Anna im Lehel

Mitte des 19. Jh. platzte die kleine Klosterkirche St. Anna längst aus allen Nähten, denn im Lehel ließen sich immer mehr Bürger nieder. Idealerweise stiftete der Druckereibesitzer Karl Erlacher genau gegenüber dem Kloster ein Grundstück für einen Kirchenneubau. 1892 konnte die neue, deutlich größere Pfarrkirche St. Anna geweiht werden, nach Plänen von Gabriel von Seidl im

Der Schalenbrunnen wurde von Gabriel von Seidl entworfen und von Anton Pruska 1894 umgesetzt.

Das 1803 erstmals erwähnte Hofbad zwischen Papierer- und Stadtsägmühlbach nutzten die Hofbediensteten bis 1837 als Badeanstalt. Es lag gegenüber der Klosterkirche St. Anna. Die Pfarrkirchengemeinde kaufte das Anwesen 1887 – ebenso das hinten links sichtbare Wiebeking-Schlössl – zum von Erlacher gestifteten Baugrund für die geplante St.-Anna-Kirche hinzu.

neoromanischen Stil erbaut. Als ob die Schäden durch die Bomben im Zweite Weltkrieg nicht ausgereicht hätten, wurden bei »Sanierungen« nach dem Krieg Fresken und Mosaike weiß übertüncht. Bei späteren Restaurierungen konnten die Mosaike wieder freigelegt und ein Teil der alten Ausstattung wiederhergestellt werden. Die beiden St. Anna-Kirchen und der verkehrsberuhigte Platz ringsum bilden nach wie vor das Herz der Vorstadt.

5.19 St.-Anna-Grundschule

Bis 1696 lässt sich die Schulgeschichte im Lehel zurückverfolgen. Damals wurde eine Handvoll Kinder in der Pfarrwohnung unterrichtet. Platzbedarf zwang die Schule immer wieder umzuziehen, zuletzt in das Haus des Lehrers Johann Ulrich Glor in der Isarstraße (heute Widenmayerstraße). Als auch das nicht mehr reichte, kaufte die Stadt ein Haus neben der Stadtsäge und ließ es zur Schule umbauen. König Ludwig I. genehmigte 1840 einen Neubau an der St.-Anna-Straße/Ecke Liebigstraße. Das Haus im Rundbogenstil nach Plänen von Karl August Muffat hatte getrennte Eingänge für Mädchen und Jungs, in einer Klasse drängten sich bis zu 90 Kinder zusammen. Schon 1870 musste die Schule erweitert werden – nach oben, man setzte ein drittes Stockwerk darauf. Am 11. November 1944 zerstörten Bomben die Schule, die Ruinen wurden 1952 abgetragen. Der Unterricht fand zunächst in der Schule in der Herrnstraße statt, dann sollte eine neue Volksschule in der Lerchenfeldstraße gebaut werden. Proteste der Bewohner verhinderten das. Also wurde die neue St.-Anna-Schule (nach Plänen von Helmut von Werz und Johann-Christoph Ottow) im Juni 1955 an alter Stelle eingeweiht.

5.20 St.-Anna-Gymnasium

Einst trieb hier der Stadtsägmühlbach die städtische Säge an – und auch heute ist im Untergeschoss des Schulgebäudes wieder ein Wasserrad in Aktion. Seit 2006 wird damit ein Wasserkraftwerk betrieben, das im Jahr 170 MWh elektrischer Energie liefert und dessen Verlustwärme die Schulbibliothek heizt. 1911/12 jedenfalls war längst das Aus für die Stadtsäge gekommen. Auf dem Gelände zwischen Liebigstraße und St.-Anna-

Platz wurde die »Höhere Mädchenschule« nach Plänen von Robert Rehlen erbaut. Den 1930 fertiggestellten Erweiterungsbau am Nordflügel gestaltete Hermann Leitendorfer. Die Schule führte zum Schuljahr 1988/98 die Koedukation ein, seitdem sind auch Buben zugelassen.

5.21 Münchner Gschichten

Schon 1974, als es das Wort Gentrifizierung noch gar nicht im Deutschen gab, war es Thema in einer kultigen TV-Serie des BR. In *Münchner Gschichten* ging es darum, wie sich mit der fortschreitenden Sanierung des Lehels zunehmend die Schickeria breitmacht, wie alteingesessenes Kleinbürgertum vertrieben wird. Mittendrin der arbeitsscheue Vorstadtstrizzi Tscharlie (Günther Maria Halmer), der immer auf der Suche nach der »Riesensach« ist, aber noch bei seiner Oma Anna (Therese Giehse) wohnt. Das Wohnhaus, in dem gedreht wurde, steht in der Tattenbachstraße 3.

In der Tattenbachstraße 3 wohnen Oma Anna und Tscharlie

Das Schachterleis 1899

5.22 Schachterleis

Was macht ein Eisproduzent im Winter, wenn die Leute sein Eis nicht brauchen? Er legt eine Eisbahn an, um die Maschinen auch in der kalten Jahreszeit auszulasten. Unternehmer Johann Felix Unsöld betrieb seit 1886 eine Fabrik für Stangeneis an der Galeriestraße 24 (heute Unsöldstraße 10). 1893 ließ er ein aufwendiges Glasdach über einen Hof zwischen mehreren Wohngebäuden errichten, flutete das Areal per Wasserschlauch und eröffnete schließlich die erste überdachte künstliche Eisbahn Europas. Die Münchner liebten die Bahn, die mit Grammofon beschallt wurde. Die Eisfläche maß nur 15 mal 38 m. Wegen der schachtelartigen Konstruktion nannten die Münchner die Eisbahn »Schachterleis«. Sogar eine Eishockey-Europameisterschaft wurde 1913 hier ausgetragen, wobei die Anlage wegen der beengten Verhältnisse wenig überzeugte. Die im Krieg zerstörte Bahn wurde 1949 als offene Kunsteisbahn wieder eröffnet. 1960 wurde die unrentabel gewordene Bahn geschlossen, ein Jahr später abgerissen.

5.23 Die Schaubude

Unmittelbar nach Kriegsende gründeten Rudolf Schündler und Otto Osthoff das Kabarett »Die Schaubude«, das durch anspruchsvolle Programme schnell regen Zulauf fand. So schrieben bekannte Autoren wie Erich Kästner oder Axel von Ambesser für die Truppe, die zunächst in den Kammerspielen zu Gast war. Ab 1946 bezog die Schaubude das ehemalige Theater des katholischen Gesellenvereins in der Reitmorstraße 7, in dem Saal fanden 700 Gäste Platz. Die frechen und zeitkritischen Texte, in denen auch die US Army nicht geschont wurde, gefielen der amerikanischen Militärregierung nicht wirklich. Die Amis und auch deutsche Würdenträger, die sich auf den Schlips getreten fühlten, dürften sich daher gefreut haben, als die Währungsreform 1948 für ein breites Privattheatersterben sorgte, so musste auch die Schaubude Anfang 1949 aufgeben.

Postkarte vom Haus der Kunst 1935

5.24 Haus der Kunst

»Edle Proportionen und gediegenes Material«, wünschte sich Adolf Hitler, als er seinen Lieblingsarchitekten Paul Ludwig Troost mit dem Entwurf des Hauses der Deutschen Kunst beauftragte. Der Diktator wollte einen Kunsttempel im klassizistischen Stil und Troost schuf diesen Tempel. Ursprünglich hatte Hitler an dieser Stelle ein repräsentatives »Parteiforum« geplant, mit dem Haus der Deutschen Kunst, einem Museum für Zeitgeschichte und dem Haus des Partei-Statthalters. Doch Troost widersprach, weil die Bauten zu sehr in den Englischen Garten hineinwachsen würden. Hitler ließ sich tatsächlich von seinem favorisierten Architekten umstimmen. Zur Finanzierung forderte Gauleiter Adolf Wagner zahlreiche deutsche Industrielle auf, dem »Führer« das Gebäude zu schenken. Also spendeten eifrig u. a. August von Finck, Robert Bosch, Friedrich Flick, Gustav Krupp von Bohlen und Halbach, Wilhelm von Opel, Karl Friedrich von Siemens, Philipp Reemtsma … Das Haus wurde am 18. Juli 1937 mit der ersten »Großen Deutschen Kunstausstellung« eröffnet, einer Verkaufsausstellung, die jährlich wiederholt wurde. Ohnehin war das Haus der Kunst von Anfang an kommerziell ausgerichtet. Nach dem Krieg nutzten es die Amerikaner als Offizierskasino. Ab 1949 dienten einige Räume wieder als Ausstellungshaus. Die Amerikaner behielten Mittelhalle, Restaurant und einige Säle bis 1955 für den Offiziersclub. Nach Auszug der US Army eröffneten zwei Restaurants im Gebäude. Das »Alecco« im Ostflügel wurde 1984 zur bekannten Promidiskothek P1, als 1994 das »Piroschka« im Westflügel schloss, zog das P1 in dessen Räume um. Der Name P1 kommt übrigens von den US-Soldaten, die ihren Offiziersklub kurz »P-One« nannten, nach der Adresse Prinzregentenstraße 1. Die Münchner nennen es eh nur »Oanser«.

5.25 Eisbachsurfer

siehe S. 124

5.26 Englischer Garten

siehe S. 122

Die Altbayern-Statue

5.27 Luitpoldbrücke

Auch wenn man sie meist Prinzregentenbrücke nennt, weil sie die Fortsetzung der gleichnamigen Straße ist, heißt sie doch offiziell wie der Prinzregent mit Vornamen. Prinzregent Luitpold bezahlte die Brücke 1891 aus seiner Privatschatulle. Architekt Friedrich von Thiersch hatte die Idee zu der Bogenbrücke aus Eisen und Stahl. Leider hielt die Konstruktion dem Jahrhunderthochwasser vom 13. September 1899 nicht stand. Theodor Fischer entwarf 1901 die neue, heute noch stehende Brücke aus Stein. Gleichzeitig baute man als Hochwasserschutz die Ufermauern. Nach 13 Monaten Bauzeit konnte Prinzregent Luitpold »seine« 67 m lange Brücke einweihen. Die vier monumentalen Steinfiguren an den

Slackliner an der Luitpoldbrücke

Brückenköpfen stellen die vier bayerischen Landesteile dar: der Jäger steht für Altbayern (Bildhauer: Hermann Hahn), die Frau mit Wappenschild für Schwaben (Bildhauer: Erwin Kurz), der Fischer für Franken (Bildhauer Balthasar Schmitt) und die Frau mit Weintrauben für die Pfalz (Bildhauer: August Drumm – die Pfalz ist seit 1945 kein Teil Bayerns mehr).

5.28 Sammlung Schack

Er sah sich als bedeutenden Dichter, wurde der Nachwelt aber vor allem als Mäzen und Sammler ein Begriff: Adolf Friedrich Graf von Schack trug eine bedeutende Kunstsammlung mit an (damals) moderner Kunst zusammen und präsentierte diese der Öffentlichkeit in seiner Villa an der Briennerstraße. In seinem Testament vermachte er alles Kaiser Wilhelm II., unter der Bedingung, dass die Sammlung nicht auseinandergerissen werden dürfe. Nach Schacks Tod 1894 beschloss Wilhelm II.,

5.26 Englischer Garten

Zunächst wünschte der Kurfürst eigentlich nur einen Militärgarten vor den Toren der Stadt. Karl Theodor regierte seit 1777 eher widerwillig Bayern, denn nachdem der letzte bayerische Wittelsbacher kinderlos verstorben war, musste Karl Theodor aus Mannheim nach München umziehen, um Kurfürst zu werden. Mehrfach versuchte Karl Theodor, das ungeliebte Bayern bei den Österreichern gegen die Niederlande einzutauschen, was aber misslang. Dafür hassten die Münchner ihren Regenten fortan aufs Herzlichste. Dabei verdanken die Münchner dem Kurfürsten enorm viel. Unter anderem diesen kleinen Militärgarten, der die Keimzelle zu etwas gigantisch Großem wurde. Der aus Massachusetts stammende bayerische Kriegsminister Benjamin Thompson, später zum Reichsgrafen von Rumford geadelt, hatte die Ausgangsidee. 1789 verfügte Karl Theodor, dass in jeder bayerischen Garnisonsstadt Militärgärten anzulegen seien, damit die Soldaten in ihrer Freizeit Gemüse züchten könnten und nicht auf dumme Gedanken kämen. Als Gelände hierfür bestimmte er die Wiese neben dem neuen Wohngebiet Schönfeldvorstadt (heute Teil der Maxvorstadt rings um die Schönfeldstraße). Der erste Spatenstich erfolgte im Juli. Schon einen Monat später, am 13. August 1789, dem heute offiziellen Geburtsdatum des Englischen Gartens, gab Karl Theodor die Order, das Gebiet östlich des Militärgartens in einen öffentlichen Park umzuwandeln. Unter der Oberaufsicht von Benjamin Thompson ging Hofgärtner Friedrich Ludwig von Sckell daran, den Garten im englischen Stil anzulegen – der englische Stil orientierte sich an der Natur, tat so, als wäre es eine natürlich entstandene Landschaft –, im Gegensatz zum bis dahin sehr beliebten französischen, geometrisch angelegten Garten. 1792 wurde die Anlage den Münchnern übergeben. Es war der erste Park dieser Art in ganz Europa. 1798 übernahm Reinhard Freiherr von Werneck die Leitung des Gartenprojekts. Unter ihm wurde der Garten 1799 ein enormes Stück nach Norden um die Gebiete der Hirschau bis hinauf zum Aumeister erweitert, ein Jahr später kam der inzwischen aufgelassene Militärgarten hinzu und Werneck ließ den Kleinhesseloher See anlegen. 1804 ernannte Max Joseph, der neue Kurfürst, Ludwig von Sckell zum Leiter der bayerischen Hofgärtenintendanz. Sckell prägte entscheidend das heutige Erscheinungsbild des Englischen Gartens und behielt den Intendantenposten bis zu seinem Tod 1823.

Monopteros

Chinesischer Turm

Das Gebiet zwischen Isarring und Prinzregentenstraße ist der am häufigsten besuchte Teil des Englischen Gartens. Hier stehen auch die bekannten Bauten. Meist wird der ganze Garten fälschlicherweise Schwabing zugeschlagen, dabei gehört die »Keimzelle« südlich der Linie zwischen Tivoli- und Ohmstraße zum Lehel. So auch der Chinesische Turm, der Monopteros und die legendäre Nackertenwiese am »Eisbach«, der hier in Wahrheit der Schwabinger Bach ist.

Japanisches Teehaus

Zur Feier der Städtepartnerschaft zwischen München und Sapporo wurde 1972 zu den Olympischen Spielen hinter dem Haus der Kunst auf einer kleinen Insel im Schwabinger Bach ein japanisches Teehaus mit Garten angelegt. Im Haus wird regelmäßig die traditionelle japanische Teezeremonie abgehalten.

Rumford-Denkmal

Das Denkmal für Benjamin Thompson Graf von Rumford nahe der Lerchenfeldstraße schuf Franz Jakob Schwanthaler 1795/96.

Rumford-Denkmal (l.) und Burgfriedensäule (r.)

Burgfriedensäule

Eine Burgfriedensäule von 1724 steht noch an ihrem Originalplatz. Sie markiert, wie weit das Stadtgebiet von München einst ging.

Monopteros

Ein beliebter Platz, um noch die letzten Strahlen der Abendsonne zu genießen, ist der Monopteros und der Hügel, auf dem er steht. Der Hügel musste in dem komplett flachen Gelände erst aufgeschüttet und stabilisiert werden. Der 16 m hohe Rundtempel wurde ab 1831 nach Plänen von Leo von Klenze erbaut und 1836 der Öffentlichkeit übergeben.

Chinaturm

Der Chinesischen Turm (steht schon immer und nach wie vor nicht in Schwabing sondern im Lehel) wurde 1789/90 nach dem Vorbild der »Großen Pagode« im königlichen Schlossgarten Kew Gardens in London, die sich wiederum an einer Pagode aus dem Xiangshan-Park in Peking anlehnt, errichtet. Den 25 m hohen Holzturm baute Joseph Frey nach Plänen von Baptist Lechner. Der heutige Turm ist längst nicht mehr der originale, denn er brannte mehrfach ab. Zuletzt im Juli

5.26 Englischer Garten

Rumfordschlössl

1944. Der heutige, originalgetreu errichtete Turm stammt aus dem Jahr 1952. Der Biergarten am »Chinaturm«, wie die Münchner ihn einfach nennen, fasst 7 000 Gäste und ist damit der zweitgrößte Münchens. Seit 1989 findet hier wieder jährlich am dritten Sonntag im Juli zwischen 6 und 10 Uhr morgens der Kocherlball statt. Der Kocherlball geht auf eine Veranstaltung der Münchner Hausangestellten aus dem 19. Jh. zurück. Man traf sich am Sonntag in aller Herrgottsfrühe zwischen 5 und 8 Uhr zum Tanz am Chinaturm, denn danach mussten alle sofort wieder an die Arbeit.

Südlich an den Turm schließen sich die **Ökonomiegebäude** an, die einstmals als landwirtschaftlicher Musterbetrieb gedacht waren. Hier hat heute die Verwaltung des Englischen Gartens ihren Sitz.

Rumfordschlössl

Auch auf Leheler Grund steht das Rumfordhaus, gerne auch Rumfordschlössl genannt. Das Gebäude im klassizistischen Stil entwarf Baptist Lechner 1791. Es diente zunächst als Offizierskasino, dann für höfische Zwecke. Nach dem Zweiten Weltkrieg wurde das stark heruntergekommene Rumfordschlössl renoviert, dabei unter-

Ökonomiegebäude

Längst eine beliebte Touristenattraktion: die Eisbachsurfer

teilte man den großen Saal, aus dem fast das ganze Gebäude bestand, in zwei Stockwerke und mehrere Räume. 1966 wurde das Schlössl dem Kreisjugendring München-Stadt als Freizeitheim überlassen. Heute ist es unter dem Namen »Natur- und Kulturtreff« bekannt, die Schwerpunkte liegen bei Umweltpädagogik, Kinderkultur und Hausaufgabenbetreuung.

Eisbachsurfer

Man muss nicht nach Hawaii! Die perfekte Welle liegt so nah. Sie schäumt im Eisbach, direkt am Eingang zum Englischen Garten. Eine Steinstufe an der Austrittsstelle des bis dorthin unterirdisch sehr schnell fließenden Nebenarms der Isar erzeugt die etwa 50 cm hohe stehende Welle. 35 Jahre lang surften hier Wellenreiter aus aller Welt – illegal, aber geduldet von der Polizei. Seit 2010 ist das Surfen endlich offiziell erlaubt. Im selben Jahr kam die Eisbachwellen-Doku *Keep Surfing* in die Kinos.

Die zweite perfekte, etwas zahmere Welle kennt kaum ein Tourist, dafür jeder Riversurfer aus aller Welt. Sie findet sich in Thalkirchen an der Floßlände.

Die Sammlung Schack

das Erbe in München zu lassen. Da ergab es sich gut, dass an der Prinzregentenstraße 9 ab 1907 die neue Preußische Gesandtschaft nach Plänen des Münchner Architekten Max Littmann gebaut wurde. Der Kaiser ließ in dem Komplex eine neue Schackgalerie bauen. Die Exponate zogen 1909 in die neuen Räume um. Weil das Gebäude im Zweiten Weltkrieg nur teilweise beschädigt wurde, eröffnete die Schack-Galerie 1950 als erstes Münchner Kunstmuseum wieder. Nach umfassenden Sanierungsarbeiten Anfang der 2000er-Jahre eröffnete das Erdgeschoss 2008 neu, das Obergeschoss ein Jahr später. Gleichzeitig erfolgte die Umbenennung der Neuen Schackgalerie in Sammlung Schack. 2016 kamen drei Räume im Dachgeschoss zur Ausstellungsfläche hinzu. Die gesamte Sammlung besteht aus 267 Werken deutscher Maler, die alle zwischen 1840 und 1880 entstanden, darunter Arnold Böcklin, Franz von Lenbach, Carl Spitzweg und Anselm Feuerbach.

5.29 Tschechisches Zentrum

In der Prinzregentenstraße 7 ist das Ceské centrum Mnichov zu Hause. Es ist Teil eines Netzwerks an Tschechischen Zentren, die im Ausland tätig sind. Ziel der 1999 gegründeten Organisation ist die Förderung der Wahrnehmung von Kultur, Handel und Tourismus aus und mit Tschechien. Das Zentrum bezog im Jahr 2000 die Räume der ehemaligen Staatskanzlei.

5.30 Bayerisches Nationalmuseum

Eine wahre Schatzkammer voller bayerischem und europäischem Kunsthandwerk seit dem frühen Mittelalter bis heute beherbergt das Nationalmuseum. Ursprünglich kam die Idee zum Museum von höchster Stelle: König Max II. wünschte ein Museum über die bayerische Geschichte und vor allem über das Wirken der Dynastie Wittelsbach. 1867 eröffnete das erste Museum auf dem Forum der Maximilianstraße (heute Museum Fünf Kontinente), erbaut nach Plänen von Eduard Riedel. Schon damals zählten »Seperatsammlungen« kunsthandwerklicher Objekte zu den wichtigsten Exponaten. Sie sollten erzieherische und anregende Wir-

Das Bayerische Nationalmuseum mit der Reiterstatue des Prinzregenten

kung auf zeitgenössische Künstler und Kunsthandwerker haben. Den Grundstock der umfangreichen Sammlungen bildeten die Kunstkammern der Wittelsbacher. Bald reichten die Räume nicht mehr aus. Der Landtag beschloss einen Neubau an der Prinzregentenstraße. Der monumentale Neubau nach Plänen von Gabriel von Seidl eröffnete im Jahr 1900. Seidls Konzept orientierte sich nach den Stilepochen und Ausstellungsstücken, so repräsentieren die drei durch Querbauten verbundenen Hauptbauten die Renaissance, den Barock und das Rokoko. Die Brandbomben des Zweiten Weltkrieg beschädigten das Haus schwer, die Sammlung war zum Glück rechtzeitig ausgelagert worden, 1947 eröffneten die ersten Säle wieder. Platzprobleme (vor allem der Werkstätten) wurden durch einen Neubau 1999 an der Himbsel- und Oettingenstraße gelöst. Zu den Dauerexponaten gehören Elfenbeinarbeiten, Waffen und Rüstungen, Spielzeuge und Jugenstilarbeiten. Besonders beliebt bei Besuchern: die wertvollste und größte Krippensammlung der Welt im Untergeschoss.

5.31 Gries

Das Gebiet zwischen Holzgarten und Isar war denkbar unwirtlich, es lag außerhalb des Münchner Burgfriedens und war ständig von Hochwassern bedroht. Hier siedelten sich einfache Arbeiter und Handwerker an, vor allem auch die »Patscher«, die Wäscher, die die vielen Bäche für ihr Gewerbe nutzten. Das Gelände des Gries eignete sich bestens zum Bleichen der Wäsche in der Sonne. Es siedelten sich weitere Handwerksbetriebe und Gaststätten an. Das Gries wurde bei Künstlern und Studenten zum beliebten »romantischen« Ausflugsort. Die Isarregulierung, der Bau der Prinzregentenstraße und die voranschreitende Wohnbebauung führten Anfang des 20. Jh. dazu, dass das Gries zu einer kleinen Wäschersiedlung zwischen Vincentinum und Mietblöcken schrumpfte und schließlich nach dem Zweiten Weltkrieg ganz verschwand.

Die armseligen Behausungen im Gries

5.32 Vincentinum

Durch die großzügige Spende von Michael Mahrhofer von der Konferenz St. Anna konnte 1857 ein Anwesen an der Oettingenstraße 16 als Unterkunft für die Niederbronner Schwestern erworben werden. Die Schwestern wurden zur Armen- und Krankenpflege nach München geschickt. Sie kümmerten sich im Lehel um verwahrloste Mädchen und Waisenkinder, die sie zu Dienstboten ausbildeten. 1859 legte man den Grundstein für eine Kapelle, ein Jahr später kam ein Heim für alte Dienstboten dazu. Es stellte sich bald heraus, dass sich gleichzeitige Kinder- und Altenpflege in einem Haus schwierig gestaltete. 1877 beschränkte man sich im Vincentinum ausschließlich auf alte weibliche Dienstboten, die Kinder kamen ins neu gegründete St.-Anna-Heim. 1902 wurde der Grundstein für einen Neubau nach Plänen von Gabriel von Seidel mit ausreichend Platz gelegt, das heutige Vincentinum. 1903 wurde die Kapelle geweiht. Im Ostflügel, dem Frauenbau, gab es 110 Zimmer für Pensionärinnen und Pfründtnerinnen. Im Westflügel, dem Herrenbau, kamen 35 studierende Geistliche in Einzelzimmern unter. Im Zweiten Weltkrieg zerstörten Bomben den kompletten Herrenbau und das Dachgeschoss des Frauenbaus. 1996 übergaben die Ordensschwestern die Leitung an den St. Vinzentius-Zentralverein München. Die letzte umfangreiche Sanierung des Heims erfolgte 2005.

Vor dem Vincentinum standen 1905 noch die kleinen Armeleutehäuser des Gries. Heute ist hier ein Spielplatz.

5.33 Luitpold-Gymnasium

Nein, das ist nicht die Schule, auf die Albert Einstein einst gegangen ist! Gerne wird das Luitpold-Gymnasium in der Seeaustraße heute noch mit dem Luitpold-Gymnasium verwechselt, das bis 1944 in der Müllerstraße stand (und auf das das weltberühmte Genie ging). Das Müllerstraßen-Gymnasium ist heute das Albert-Einstein-Gymnasium in Harlaching. Dieses hier wurde 1891 von Prinzregent Luitpold als Königliche Luitpold-Realschule (nur für Knaben!) mit dem Schwerpunkt Naturwissenschaften gegründet. 538 Knaben sind die ersten Schüler des Neubaus (entworfen von Regierungsbauassessor Reuter) an der Alexandrastraße. 1907 wurde die Schule zur Kreis-Oberrealschule erhoben, deren Absolventen zu allen wichtigen Studiengängen (z. B. Medizin) zugelassen wurden. Das im Krieg stark zerstörte Schulgebäude konnte anschließend nicht mehr genutzt werden, die Schule wurde aufgelöst. Nach der Neugründung 1945 fand der Unterricht bis 1958 im Wilhelmsgymnasium statt. Das alte Grundstück an der Alexandrastraße erwies sich für einen geplanten Neubau als zu klein. Daher wurde das alte Kulissengebäude der Staatsoper an der Seeaustraße 1 als neuer Standort ausgewählt. 1958 wurde der Neubau nach Plänen von Karl Kergel eröffnet. Aus der Oberrealschule wurde 1965 offiziell das Luitpold-Gymnasium, das seit 1983 auch von Mädchen besucht werden kann. Bekannte Absolventen des Luitpold-Gymnasiums sind u. a. Architekt Sep Ruf, Nobelpreisträger Feodor Lynen, Journalist Schalom Ben-Chorin, DJ Tom Novy und Schauspieler Rick Kavanian.

5.34 Archäologische Staatssammlung

Die Urgeschichte Bayerns von der Steinzeit bis zum Frühmittelalter steht im Mittelpunkt der Archäologischen Staatssammlung in der Lerchenfeldstraße 2. Hervorgegangen ist das Museum aus der Privatinitiative des Anthropologen Johannes Ranke, der 1885 den »Museums-Verein für Vorgeschichtliche Alterthümer Baierns« gegründet hatte und nach einer von ihm organisierten Ausstellung seine Sammlung an urgeschichtlichen Objekten dem bayerischen Staat schenkte. Die Objekte wurden zunächst im Königlichen Ethnographischen Museum eingegliedert. 1927 überließen der Historische Verein Oberbayern und 1934 dann auch das Bayerische Nationalmuseum ihre prähistorischen Sammlungen dem Museum. Ab 1939 zeigte man die Museumsbestände in der Alten Akademie in der Neuhauser Straße, nach dem Zweiten Weltkrieg verschwanden sie in Archiven des Bayerischen Nationalmuseums. Im Februar 1976 eröffnete dann der Neubau am Englischen Garten (Architekten Helmut von Werz, Johann-Christoph Ottow, Erhard Bachmann und Michel Marx). Im Jahr 2000 erfolgte die Umbenennung von Prähistorische Sammlung in Archäologische Staatssammlung. Seit 2016 wird das Museum generalsaniert und baulich erweitert. Es soll 2023 wieder eröffnen.

Der Paradiesgarten (r.), 1884

5.35 Paradiesgarten

1790 schenkte Kurfürst Karl Theodor dem Wasserbaudirektor Adrian von Riedl ein Grundstück am Englischen Garten, das Riedl zu einem Park mit kleinem chinesischen Turm verwandelte. 1828 wurde die Ausflugswirtschaft »Paradiesgarten« eingerichtet, die sich schnell großer Beliebtheit erfreute. Hier trafen sich die Triftknechte und Müllerburschen mit den Wäscherinnen und Fabrikarbeiterinnen zum Tanz. 1894 wurde der Paradiesgarten abgerissen und der Grund mit Wohnhäusern bebaut, nur der Straßenname erinnert noch an die Gaststätte.

5.36 Tabakfabriken

Das Lehel war ein beliebter Standort für Tabakfabriken. Um 1790 ist von drei Fabriken die Rede: die kurf. privil. Tobackfabrik, die Tabakfabrik Seligmann et compl. sowie die Tabakfabrik Holzer (später Miller et Brunner). Alle stellten hauptsächlich Schnupftabak her, sie bezogen den Tabak aus der Pfalz und aus dem Ausland. Holzer baute auf seinem Grund am Englischen Garten sogar eigenen Tabak an. Wie lange die Tabakfabriken existierten, ist nicht klar. Die Firma Miller et Brunner wurde nach dem Tod Brunners 1803 abgewickelt. Auf dem Gelände am Eisbach entstand das Dianabad.

Dianabad

»Bad« ist etwas untertrieben, zum 1818 eröffneten noblen Etablissement gehörten 51 Hotelzimmer, zwei Speisesäle, pompöse Festsäle, Wintergärten mit Springbrunnen, mehrere Badebecken, Gymnastikräume und im Winter eine Schlittschuhbahn. 1850 kaufte der Tuchmacher Johann Georg Frey das Bad. Den Kurbetrieb leiteten der Arzt Joseph Steinbacher und sein Inspektor J. Baptista Vanoni. 1862 baute Frey beim Dianabad eine mechanische Schafwollspinnerei, um Loden zu produzieren. Der Badebetrieb wurde wohl um 1865 eingestellt, das Gebäude wurde als Ausflugslokal genutzt. 1900 stellte man den Betrieb ganz ein, neun Jahre später wurde das Haus abgerissen. Die Frey'sche Lodenfabrik war 1870 bereits an die Osterwaldstraße gezogen.

Eine kleine Bachgeschichte

Manche sprachen romantisierend vom »Venedig des Nordens« – und meinten damit weder Hamburg noch Amsterdam noch Stockholm, sondern München –, so viele Bäche gehörten einst zum Bild der bayerischen Hauptstadt.

Bäche, gespeist von der Isar, der München überhaupt erst seine Existenz verdankt. Schließlich wurde Villa Munichen 1158 gegründet, nachdem Heinrich der Löwe, Herzog von Bayern und Sachsen, die Brücke des Bischofs von Freising bei Oberföhring zerstört hatte, um durch Brückenzoll am lukrativen Salzhandel zu profitieren. Nahe einem alten Kloster auf dem Petersbergl ließ Heinrich eine Brücke über die Isarinseln (bei der heutigen Ludwigsbrücke) bauen. Die zugehörige Siedlung blieb erhöht auf den Hochufern in respektvoller Distanz zum reißenden Fluss und zu seinen wilden Nebenarmen. Es empfahl sich nicht, nahe der Isar zu bauen. Zu oft führte sie Hochwasser und änderte mitunter ihren Lauf. Die Isar mäanderte stark verästelt durch eine Auenlandschaft mit zahllosen Inseln aus Geröllaufschüttungen, noch auf Karten des 19. Jh. kann man diese urwüchsige Landschaft erkennen.

Bis ins Jahr 1907 zweigte links der Isar in Höhe Thalkirchen der Große Stadtbach ab. Er teilte sich an der Ecke Dreimühlen- und Isartalstraße in den Westermühl- und den Pesenbach. Auch diese beiden Hauptbäche zergliederten sich in mehrere kleine Arme. Das Westermühlbachsystem strömte durch die Altstadt, weshalb man es die Inneren Bäche nannte. Die Äußeren Bäche des Pesenbachsystems durchflossen den Bereich vor der Stadtmauer. Der dritte große Hauptbach, der Dreimühlenbach, zweigte schon weiter isaraufwärts ab und blieb von den Systemen unabhängig. Auch er speiste später den Großen Stadtgrabenbach. Die Bäche auf der anderen Isarseite, vor allem der Auer Mühlbach und der Entenbach, gelten historisch gesehen nicht als Münchner Stadtbäche – denn die einst unabhängige Stadt Au wurde erst 1854 nach München eingemeindet.

Es klappern die Mühlen …

Um die Hochwasserprobleme in den Griff zu bekommen und gleichzeitig die Leistungskapazität des Wassers zu nutzen, begann man bereits im 12. Jh. die Verästelungen der Isar zu kontrollierbaren Kanälen und Stadtbächen umzugestalten. Fließendes Wasser stellte in der vorindustriellen Zeit die wichtigste Energiequelle dar und Wassermühlen waren die multifunktionalen Kraftwerke jener Tage. Die älteste, 957 schriftlich erwähnte Mühle im Stadtgebiet des heutigen München ist die Schrafnaglmühle am Auer Mühlbach (heute: Lohstraße 46) in Untergiesing. Für das 14. Jh. sind bereits 16 Mühlen in München nachgewiesen, viele davon Getreidemühlen, aber auch Walkmühlen und Lohstampfen, die »Lohe« (Eichenrinde) zerstampften, mit der man Leder gerbte. 1345 entstand die erste Sägemühle, die dem Heiliggeistspital unterstellte Westermühle.

Mit der Nutzung von Mühlen verstärkten sich die Verbauungsmaßnahmen, denn damit eine Mühle effektiv und ruhig laufen kann, benötigt sie einen regelmäßigen Wasserzufluss. Man begradigte einzelne Abschnitte, errichtete Beschlächte (Uferbefestigungen mit Pfeilern und Bohlen), baute Wehre, Dämme und Wuhren (Kanäle). Doch trotz aller Bemühungen schwemmte die Isar regelmäßig Geröllmassen in das Gebiet von Isarvorstadt und Lehel. Die Gegend nannte man daher in Anspielung auf das Geröll »Grieß«, es galt als kaum besiedelbar und die Mühlenbetreiber lebten mit ihren Familien in ständiger Gefahr, Isaropfer zu werden. Die Mühlen befanden sich übrigens, sofern sie nicht an Klöster gestiftet worden waren, im Besitz der bayerischen Herzöge. Die Stadt München brauchte herzogliche Zustimmung, um dringend benötigte Mühlen an den Stadtbächen zu errichten. 1462 gestand der Herzog München vor dem Isartor zwei »Mühlschläge« zu, große Grundstücke, die frühindustriell genutzt werden konnten: das Obere und das Untere Lehel – letztlich die Geburtsstunde von Isarvorstadt (Oberes Lehel) und St. Anna-Vorstadt bzw.

Die Angerschleifmühle am Glockenbach, Aquarell von 1844, stand da, wo der Große Angerbach vom Glockenbach abzweigte

Eine kleine Bachgeschichte

Stadtgrabenbach vor dem Sendlinger Tor, 1850

Lehel (Unteres Lehel).1465 wurde die städtische Obere Bleiche (im Unterschied zur Unteren Bleiche am Englischen Garten, heutiges Lehel) zwischen Westermühl- und Mahlmühlbach eingerichtet.

Die Bäche sollen die Stadt verteidigen

In dieser Zeit erhielt München auch seine neue Stadtbefestigung, und um die Stadt noch besser zu beschützen, zog man entlang der Mauern tiefe, breite Kanäle – gespeist vom Glockenbach flossen nun der Westliche und der Östliche Stadtgrabenbach um München herum (in etwa der Verlauf des Altstadtrings). Weiher bildeten sich vor der Stadtmauer, die Stadt erkannte deren wirtschaftliches Potenzial und nutzte sie kurzerhand zur Fischzucht. Die 1331 errichtete Angermühle musste im 17. Jh. neuen Stadtbefestigungsarbeiten weichen, denn bedingt durch den Ausbruch des Dreißigjährigen Kriegs 1618 ließ Kurfürst Maximilian I. München erneut umfassend befestigen. Die Bewässerung der Gräben und damit eine wichtige Schutzfunktion der Stadt übernahmen nun Glocken-, Lazarett-, Heiliggeistmühl- und Kaiblmühlbach. Bäche wurden umgeleitet, zugeschüttet oder neu gegraben, womit Mühlen abgerissen werden mussten. Nur Schmieden und Sägemühlen blieben erhalten. Wohnhäuser, Wirtschaftsgebäude und sogar die Mauern und Gebäude des Alten Südlichen Friedhofs ließ man schleifen, um den anrückenden Schweden keine Deckung zu bieten – was die Schweden übrigens herzlich wenig beeindruckte, sie besetzten München 1632 trotzdem und erpressten ein immenses Schutzgeld, damit sie die Stadt nicht zerstörten. Nach Abzug der Schweden bekam der bayerische Kurfürst ein gewaltiges Problem mit wütenden Bachnutzern aus der Isarvorstadt und dem Lehel. Sie forderten Entschädigungen. Letztlich ging aber nicht nur die Witwe Sabine von Ahamb, einstige Müllerin der Angermühle, die 1640 bei Hofe die ihr zustehenden jährlichen 200 Gulden einforderte, leer aus.

Die zunehmende Nutzung der Bäche führte zu weiteren Beschlächten, Aus- und Umbauten, neuen Wehren und Schleusen – und zu Streit um das Wasser. Eichmarken sollten helfen, den Wasserstand für die Mühlen gleichmäßig zu halten, denn an der »Aich« konnte man die Höhe der zugeteilten Wassermenge ablesen. Zudem versuchte die Stadt über die Jahrhunderte, das Isarbett näher an die Stadt zu zwingen, gab Tausende von Gulden aus für den Hochwasserschutz und um den Stadtbächen mehr Wasser zuzuführen »zu allerlei Notdurft und Zierden«. Die Stadt musste nicht alleine die konstanten Reparaturkosten tragen, sie teilte sich ab 1567 den Aufwand mit den ansässigen Müllern. Für Müller galten ohnehin andere Rechtsvorschriften. So setzte das alte Münchner Stadtrechtsbuch in Artikel 78 fest, dass Diebstahl an Mühlengut wie Kirchenraub zu bestrafen sei. War das Diebesgut mehr als 12 Silberpfennige wert, wartete der Henker.

Trink- und Abwasserprobleme

Abgesehen vom streng geregelten Mühlenbau durften alle Bürger die Bäche nutzen und benutzen: Sie lieferten Brauchwasser, bewässerten Gärtnereien und Fischzuchtbetriebe und boten jederzeit genügend Löschwasser bei Bränden. Gleichzeitig nutzten die Münchner ihre Bäche als praktisches Abwassersystem. Viele Häuser errichteten ihre Abtritte direkt über einem Bach. Die Abwässer sollten über Jahrhunderte ein Problem bleiben. Die Trinkwasserversorgung regelte die Stadt im Mittelalter übrigens nicht über die Bäche, sondern durch Grundwasserbrunnen, denn bereits damals ahnte man etwas vom Zusammenhang zwischen verseuchtem Wasser und Epidemien. Damals fürchtete man aber vor allem die üblen Gerüche, die »Miasmen«, die als Auslöser schrecklicher Krankheiten wie Pest und Typhus galten. München war ein regelrechtes Typhusnest. In reinem, fließendem Wasser hingegen sah man einen Gesundbrunnen. Daher richtete die Stadt 1573 ihr Brechhaus, ein Isolierungshaus in Seuchenzeiten, zwischen Pesenbach und Isar ein.

Im 15. Jh. blickte München neidvoll in die modernen Metropolen Nürnberg und Augsburg, denn dort hatte sich schon längst der neueste Trend des Leitungswassers durchgesetzt. 1471 war es dann so weit: Von den Thalkirchner Quellen führte eine Fernwasserleitung direkt in die Stadt. Damit schlug die Geburtsstunde der Brunnhäuser, denn der natürliche Druck reichte nicht, um das Leitungswasser in der ganzen Stadt zu verteilen. Ein Brunnhaus bestand aus einem Wasserrad, einer Kurbelwelle und den Pumpen. So wurde Wasser in Bleiröhren angesaugt, in einen Wasserturm gedrückt und von dort über Bleileitungen an die Abnehmer verteilt. Die Stadtbäche trieben nun zusätzlich Brunnhauswasserräder an, die Wehrtürme der Stadtmauer dienten als

Das Feuerbächl in der Sternstraße, 1895

Wassertürme. Die Brunnhäuser unterstanden der Aufsicht des Brunnenmeisters. Der erste Brunnenmeister, Hans Gasteiger, konnte 1621 in seine Dienstwohnung am Sendlinger Tor ziehen. Doch die Brunnhäuser erwiesen sich als extrem störanfällig, da ihre Leistungskraft von den Stadtbächen abhing. Mit jedem Hochwasser kamen Sand und Geröll und die Münchner entsorgten allen Verboten zum Trotz jeglichen Müll über die Stadtbäche. Regelmäßige Bachauskehrungen gehörten daher zum Jahresablauf, was aber jedes Mal einen totalen Stillstand der Wasserzufuhr für Tage oder sogar Wochen bedeutete. Nur das Brunnhaus an der Oberen Lände nahe des Alten Südfriedhofs lieferte während der Bachauskehr noch Wasser. Die Auskehr der Äußeren Bäche gehörte grundsätzlich zum Aufgabenbereich der Gewerbetreibenden, auch hier beteiligte sich die Stadt hälftig an den Kosten.

Im Winter bedrohte Eis die Funktionstüchtigkeit der Brunnhäuser. Wenn die Bäche einfroren, stellte die Stadt Tagelöhner ein, die die Pumpen per Hand bedienten. Wenn jedoch die Bäche zufroren, standen auch die Mühlen still. Eine Katastrophe für den Wirtschaftsstandort. Im Winter hatten auch alle Bürger, die zu privaten Zwecken ein Mühlrad in die Bäche gehängt hatten, ihre Räder zu entfernen. Über die Bäche gebaute Schuppen oder Hütten förderten ebenfalls die Eisbildung und die Stadt sprach bis ins 20. Jh. regelmäßig Verbote aus, die man offenbar ebenso regelmäßig ignorierte.

Die Industrie entdeckt die Bäche

Ende des 18. Jh. und vor allem im 19. Jh. rollte das Zeitalter der Industrialisierung über Europa, innovative Unternehmen siedelten sich auch in München an. Um den weiteren Ausbau des Industriestandorts München zu forcieren, ließ die Stadt 1851 die Kapazitäten der Bäche prüfen. Es stellte sich heraus, dass die Stadtbäche am Rande ihrer Leistungsfähigkeit Räder jeglicher Art antrieben: Mahl-, Säge-, Gewürz- und Ölmühlen, Säge- und Hammerwerke, Walken und Lohstampfen. Man zählte 140 Triebwerke mit insgesamt 280 Rädern bzw. 2162 PS. Größere Fabriken siedelten sich an. Wie gut das Gewerbegebiet vor dem Sendlinger Tor erschlossen war, zeigt, dass bis 1896 der Westermühlbach mit Flößen bis zur Oberen Lände (Geyerstraße/Karl-Heinrich-Ulrichs-Platz) befahren werden konnte. Genau diese Flöße stellten längst ein Problem dar. Da sich München immer weiter nach Süden ausdehnte, klagten die Flößer über die zunehmend beengten Verhältnisse und die Stadt warf den Flößern Behinderung und Beschädigung des Beschlächts vor. Auch die Untere Lände (Steinsdorfstraße gegenüber Museumsinsel, damals Kohleninsel) stand am Rande ihrer Kapazitäten. Eine neue Zentrallände musste her – außerhalb der Stadt, isaraufwärts. Mit der Eröffnung der Zentrallände bei Maria Einsiedel wurden die Obere Lände an der Geyerstraße und die Untere Lände stillgelegt.

München wird entfestigt

Mit der beginnenden Industrialisierung ging im späten 18. Jh. die Entfestigung Münchens einher. Die Stadtwälle und Mauern waren ohnehin an vielen Stellen längst eingestürzt und die Wassergräben hatten sich in stinkende Sümpfe verwandelt. Von den ehemaligen Bewässerungszuflüssen blieben der Glockenbach und die Stadtgrabenbäche erhalten. Am Einlaß, an der Roßschwemme, befand sich die Erziehungsanstalt für »Müßiggänger« und »arbeitsunwillige« Arme. Die Feuchtigkeit der Bachlage führte jedoch zu Lungen- und Darmkrankheiten. Zudem erwies sich der Roßschwemmbach als denkbar praktischer und einfacher Fluchthelfer.

Nach der Entfestigung ging die Stadt an den Kanalausbau. Schritt für Schritt konnten nun kleinere Bäche und Kanäle, die bisher als Abwasserkanal gedient hatten, aufgelassen werden.

Längst nicht mehr Schritt halten mit dem Wachstum Münchens konnten die Brunnhäuser. 1848 beschrieb ein Reisender das Münchner Leitungswasser als »eine kleine Menagerie von Würmern und Amphibien aller Art«. Als neue Trinkwasserversorgung erschloss sich München das Mangfallgebiet. Die Brunnhäuser verloren ihre Aufgabe und waren um 1890 fast alle abgerissen. Einzig das Pettenkofer-Brunnhaus versorgte weiterhin den Schlacht- und Viehhof.

Tod im Bach und Bachtod

Die Urbanisierung brachte noch ein ganz anderes Problem: Zunehmend stürzten Menschen in die Bäche und ertranken, die Todesfälle häuften sich. Nun mussten Geländer, Warntafeln und Rettungsleinen an Ufern und Brücken angebracht werden. Mit der zunehmenden Überbauung der Bäche wurde es nötig, Gitter vor dem überwölbten Bachlauf anzubringen, da sonst keine Rettung möglich war. Die Bäche störten auch die Stadtentwicklung. Baugrund war selten und teuer. Die Stadt verkaufte immer mehr Bauherren die Bachoberfläche und erlaubte, diese zu überbauen. Die Bachbettsohle blieb in Besitz der Stadt. Auch die Stadt überbaute mehr und mehr. Der Roßschwemmbach musste 1845 dem Viktualienmarkt weichen. Das Aufkommen des Automobils beschleunigte den Bachtod. Die Straßenüberbauungen und Brücken waren auf Pferde und Kutschen ausgerichtet, nicht auf schwere Lkw. 1911 lagen schließlich Pläne zur kompletten Auflassung aller Stadtbäche vor, u. a. auch, weil München schon seit 1893 mit einer Untergrundbahn liebäugelte – was als undurchführbar galt, solange es Bäche gab. Die Auflassungspläne wurden letztlich nie umgesetzt, doch Bach um Bach wurde eingefüllt. Es traf vor allem die Bäche, die nicht dem neuesten Zweck dienen konnten: der Stromgewinnung. Immer mehr Turbinen zogen Energie aus dem Wasser, die meisten betrieb die Stadt München selbst. Noch in den

Bacheinsturz

Der Baum war geschmückt, die Plätzchen gebacken, die Geschenke verpackt – für das ältere Ehepaar, das in der Rumfordstraße 45 Parterre lebte, alles sah nach einem gemütlichen Weihnachtsabend aus. Niemand rechnete damit, dass der im wahrsten Sinne des Wortes ins Wasser fallen sollte. Denn in der Nacht des 23. Dezembers 1953 wachte das Ehepaar, umgeben von den Trümmern seiner Wohnungseinrichtung, im tosenden Wasser auf. Der Fußboden der Wohnung hatte nachgegeben. Das Paar konnte sich glücklicherweise kaum verletzt aus dem Stadthammerschmiedbach retten, der unter dem Haus floss und die Überbauungskonstruktion zersetzt hatte.

Im Neubau der Pensionskasse von Wacker Chemie an der Prinzregentenstraße fließt ein Stück des Stadtmühlbachs offen durch den Innenhof

1930er-Jahren zählte man 43 stromproduzierende Anlagen an den Stadtbächen.

In den 1930er-Jahren und während des Zweiten Weltkriegs stoppten die Behörden die Bachauflassung aus »wehrtechnischen Gründen«. Die Bäche sollten als Löschwasser- und Stromlieferant dienen sowie über die letzten fünf Getreidemühlen die Nahrungsversorgung sicherstellen. Ein Irrglaube, wie die ersten Bombenangriffe zeigten. Die Keller, in die sich die Menschen geflüchtet hatten, liefen voll Wasser, viele ertranken qualvoll. Verschüttete Bachläufe sorgten für Überschwemmungen und Mühlen wurden zerstört. Nach dem Krieg hatten die Bäche nichts mehr von dem zu bieten, wodurch überhaupt erst städtisches Leben in München entstehen konnte: Man brauchte sie weder zur Trinkwasserversorgung noch zur Kanalisation und schon gar nicht mehr als Energiequelle. Man argumentierte, dass die Bäche auch kriminelle Machenschaften förderten, so z. B. das Verschwindenlassen von Tatwaffen oder Leichen … Auch der Umweltschutz gewann an Bedeutung, denn über Hinterhöfe und Kellerzugänge entsorgten nicht wenige Öl und giftige Abfallprodukte. Und dann der Verkehr! München hatte in den Nachkriegsjahren eine vernünftige Verkehrsplanung verschlafen und sah sich dem täglichen Totalzusammenbruch des innerstädtischen Verkehrs gegenüber. Also verdrängte man die einzigartige Möglichkeit, München ein noch mediterraneres Antlitz zu geben, indem man die Bäche stadtgestalterisch einbezog. Im Gegenteil, der Entschluss stand fest: Endgültig weg mit plätschernden Bächen oder einstürzenden Brücken!

Ab 1965 machte man Ernst. Die Tatsache, dass München die Olympischen Spiele 1972 austragen sollte, beschleunigte den Bachtod rasant. Denn für den U-Bahnbau wollte man sich fortan nicht mehr vom Wasser behindern lassen. Bis auf einen winzigen Rest hörten die Münchner Stadtbäche auf zu existieren. Den Großen Stadtbach, Urmutter der Bachäste, schnitt man beinahe komplett ab. An der Braunauer Eisenbahnbrücke, da, wo im Süden die Isarvorstadt beginnt, darf er zur Durchspülung des Westlichen Stadtgrabenbachs noch 5 m^3/s abgeben, ansonsten muss er gleich wieder zurück in die Isar. 1976 fand die Schlussbegehung in den trockenen Bachbetten statt – Ende einer jahrhundertelangen Symbiose von Mensch und Wasser.

Krokodilstränen

Bald meldeten sich die Bedauerer. 1980 forderte das Münchner Forum, ein Diskussionsforum für Fragen der Stadtplanung, die Wiederbelebung der Stadtbäche, um einen Stadtraum mit »ungekünstelter Originalität und unaufdringlicher Vielfalt« zu gestalten. Ein Hauptprojekt bezog sich auf den noch im Betrieb befindlichen Westlichen Stadtgrabenbach. Er sollte vom Sendlinger Tor an geöffnet werden und parallel zur Sonnenstraße für mehr Grün und Lebensqualität sorgen. Auch die Öffnung der Strecke Westermühl-, Lazarett-, Katzenbach erwog man. Doch die Pläne scheiterten und scheitern weiterhin an knappen Kassen und vor allem an schwierigen Besitzverhältnissen, denn die Stadt hatte zwischenzeitlich auch viele Bachbetten an die jeweiligen Hausbesitzer verkauft. Auch sind die Bachbetten teilweise mit Beton eingefüllt.

Heute fließt in der Isarvorstadt nur noch der Westermühlbach teilweise offen, er mündet in der Holzstraße in den unterirdischen Glockenbach, der wiederum am Sendlinger Tor in den Westlichen Stadtgrabenbach fließt, dort parallel zur Sonnenstraße (Herzog-Heinrich-Straße etc.) einmal die Altstadt umrundet, und dann vor der Staatskanzlei am Englischen Garten als Köglmühlbach erneut das Tageslicht erblickt. Im Lehel ist auf wenigen Metern der Stadtmühlbach an der Oberfläche. Erst im Englischen Garten sind die Stadtbäche wieder für alle sicht- und nutzbar.

Bäche und Mühlen in Altstadt und Lehel

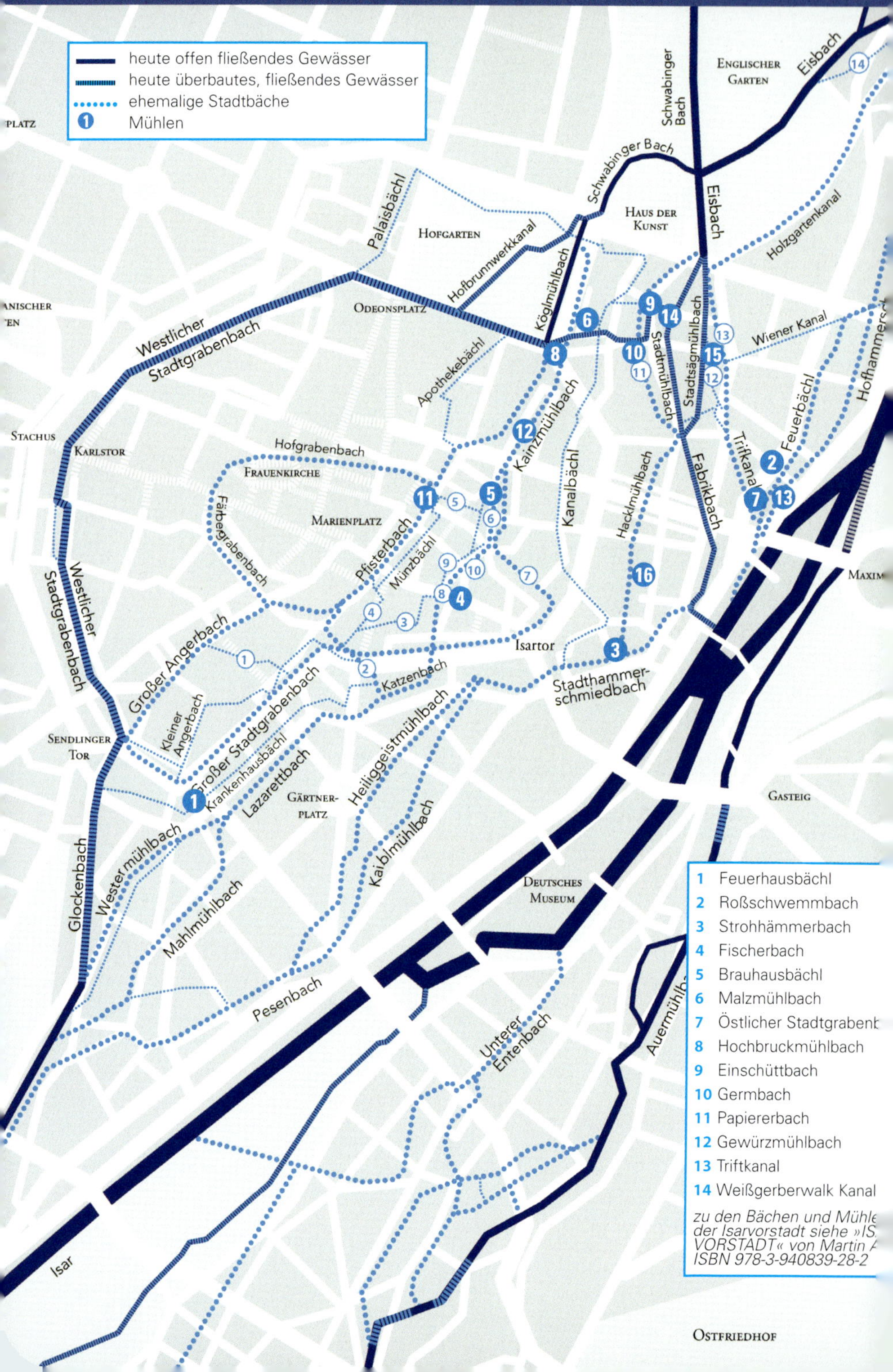

DIE BÄCHE

Altach

Das 1378 erwähnte Bächlein, das auf dem Grieß, also im Lehel floss, lässt sich nicht mehr lokalisieren.

Angerbach, Großer

An der Schule am Sendlinger Tor trat der Glockenbach in die Stadt ein und hieß ab hier Großer Angerbach. Der Bach floss durch den Oberanger, bog an der Ecke Rosen-/Pettenbeckstraße nach Westen ab und endete ungefähr beim Kustermannhaus im Roßschwemmbach. Ab 1876 war er vollständig überwölbt, 1966 wurde er aufgelassen.

Angerbach, Kleiner

Er zweigte vom Großen Angerbach ab. Ursprünglich floss er durch das Gelände des Angerklosters über den Jakobsplatz bis zum Roßschwemmbach, bis man 1762 den Bachlauf änderte. Nun verlief der Bach außerhalb der Klostermauern und endete im Östlichen Stadtgraben. In den folgenden Jahrzehnten wurde der Bach immer wieder umgeleitet, bis man ihn als überflüssig einstufte und 1915 aufließ.

Apothekerbächl

Das Bächlein zweigte bei der Falkenturmstraße vom Pfisterbach Richtung Norden ab und floss durch die Residenz, wo er u. a. zum Reinigen der Ställe diente. Er mündete schließlich in den Westlichen Stadtgrabenbach. Schon 1896 wurde er auf die Liste der aufzulassenden Bäche gesetzt, erst 1927 wurde er stillgelegt.

Bächl im Tal

Auf historischen Stadtplänen ist das Bächl, das in der Mitte des Tals fließt, gut zu erkennen. Er diente wohl als Abwasserkanal für die Anwohner. Er wurde im 18. Jh. in den Germbach umgeleitet. Vermutlich wurde er mit dem Germbach 1873 zugeschüttet.

Der Eisbach im Englischen Garten

Bräuhausbächl (Cantoreybachl)

Der kleine Bach verlief unter dem Hofbräuhaus quer übers Platzl zwischen Malzmühlbach und Pfisterbach. Er wurde 1896 stillgelegt.

Bräuhausbächl Ausläufer

Im Brunnwerk des Hofbräuhauses ging ein Kanal ab, der in nördliche Richtung floss und in den Malzmühlbach mündete. 1902 mauerte man diese Einmündung zu – die Anwohner schütteten trotzdem weiterhin ihren Unrat in das nun stehende Gewässer, woraufhin ein grauenhaft stinkender Morast entstand. Zwei Jahre später füllte man das Bachbett auf.

Einschüttbach

An der Hochbrückenstraße verzweigte sich der Hochbruckmühlbach in den Einschüttbach und den Germbach. Die beiden parallel verlaufenden Bäche vereinten sich an der Neuturmstraße zum Malzmühlbach. An der Ledererstraße gab es zwei Einschütten, also Orte, an denen die Anwohner ihren Unrat in den Bach geben konnten. Der Bach wurde 1967 trockengelegt.

Eisbach

Der Eisbach beginnt an der Prinzregentenstraße neben dem Haus der Kunst, wo sich Stadtmühlbach und Stadtsägmühlbach vereinen. Er verlauft komplett überirdisch gut 3 km durch den Englischen Garten bis zur Bogenhausener Brücke, wo er in die Isar mündet.

Fabrikbach

Der Stadthammerschmiedbach teilte sich an der Liebherrstraße in Hacklmühl- und Fabrikbach. Einst lag an diesem Bach die kurfürstliche Baumwollmanufaktur. Seit der Auflassung der Stadtbäche wird der Fabrikbach an der Mariannenbrücke direkt aus der Isar abgeleitet. Er fließt unter der Maximilianstraße hindurch zur Adelgunden-/Bürkleinstraße, wo er sich in Stadtmühl- und Stadtsägmühlbach aufteilt.

Färbergrabenbach

Dieser Bach umfloss als Teil der ersten Münchner Stadtbefestigung die Stadtmauer. Gespeist vom Großen Angerbach begann er ungefähr am Löwenturm und floss zur Augustinerstraße, von da an hieß er Hofgrabenbach. Färber- und Hofgrabenbach dienten als Universalabwasserkanäle

Bäche und Mühlen in Altstadt und Lehel

Der Hofhammerschmiedbach (1895) war kaum mehr als eine Kloake durch Slumhütten, oft genug kam es zu Hauseinstürzen

für allerlei Unrat, sie wurden im Jahr 1900 aufgelassen und zu Regenwasserkanälen umgebaut.

Feuerbächl

Er begann an der Maximilianstraße, gespeist vom Triftkanal und floss bis zur Prinzregentenstraße, wo er in den Hofhammerschmiedbach mündete. Er diente wohl als Triftkanal und Löschwasserlieferant, vor allem aber als Abwasserkanal, der bei zu wenig Wasserzufuhr erbärmlich stank. Da das Lehel damals vor allem von den Ärmsten der Armen bewohnt war, waren die hygienischen Verhältnisse desaströs. Das Feuerbächl wurde 1874 als »Seuchenbächl« bezeichnet. 1899 wurde das Bächlein beim Ausbau der Kanalisierung aufgelassen.

Fischerbach

Dieser Bach zweigte nördlich der Frauenstraße aus dem Roßschwemmbach ab und mündete an der Heiliggeistkirche wieder in den Roßschwemmbach. Er diente früher vermutlich dem Heiliggeistspital als Zu- und Abwasserkanal. Ab dem 19. Jh. wurde er wichtig für die Fischhändler am Viktualienmarkt, die hier ihre Fischkästen einhängten. Weil sich aber zu oft Unrat staute, konnte er ab Ende des 19. Jh. nicht mehr dafür genutzt werden. Kurz nach dem Krieg versucht die Stadt, ihn aufzulassen, was aber erst 1967 erfolgte.

Am Kainzmühlbach zwischen Wurzer- und Marstallstraße, 1905

Germbach, Wührbach

Im Tal spaltete sich der Hochbrückmühlbach in Einschütt- und Germbach, die sich an der Bräuhausstraße wieder vereinten. So entstand eine Gern, also ein keilförmiges Stück Land, in diesem Fall eine Insel, die dem Bach den Namen gab (gelegentlich taucht auch der Name Wührbach auf). Der Bach wurde 1873 aufgefüllt.

Gewürzmühlbach

Eine Gewürzmühle, die um 1600 erbaut worden war und am ersten Bachabschnitt lag, war der Namensgeber. Der Bach zweigt an der Ecke Gewürzmühl-/St.-Anna-Straße vom Stadtsägmühlbach ab, in den er dann in Höhe der Unsöldstraße wieder mündete. 1958 kam sein Ende.

Hacklmühlbach

In der Liebherrstraße spaltete sich der Stadthammerschmiedbach in Fabrik- und Hacklmühlbach auf. Der Hacklmühlbach floss in nördliche Richtung und vereinte sich an der Bürkleinstraße wieder mit dem Fabrikbach. Namensgeber war die Hacklmühle, die an der Liebherrstraße lag. Der Bach wurde 1964 aufgelassen.

Hauptmünzkanal

Vom Pfisterbach aus legte man 1808/09 einen Kanal in den Keller der Neuen Münze im ehemaligen Marstall. Der Hauptmünzkanal lieferte die Energie für drei Wasserräder für das Druck- und Pochwerk. Er wurde 1968 zugeschüttet.

Hochbruckmühlbach

Ab der Westenriederstraße hieß der Katzenbach Hochbruckmühlbach, der die Hochbruckmühle im Tal ab dem 14. Jh. mit Wasser versorgte. Der Bach wurde 1872 überbaut und 1967 aufgelassen.

Blick in die heutige Sparkassenstraße im Jahr 1890 nach Süden, im Hintergrund der Turm des Alten Rathauses.

Blick in die heutige Sparkassenstraße im Jahr 1907 nach Norden kurz vor der Überwölbung. Der Turm im Hintergrund gehört zum Pfisterbach-Brunnhaus.

Hofbrunnwerk Kanal

Einer der wenigen noch heute existierenden Bachläufe. Er beginnt am Mittelbau der Residenz, fließt unter den Hofgarten hindurch in den Englischen Garten, wo er sich mit dem Schwabinger Bach vereint.

Hofhammerschmiedbach

Dieser Bach wurde am Praterwehr aus der Isar ausgeleitet, floss parallel zur Isar durch das »Grieß« bis zur Bogenhausener Brücke. Er belieferte die 1680 erbaute Hofhammerschmiede an der Widenmayerstraße und später die 1735 errichtete Hofsägmühle mit Wasser. Er wurde bereits 1928 aufgelassen, aber erst 1955 zugeschüttet.

Kainzmühlbach

Ab dem Hof des Hotels Vier Jahreszeiten trug der Malzmühlbach einen neuen Namen: Kainzmühlbach. Er belieferte die Kainzmühle in der Pilotystraße mit Energie, bevor er in den Köglmühlbach mündete Sein Ende kam 1967.

Kanalbächl (Leonibächl)

Es wurde am Isartor aus dem Stadthammerschmiedbach ausgeleitet und umfloss in nördlicher Richtung die Bastionen. Er mündete in den Köglmühlbach. Der Bach war häufig verschmutzt, Unrat staute sich, was immer wieder zu Überschwemmungen führte, weshalb ihn die Stadt nach massiven Anwohnerbeschwerden 1897 aufließ.

Katzenbach

Der Lazarettbach spaltete sich nahe dem Reichenbachplatz in Roßschwemm- und Katzenbach. Der Katzenbach floss bis zur Westenriederstraße, von da an hieß er Hochbruckbach. Zwei Kanäle versorgten das Brunnhaus am Katzenbach mit Energie. Die Kanäle ließ man 1919 auf, den Bach 1967.

Köglmühlbach

Einst war er die Fortsetzung des Pfisterbachs, heute wird er aus dem Westlichen Stadtgrabenbach gespeist. Er fließt vor der Staatskanzlei vorbei in den Englischen Garten, wo er in den Schwabinger Bach mündet. Seinen Namen verdankt er der Köglmühle, die vom Ende des 15. Jh. bis 1922 existierte. Der Köglmühlbach wurde zwar 1968 stillgelegt, dann aber mit dem Bau der Staatskanzlei 1992 wiederbelebt.

Laimbäche

Alle Bäche, die nach der Laimbrücke (sie befand sich etwas nördlich der Kreuzung Zweibrücken-/Thierschstraße) durch das Lehel flossen, nannte man die Laimbäche.

Lazarettbach

Der auch Krankenhausbächl genannte Bach versorgte das Militärkrankenhaus an der Müllerstraße mit Wasser. Er wurde 1968 aufgelassen.

Bäche und Mühlen in Altstadt und Lehel

Bei Bauarbeiten in der Müllerstraße wurde 2012 kurzfristig auch das alte Bachbett des Lazarettbachs freigelegt.

Ledererbächl

Das Bächlein ist für das 16. und 17. Jh. nachgewiesen. Es floss zwischen Tal und Ledererstraße und wurde um 1700 herum aufgelassen.

Loderbächl

Über das Bächlein weiß man heute nur, dass es irgendwo an der Zweibrückenstraße verlief und in den Stadthammerschmiedbach mündete.

Malzmühlbach

Wo Germ- und Einschüttbach sich vereinten, begann der Malzmühlbach. Er floss bis zum Hotel Vier Jahreszeiten, wo sich sein Name in Kainzmühlbach änderte. Er wurde 1967 aufgelassen.

Münzbächl

Es floss parallel zum Pfisterbach vom Heiliggeistspital zur Pfistermühle, wo es in das Bräuhausbächl mündete. Es wurde 1898 zugeschüttet.

Palaiskanal (-bächl)

Das Palaisbächl diente ursprünglich der Bewässerung der Stadtbefestigung. Es verdankt seinen Namen dem Prinz-Carl-Palais, das 1804-06 direkt an den Wallanlagen erbaut worden war. Der Kanal sollte mehrfach aufgelassen werden, was jedoch nie umgesetzt wurde. Die Zuleitung vom Stadtgrabenbach wurde in den 1930er-Jahren geschlossen. Er ist ausgetrocknet und durch die eiserne Spundwand eines Neubaus an der Ludwigstraße komplett abgeriegelt.

Papier(er)bach

An der Stelle, an der Hacklmühl- und Fabrikbach zusammenflossen, begann der Papier(er)bach. Er endete nördlich der Prinzregentenstraße im Eisbach. Seinen Namen verdankte er einer Papiermühle, die er mit Energie belieferte. Er wurde 1962 aufgefüllt.

Pfisterbach

Wo heute die Sparkassenstraße ist, verlief einst in der ganzen Breite der Pfisterbach vom Roßschwemmbach bis zur Hofgartenstraße (wo er seinen Namen in Köglmühlbach änderte). Der Bach gehörte vermutlich zu dem Wassergraben um die erste Stadtbefestigung. Seinen Namen hat er von der Pfistermühle, die heute noch an der Ecke Sparkassen-/Pfisterstraße steht. Die 1331 erstmals erwähnte Mühle hieß früher Torantsmühle, weshalb der Bach bis ins 18. Jh. den Namen Torantsbach trug. Der Pfisterbach wurde 1908 überwölbt und 1968 aufgelassen.

Roßschwemmbach

Wie der Katzenbach speiste er sich aus dem Lazarettbach. Der Roßschwemmbach verband die Isarvorstadt mit der Altstadt in Höhe der Frauenstraße, floss über den Viktualienmarkt und hieß ab der Sparkassenstraße Pfisterbach. Vermutlich zählte er zu den Bächen, die die älteste Stadtbefestigung Münchens umspülten. Im 14. Jh. entsorgte er vor allem die Fleischabfälle der hier ansässigen Metzger. Um 1392 hieß er Veitsbach, seinen neuen Namen bekam er 1416 nach der dort eingerichteten Roßschwemme, weil der Bach breit und tief genug war, um hier die Pferde schwimmen zu lassen. Das besorgten Burschen, die mit den Pferden in den Bach ritten. Da der Bach mitten in der Stadt eine große Wasserfläche bildete, wurde er Mitte des 19. Jh. überbaut, um den Viktualienmarkt zu schaffen. Seit 1968 fließt kein Wasser mehr durch ihn.

Schwabinger Bach

Die meisten halten ihn für den Eisbach, doch der Bach, der durch die sonnigen Liegewiesen im Englischen Garten fließt, ist der Schwabinger Bach. Er beginnt an der Von-der-Tann-Straße und speist sich aus dem Köglmühlbach. Nach ca. 6 km mündet er in die Isar.

Stadtgrabenbach, Östl. und Westl.

Die beiden Stadtgrabenbäche wurden aus dem Glockenbach gespeist und gehörten seit dem 15. Jh. zur Stadtbefestigung. Der Westliche ist bis heute erhalten. Sein Verlauf entspricht ab Sendlinger Tor beinahe dem Altstadtring in nördlicher/östlicher Richtung bis zum Odeonsplatz (von wo er unter dem Hofgarten bis zur Staatskanzlei fließt und dort als Köglmühlbach ans Tageslicht kommt). Auch er wurde nach der Entfestigung beinahe komplett überbaut. Am Östlichen gab es früher zahlreiche Fischweiher, er wurde 1966 aufgelassen.

Stadthammerschmiedbach

Er entstand aus dem Zusammenfluss

von Heiliggeist- und Kaiblmühlbach in der Rumfordstraße, von wo aus er über den Isartorplatz ins Lehel floss und dort einen der wichtigsten Energielieferanten für das dortige Gewerbegebiet darstellte. Auch Laimbach genannt. Mit der großen Auflassungswelle kam sein Ende 1966.

Stadtmühlbach

Er wird aus dem Fabrikbach gespeist und beginnt an der Kreuzung Bürklein-/St.-Anna-Straße. Er verläuft beinahe parallel zum Stadtsägmühlbach, mit dem er sich an der Prinzregentenstraße vereint, um dann als Eisbach in den Englischen Garten zu fließen. Den Namen hat er von der 1620 erbauten Stadtmühle.

Stadtsägmühlbach

Wie der Stadtmühlbach beginnt er an der Ecke Bürklein-/St.-Anna-Straße und fließt dann zur Prinzregentenstraße, wo er sich mit dem Stadtmühlbach zum Eisbach vereint. Die namensgebende Stadtsägmühle stand ab 1449 am St.-Anna-Platz.

Das Brunnhaus am Karlstor mit westlichem Stadtgrabenbach 1893

Strohhämmerbach

Das Bächlein verband den Fischerbach mit dem Hochbruckbach im Tal. Da der Bach hauptsächlich als Abwasserkanal genutzt wurde, waren seine Anwohner nicht traurig, als er 1902 aufgelassen wurde und die Anlieger an das neue Kanalsystem angeschlossen wurden.

Triftkanal

Gegenüber der Praterinsel auf Höhe des Alpinen Museums begann einst der Triftkanal, der am Englischen Garten in den Eisbach mündete. Der Triftkanal war 1606 für die Holztrift angelegt worden. Die Holzstämme wurden aus der Isar in den Kanal zum königlichen Holzgarten zwischen Liebig-, Oettingen- und Lerchenfeldstraße getriftet und dort eingelagert. Was der königliche Hof nicht selbst an Holz verbrauchte, wurde an Bürger verkauft. Die Trift endete 1870 und vor allem die Nebenarme des Kanals wurden nicht mehr mit ausreichend Wasser durchspült, sodass sich stinkende Tümpel bildeten. 1880 wurde die Holztrift dann offiziell aufgegeben und der Kanal ein Jahr später aufgelassen.

Vom Triftkanal zweigten über kürzere oder längere Strecken der Holzgartenkanal, der Gewürzmühl-, der Hutfabrik- und der Steinsägkanal ab. Alle wurden 1881 aufgelassen. Der längste war der Holzgartenkanal, der mehr als km entlang des Eisbachs führte, in den er dann schließlich in Höhe der Karolinenstraße mündete.

Wiener Kanal

Er war ein Ausläufer des Triftkanals und führte nur zur Triftzeit Wasser. Er führte über den Hofhammerschmiedbach in die Isar.

Weißgerberwalk Kanal

Der Verein der Münchner Weißgerber ließ 1854 eine Weißgerberwalk im Bereich Oettingen-/Dianastraße errichten. Dazu wurde ein Kanal vom Eisbach (Höhe Himmelreichstraße) bis zum Holzgartenkanal angelegt. Nach Stilllegung des Holzgartenkanals verlegte man den Abfluss in den Eisbach (Höhe Karolinenstraße). Der Bach wurde 1933 aufgelassen und zehn Jahre später zugeschüttet.

DIE MÜHLEN

① Angermühle

Die *Angermul*, wohl zwischen Müller- und Blumenstraße am Angertor gelegen, wird neben drei weiteren Mühlen 1331 von Kaiser Ludwig dem Bayern gestiftet, anlässlich einer Seelenmesse für seine Gattin Beatrix. 1471 kauft die Stadt München die

Mühle, reißt sie ab und verlegt sie wegen Befestigungsbauten. Caspar Freisinger wird ein Jahr später Müller der neuen *Angermul*. Doch 1639 wird die *Obere Stadt-* oder *Ahamermühl*, damals betrieben durch die Müllerin Sabine von Ahamb, endgültig zum »fortificationsgepeu«, also für Befestigungsanlagen, abgebrochen.

Die Hackl- oder Walsermühle 1905 (o.) und 1895 (u.)

❷ Gewürzmühle

Pfeffer, Zimt, Nelken und andere exotischen Spezereien aus aller Welt wurden hier an der Ecke Gewürzmühl-/Sternstraße zermahlen. Wie der Name nämlich verrät, war die um 1600 erstmals erwähnte Mühle zunächst eine Gewürz- und Farbenmühle. 1649 beschloss der Besitzer Michael Thoma, zusätzlich eine Furniersäge zu errichten. Bis 1830 diente die Gewürzmühle als Farb-, Säge - und Getreidemühle und man stellte auch »Krätz« her, ein wichtiges Pulver für Goldschmiede, das zur Goldabscheidung dient.

❸ Hackl-/Walsermühle

An der Ecke Liebherr-/Thierschstraße stand die Mühle des Caspar Hackl. Hackl, ab 1621 der Müller, gab der 1590 erstmals erwähnten Mühle seinen Namen. Sie wurde zu Fortifikationsanlagen im Dreißigjährigen Krieg zwar größtenteils abgebrochen, danach aber wieder aufgebaut. Ab 1666 gehörte die Mühle dem Jesuitenkolleg, nach der Säkularisation übernahm sie der Johanniterorden. 1848 wurde sie privatisiert. Zuletzt gehörte sie Simon Walser, dessen Tochter Maria Schmid die Mühle 1901 stilllegen und das Gelände abräumen ließ. Auf dem Grundstück entstand ein Elektrizitätswerk, das 1927 an die Münchner Rückversicherung verkauft wurde, die sich hier eine neue Niederlassung errichtete. Die Versicherung wiederum veräußerte das Anwesen an den Verlag Franz Eher Nachf., den Zentralverlag der NSDAP. Ab 1933 wurden alle Druckerzeugnisse der Partei, darunter das Hetzblatt Völkischer Beobachter und *Mein Kampf* im Eher-Verlag herausgegeben. Die Druckerei selbst befand sich in der Schellingstraße, die Buchhandlung in der Thierschstraße 11. Nach dem Krieg war hier die Münchner Kommissionsbuchhandlung (MüKo) zu Hause, heute ist es ein Musikhaus.

❹ Hochbruckmühle

Im Steuerbuch von 1368 wird ein Müller »Ott auf der Horprug« genannt, das genaue Baudatum ist jedoch unbekannt. Die Mühle am Germbach (heute Tal 16) gehörte im 18. Jh. dem St. Margaretenbenefizium im Alten Hof, das sie 1848 an einen Privatinvestor verkaufte. Damals hatte die Mühle fünf Räder, eines davon zum Malzbrechen. Da der Bach häufig zu Überschwemmungen führte, kaufte die Stadt 1870 die Hochbruckmühle und ließ sie abreißen.

❺ Hofbräuhaus-Kunstmühle

Mitten in der Münchner Innenstadt, hinter der etwas heruntergekommenen Altbaufassade von Neuturmstraße 3 verbirgt sich die einzige noch aktive Getreidemühle Münchens. Wann die Mühle genau gegründet wurde, ist nicht überliefert, sicher ist sie seit 1570 nachgewiesen. Kurfürst Maximilian II. Emanuel ließ 1703 den unmittelbaren Vorgängerbau der jetzigen Mühle als Malzmühle für das Hofbräuhaus erbauen. Der Malzmühlbach lieferte die Energie. Um das Jahr 1870 herum verkaufte der Staat die Mühle. Das alte Gebäude wurde abgerissen, durch den heutigen Bau ersetzt und zur modernen Getreidemühle mit acht Walzenstühlen umgebaut. Von nun an durfte sie sich Kunstmühle nennen

Die Klarermühle 1880

Die St.-Anna-Kunstmühle 1880

Die Hofbräuhaus-Kunstmühle

(Kunstmühlen nannte man im 19. Jh. nur die allermodernsten Mühlenanlagen, die mit Walzenstühlen statt mit Mahlsteinen arbeiteten; die »Kunst« bezog sich damals auf die Ingenieurskunst). Seit 1921 befindet sich die Hofbräuhaus-Kunstmühle in Besitz der Familie Blum. Der Malzmühlbach wurde 1967 stillgelegt, seitdem wird die Mühle elektrisch betrieben. Die Mühle produziert täglich rund 22 Tonnen Weizenmehl unterschiedlicher Typen. Die kleinen Ladengeschäfte, in denen man Backwaren und Mehle kaufen kann, eröffneten 1988.

6 Kainzmühle, St.-Anna-Kunstmühle

Die 1368 erstmals erwähnte Mühle an der Pilotystraße 2 nannte man früher mittlere Schellmühle oder Schefmühle. Sie gehörte dem Margarethenbenefizium im Alten Hof. 1618 zog die Köglmühle in die direkte Nachbarschaft. Erst im 18. Jh. bekam sie nach einem Müller den Namen Kainzmühle. Ab 1848 war die Mühle in Privatbesitz. Sie verfügte über acht Räder, davon fünf Mahlgänge, eine Säge und zwei Malzgänge. 1878 riss man das alte Mühlengebäude ab und errichtete eine Kunstmühle. Die St.-Anna-Kunstmühle blieb bis 1965 in Betrieb, dann musste sie dem Ausbau des Altstadtrings weichen.

7 Klarermühle (Hofsägmühle)

Nahe dem Holzabrechen wurde um 1630 an der Ecke Widenmayer-/Maximilianstraße die Hofsägmühle erbaut. Sie kam 1833 in den Besitz von Simon Walser, der später die Hacklmühle erwarb.

8 Köglmühle

1331 wurde die »Seydleinsmul vor dem Wurtzertor« erstmals in der Stiftungsurkunde Kaiser Ludwigs des Bayern erwähnt. Sie war eine der größten Mühlen Münchens und stand am Köglmühlbach direkt vor den Mauern der Neuen Veste (Hofgartenstraße 3). Später nannte man sie nach ihren Betreibern Eysl- oder Leißmühle. Den heute üblichen Namen erhielt sie Ende des 15. Jh. vom Müller Hans Keglmair. 1618 musste die Mühle der Erweiterung des Hofgartens weichen. Man verlegte den Köglmühlbach nach Osten und baute dort eine neue Mühle. Laut einer Auflistung von 1764 gehörten zur Mühle eine Sägemühle, eine Mahlmühle, ein Wohnhaus sowie Pferde- und Viehstallungen. Der Mühlbetrieb wurde im Jahr 1911 eingestellt, 1924 verschwand das Mühlrad und im Zweiten Weltkrieg zerstörten Bomben große Teile des Anwesens. Nach dem Krieg plante man an dieser Stelle zunächst einen Wohnblock mit 50 Dreizimmerwohnungen. Die

Bäche und Mühlen in Altstadt und Lehel

Die Köglmühle 1905, im Hintergrund rechts die Kuppel des Armeemuseums (heute Staatskanzlei)

letzten Gebäude wurden 1968 abgerissen, um Platz für den Altstadtring zu schaffen.

9 Leißmühle

Die hintere Schell- oder Schefmühle an der Unsöldstraße 12 ging auf die Stiftung Ludwigs des Bayern für seine Gemahlin Beatrix zurück (1331). Den Namen Leißmühle bekam sie 1575, sie besaß vier Mahlgänge und eine Säge. Kurfürst Maximilian kaufte sie 1620 auf und ließ sie abreißen, um Platz für Schanzarbeiten zu schaffen.

10 Papiermühle

Ihr Ursprung und ihr Ende liegen im Dunkeln, vermutlich ging sie aus der 1575 im Grundbuch erwähnten neuen Sägemühle hervor. Spätestens seit 1810 arbeitete sie als Papiermühle und besaß drei Räder.

11 Pfistermühle

Die Mühle (auch Dorentz- oder Thora(n)tsmühle) gehörte einst zum Alten Hof. 1331 stiftete Kaiser Ludwig der Bayer auch diese Mühle zur Messe für seine Gemahlin Beatrix. 1492 wurde darin die herzogliche Pfisterei (Bäckerei) eingerichtet. Nach einem Brand verlegte man 1578 die Mühle auf die andere Seite des Pfisterbachs, der die nötige Energie für den Mühlenbetrieb lieferte. Dieser Bach floss damals an der Stelle der heutigen Sparkassenstraße. Das Gebäude wurde im Zweiten Weltkrieg schwer beschädigt, doch ab 1948 konnte die Bäckerei wieder produzieren. Zehn Jahre später verkaufte die Staatliche Schlösserverwaltung das Anwesen. Die Hofpfisterei wurde in die Maxvorstadt verlegt (Kreittmayrstraße). 1987/88 ließen die Eigentümer die noch vorhandenen Gebäudeteile nach historischem Vorbild wiederherstellen und die Mühle zu einem Restaurant umbauen.

Die Pfistermühle

Plachfeldmühle

Fast nichts weiß man über diese Mühle, außer dass sie in der Graggenau stand. Sie wurde 1371 erstmals und 1462 letztmals erwähnt. Dem Namen nach dürfte sie im Plachfeld, also zwischen Schwabinger Tor und Isar gelegen sein.

Schleif- und Walkmühle beim Angertor

Beim Heyturm erbaute die Stadt München 1420 eine Walk- und eine Schleifmühle nahe dem Roßmarkt. Das Anwesen wurde 1596 an den Münchner Bürger Ulrich Schölhammer verkauft.

12 Seidlmühle

Vor dem Wurzertor lag die Seidlmühle, die ebenfalls von Kaiser Ludwig dem Bayern 1331 zur Seelenmesse seiner Gattin Beatrix gestiftet wurde. Die baufällige Anlage verkauften die Herzöge Sigmund und Albrecht 1476 an die Stadt München, die ließ die Mühle abreißen und eine neue Gschlachtgwandterwalk für die Wollweber und Loderer anlegen. 1851/52 befindet sich in der Mühle eine Tuchfab-

Die Stadtsäge 1898

rik mit drei Rädern. Wann die Seidlmühle abgebrochen wurde, ist nicht überliefert.

⑬ Stadthammerschmiede und Lodererwalk

Die Herzöge gewährten der Stadt 1462 zwei neue Mühlschläge vor dem Isartor bei der Unteren Bleiche. Die Stadt erbaute dort eine neue Walk für die Loderer und eine Hammerschmiede. 1851/52 verfügte die Hammerschmiede über zwei Räder und die Walk mit Wollspinnerei über drei Räder, dazu kam eine Furnierschneidesäge mit einem Rad. Wann der Betrieb genau eingestellt wurde, ist nicht überliefert.

⑭ Stadt(mahl)mühle

Ihr Vorgänger war die Leißmühle, die 1331 erstmals erwähnt wurde und an der Ecke Bruder-/Unsöldstraße stand. Herzog Maximilian I. kaufte sie 1620 auf und ließ sie wegen Schanzarbeiten abreißen. Als Ersatz richtete der Herzog eine neue Mühle an der Unsöldstraße 12-14 ein. Trotz des Namens war sie nie in städtischem Besitz, sondern wurde nach Andreas Seemüller so genannt, der zuvor die Stadtmühle vor dem Angertor betrieben hatte. Von 1687 bis 1802 gehörte sie den Augustinern. 1851/52 hatte die Mühle neun Wasserräder, fünf Mahlgänge, zwei Räder zum Malzbrechen und zwei Sägeräder. Letzter Besitzer war Michael Sitzinger, der die Stadtmühle 1886 an den Ingenieur Unsöld verkaufte. Unsöld richtete hier eine Eisfabrik ein und baute 1893 Europas erste überdachte Kunsteisbahn, das »Schachterleis«.

⑮ Stadtsägemühle

Herzog Albrecht vergab 1449 einen Wasserschlag zu einer Sägemühle als Lehen am heutigen St.-Anna-Platz. 1473 überließ der Herzog das Lehen der Stadt München. 1851/52 verfügte die Mühle über vier Räder.

Stelzmühle

Ursprünglich Neumühle genannt, wurde die 1576 erbaute Mühle zur Versorgung der Armen mit Mehl genutzt. Sie stand vermutlich hinter der Laimbrücke im unteren Lehel. Schon 1644 wurde sie beim Ausbau der Befestigungsanlagen weggerissen.

⑯ Wagmühle

1345 genehmigte Kaiser Ludwig der Bayer seinem Lehensvasallen Heinrich dem Scherer den Bau einer Mühle unterhalb des Lohstampfs der Lederer. Sie verfügte über drei Mahlräder, ein Stampfrad und ein Sägerad. 1485 erwarb die Stadt die Mühle (sie lag in etwa an der Kreuzung Adelgunden-/Mariannenstraße) und errichtete dort ein regelrechtes Gewerbegebiet mit verschiedenen Betrieben. 1575 gab es dort laut Grundbuch einen Messinghammer, eine Schleifmühle, eine Weißircherwalk, eine Poliermühle und noch einen Hammer, dazu kam wenig später eine kleine Mahlmühle für das Getreide, das die Stadt an die Armen verteilen ließ. Alle Gewerke mussten 1644 den Schanzarbeiten des Dreißigjährigen Kriegs weichen.

Walkmühle

Der Name ist irreführend, denn die Walkmühle war eine Getreidemühle, die vor dem Wurzertor lag. Auch sie wurde 1331 gestiftet. 1462 ließen die Herzöge die Walkmühle abreißen, weil sie dem Ausbau von Zwinger und Graben im Weg stand.

Altstadt & Lehel • Service

Hungern und vor allem Dürsten muss in Münchens Altstadt niemand! Auch das Lehel hat viel zu bieten. Hier eine unverbindliche Auswahl an Adressen, ohne Anspruch auf Vollständigkeit und ohne Gewähr auf Aktualität. Die großen Ketten haben wir nicht berücksichtig.

ALTSTADT

Cafés • Bars • Kneipen

Bricelta
Kreuzstr. 3a

Café am Salvatorplatz
Salvatorplatz 2

Café am Sendlinger-Tor
Sendlinger-Tor-Platz 10

Café Bellevue di Monaco
Müllerstr. 6

Cafe Cord
Sonnenstr. 19

Café Kunsthalle
Theatinerstr. 8

Café Luitpold im Luitpoldblock
Brienner Str. 11

Café Maelu
Theatinerstr. 32

Cafe Marimba
Utzschneiderstr. 8

Café Nymphenburg Sekt
Viktualienmarkt

Café Rischart am Markt
Viktualienmarkt 2

Café Rischart zur Mauth
Neuhauser Str. 2

Café Roma
Maximilianstr. 33

Café Vee
Rindermarkt 17

Café@Belstaff
Residenzstr. 25

Caffè Piemonte
Petersplatz 9

Kaffeerösterei Viktualienmarkt
Viktualienmarkt

Kleines Kameel Cafebar
Hofgraben 3

Loretta Bar
Müllerstr. 50

Marstall Café
Marstallplatz 4

Ooh Baby I Like It Raw
Rumfordstr. 39

Patolli
Sendlinger Str. 62

Renner
Marienplatz 8

Rischart's Backhaus
Marienplatz 18

Segafredo
Tal 1

Segafredo Espresso
Residenzstr. 21

Café Exponat
Sankt-Jakobs-Platz 16

Cafe Fräulein
Frauenstr. 11

Café Frischhut
Prälat-Zistl-Str. 8

Cafe Glockenspiel
Marienplatz 28

Café Guglhupf
Kaufingerstr. 5

Café Kreutzkamm
Maffeistr. 4 +
Pacellistr. 5

Caffè San Pietro
Petersplatz 10

Due Gourmet
Rindermarkt 6

Emilo
Odeonsplatz 14

Emporio Armani Caffè
Theatinerstr. 12

Espressitto
Kaufingerstr. 9

Josefa Bar & Kaffee
Sparkassenstraße 10

Segafredo Zanetti am Rindermarkt
Rosental 1

TeePause
Rosental 5

Turmstüberl des Valentin-Karlstadt-Musäums
Tal 50

Woerner's
Marienplatz 1+
Herzog-Wilhelm-Str. 29

World Coffee
Karlsplatz 11-12

Essen • alpenländisch

Alpenwahn
Viktualienmarkt 15

Alpinabar im Schuster
Rindermarkt 13/14

Andechser am Dom
Frauenplatz 7

Augustiner am Platzl
Orlandostr. 5

Augustiner Klosterwirt
Augustinerstr. 1

Augustiner Stammhaus
Neuhauser Str. 27

Bachmeier
Westenriederstr. 43

Beim Sedlmayr
Westenriederstr. 14

Biergarten Viktualienmarkt
Viktualienmarkt 9

Braunauer Hof
Frauenstr. 42

Bratwurstherzl
Dreifaltigkeitsplatz 1

Brezenreiter
Prälat-Miller-Weg 3

Das Griabig
Bräuhausstr. 8

Der Pschorr
Viktualienmarkt 15

Donisl
Weinstr. 1

Gamsbar
Brienner Str. 10

Giesinger Bräu
Prälat-Zistl-Str. 4

Hackerhaus
Sendlinger Str. 14

HeimWerk Tal
Tal 15

Hermannsdorfer
Frauenstr. 6

Hochreiter's Steirer am Markt
Dreifaltigkeitsplatz 4

Hofbräuhaus
Platzl 9

Kleiner Ochs'nbrater
Viktualienmarkt

Landersdorfer & Innerhofer
Hackenstr. 8

Landhaus
Marienstr. 2

Marktwirt
Heiliggeiststr. 2

Moro
Müllerstr. 30

Münchner Suppenküche
Viktualienmarkt

Museumsstüberl
Sterneckerstr. 2

Nürnberger Bratwurst Glöckl am Dom
Frauenplatz 9

Pfistermühle
Pfisterstr. 4

s'Wirtshaus am Sendlinger Tor
Sendlinger-Tor-Platz 10

Schneider Bräuhaus
Tal 7

Schnitzelwirt im Spatenhof
Neuhauser Str. 39

Spatenhaus an der Oper
Residenzstr. 12

Spöckmeier Traditionswirtshaus
Rosenstr. 9

Tegernseer Bräuhaus
Tal 8

Wagners Salon im Augustiner
Neuhauser Str. 27

Weiberwirtschaft
Tal 43

Wildmosers Restaurant
Marienplatz 22

Xaver's
Rumfordstr. 35

Zum Alten Markt
Dreifaltigkeitsplatz 3

Zum Augustiner
Neuhauser Str. 27

Zum Dürnbräu
Dürnbräugasse 2

Zum Franziskaner
Residenzstr. 9

Zum Goldenen Kalb
Utzschneiderstr. 1

Zum Stiftl
Tal 15

Zum Straubinger
Blumenstr. 5

Essen • asiatisch

Azuki
Maximilianstr. 2a

Bami House
Tal 1

Co Thu
Altheimer Eck 1

Dami
Färbergraben 10

Garam Masala
Radlsteg 1

Izakaya Shoya am Platzl
Pfisterstr. 6

Kaimug
Sendlinger Str. 42

Kaiten Asia
Altheimer Eck 12

Kitcho
Wurzerstr. 14

LeDu – Happy Dumplings
Altheimer Eck 7

Little Daruma
Rumfordstr. 7

Madam Chutney
Frauenstr. 11

Maggie Sushi
Westenriederstr. 13

Mahjong Roof Garden
Neuturmstr. 1

Mandarin
Ledererstr. 21

Matsuhisa
Neuturmstr. 1

Max Beef Noodles
Sendlinger-Tor-Platz 10

Mongo's
Oberanger 28

Mr. Asia
Eisenmannstr. 4

MyIndigo
Oberanger 32

Nhung Vietnam Kitchen
Altheimer Eck 1

Nigin
Neuhauser Str. 15

Sakura Sushi Bar
Prannerstr. 1

Samrat
Papa-Schmid-Str. 1

Sasou
Marienplatz 28

Shanghai
Sonnenstr. 3

Shoya
Orlandostr. 3

Shoya am Viktualienmarkt
Frauenstr. 18

Sushi Sano
Brunnstr. 6

Toshi
Wurzerstr. 18

Ukyio
Rumfordstr. 6

Vietsoup
Westenriederstr. 8

Yuki Hana
Stollbergstr. 6

Yum
Utzschneiderstr. 6

Yum2Take
Sebastiansplatz 8

Yuzumuk
Westenriederstr. 8

Essen • international

Abbaco's Steakhouse
Oberanger 31

Atelier im Bayerischen Hof
Promenadeplatz 6

Austernkeller
Stollbergstr. 11

Bar Elf
Tal 11

Barista
Kardinal-Faulhaber-Str. 11

Bikini Mitte
Sonnenstr. 17

BiteDelite
Maffeistr. 6
vegan

Blauer Bock
Sebastiansplatz 9

Blue Spa Bar & Lounge
Promenadeplatz 2-6

Bohne & Malz am Stachus
Sonnenstr. 11

Brasserie L'Atelier art & vin
Westenriederstr. 43
französisch

Brasserie OskarMaria
Salvatorplatz 1

Brasserie Thi
Bräuhausstr. 8
französisch

Brenner
Maximilianstr. 15

Buffet Kull Bar
Marienstr. 4
französisch

Burger & Lobster Bank
Prannerstr. 11

Caribbean Casino
Odeonsplatz 8

Altstadt & Lehel • Service

Cole & Porter
Sendlinger Str. 10

Cole & Porter Tagesbar
Prälat-Zistl-Str. 12

Cometa
Karlsplatz 3
mexikanisch

Conviva im blauen Haus
Hildegardstr. 1
die Kantine der Kammerspiele

Dallmayr Restaurant Alois
Dienerstr. 14
Sterneküche von Christoph Kunz

Der kleine Flo
Josephspitalstr. 4
Miniburger

Dubliner Irish Pub Munich
Am Platzl 2

Easy Tiger
Frauenstr. 20

Einstein
St.-Jakobs-Platz 18
koschere Küche im mediterran-israelischen Stil

Goldig im Boettners
Pfisterstr. 9

Grapes Weinbar
Ledererstr. 8

Ida's Milchladen
Kreuzstr. 23
kleiner, sehr beliebter Imbissladen

Jean-Claude's Bistro & Weinbar im Ratskeller
Marienplatz 8

Kennedys
Sendlinger-Tor-Platz 11
Irish Pub

Kilians Irish Pub
Frauenplatz 11

Kulisse Theater-Restaurant
Maximilianstr. 26

La Burrita
Rindermarkt 15
California Street Food

La Vida
Sendlinger Str. 28
spanisch

Little London
Tal 31
Steakhouse im englischen Stil

Lump, Stein und Küchenmeister
Alter Hof 3
fränkische Weinbar

Lupper Bar
Westenriederstr. 6

Lux
Ledererstr. 13

Mama's Küche
Hotterstr. 16
orientalisch-anatolisch

Manu
Rumfordstr. 1

Masi Wine Bar
Maximilianstr. 40

MUC Bar
Westenriederstr. 13
Münchens kleinste Gaststätte

Mural
Hotterstr. 12
Gourmetküche im Streetart-Ambiente

Palais Keller
Promenadeplatz 2- 6

Pausenhof am Dom
Thiereckstr. 2

Platzl Karree Boden & Bar
Sparkassenstraße 12

Prinz Myshkin
Hackenstr. 2
ältestes vegetarisch-veganes Restaurant Münchens

Ringlers
Sendlinger Str. 45

Salon rouge
Burgstr. 5
Sternekoch Tohru Nakamura kocht auf

Sausalitos
Sonnenstr. 12

Schapeau
Tal 41

Scholars Lounge Irish Pub
Hochbrückenstr. 3

El Gaucho
Frauenstr. 7- 9
gehobenes Steakhaus

Fisch Witte
Viktualienmarkt 9

Frank Weinbar
Residenzstr. 1

Garçon
Utzschneiderstr. 4

Garden im Bayerischen Hof
Promenadeplatz 6

Laurin
Heiliggeiststr. 6

Le Stollberg
Stollbergstr. 2
französisch

Leger am Dom
Kaufingerstr. 24

Leo's Organic Kitchen
Westenriederstr. 35

Les Deux
Maffeistr. 3a
französisch

Ned Kelly's Australian Bar
Frauenplatz 11
Münchens einzige australische Bar, benannt nach einem Bushranger

Opatija am Alten Peter
Rindermarkt 2

Opatija im Tal
Hochbrückenstr. 3

Pageou
Kardinal-Faulhaber-Str. 10
Gourmetrestaurant von Ali Güngörmüs

Schuhbecks in den Südtiroler Stuben
Platzl 6+8

Schumann's Tagesbar
Maffeistr. 6

Schwarzreiter
Maximilianstr. 17

Sip & Dip
Damenstiftstr. 2

Sommerquartier
Alter Hof 3

Stadtcafé
St.-Jakobs-Platz 1

Tambosi
Odeonsplatz 18
Münchens ältestes Caféhaus seit 1775

The Grill
Lenbachplatz 8

The Louis Grillroom im Louis
Viktualienmarkt 6

The Lounge im Mandarin Oriental
Neuturmstr. 1

The Royal Dolores Munich Pub & Bar im Ratskeller
Marienplatz 8

The Spice Bazaar
Marstallplatz 3

The Victorian House
Frauenstr. 14

Tini's
Frauenstr. 13

Essen • italienisch

Bar Comercial
Theatinerstr. 16

Bar Milano-Torino
Lueg ins Land 1

Bar Roma
Tal 9

Baricentro
Sebastiansplatz 5

Beccofino
Hochbrückenstr. 14

Bella Italia
Herzog-Wilhelm-Str. 8

Berni's Nudelbrett
Petersplatz 8

City Lounge
Sonnenstr. 5

Der Katzlmacher
Bräuhausstr. 6

Doma Restaurant & Bar
Prälat-Zistl-Straße 10

Il Punto Italiano
Kaufingerstr. 5

Il Sogno
Kapellenstr. 1

Italomania
Sendlinger Str. 28

Jungle Inn
Neuhauser Str. 5

L'Aperitivo
Westenriederstr. 13

L'Osteria Künstlerhaus
Lenbachplatz 8

La Pizzetta
Tal 4

La Tavernetta
Hildegardstr. 9

La Valle
Sparkassenstr. 5

Max Trenta
Maximilianstr. 30

Novo Tempo
Unterer Anger 16

Punkto
Müllerstr. 48

Punto DiVino
Sendlinger Str. 62

Ristorante Albarone Monaco
Stollbergstr. 22

Ristorante Casalingo
Sebastiansplatz 12

Ristorante Galleria
Sparkassenstr. 11

Ristorante Pizzeria Italia
Hochbrückenstr. 3

Riva Tal
Tal 44

Santo Anger
Blumenstr. 25

Signor Rossi
Färbergraben 5

Vieni Da Me
Radlsteg 2

Trader Vic's
Promenadeplatz 2-6
legendäres Restaurant im polynesischenTiki-Stil

Vits
Rumfordstr. 49

Weinhaus Neuner
Herzogspitalstr. 8

Weinhaus Schneider
Sparkassenstr. 1

Due Passi
Ledererstr. 11

Eataly am Viktualienmarkt
Blumenstraße 4

Grano
Sebastiansplatz 3

Guido al Duomo
Frauenplatz 12

H'ugo's Pizza Bar Lounge
Promenadeplatz 1-3

Oh Julia
Sendlinger Str. 12a

Osteria Il Tenore
Falkenturmstr. 10

Osteria Veneta
Utzschneiderstr. 4

Pastyle
Blumenstr. 1

Pietra Piccina
Maximiliansplatz 12

Vino e Gusto
Herrnstr. 52

Wave Café Pizza Bar
Herzog-Wilhelm-Str. 7

Nachts

Bar Elf
Tal 11

Bar Tabacco
Hartmannstr. 8

Altstadt & Lehel • Service

Bar zur Feuerwache
Blumenstr. 21a
kleine Gay-Bar

Cohibar City
Herzog-Rudolf-Str. 2

Das Labor
Sonnenstr. 5

Falk's Bar
Promenadeplatz 6

Favorit Bar
Damenstiftstr. 12

Goldener Reiter
Theklastr. 1

Havana Club
Herrnstr. 30

Heiliggeist 1 Bar
Heiliggeiststr. 1

Kismet
Löwengrube 10

Kubaschewski Bar
Karlsplatz 5

Le Clou
Heiliggeiststr. 1

Lenbachs & Söhne
Maximiliansplatz 18

Menehune Bar
Promenadeplatz 6

Ory Bar
Neuturmstraße 1

Piano Bar im Bayerischen Hof
Promenadeplatz 6

Pusser's New York Bar
Falkenturmstr. 9

Rockbox
Tal 15

Schumann's Bar
Odeonsplatz 6- 7

Schumann's Les Fleurs Du Mal
Odeonsplatz 6- 7

Simsalabim
Marienstr. 18

The High
Blumenstr. 15

Unter Deck
Oberanger 26

Vertigo Bar
Blumenstraße 43

LEHEL

Arisu
Triftstr. 1

Armita
Thierschstr. 44

Bistro Die Windrose
Rosenbuschstr. 2

Bora Beach
Praterinsel 4a

Ca-Ba-Lu
Thierschplatz 5

Café Chance
Liebigstr. 26

Café und Restaurant Museum
Prinzregentenstr. 3

Casino am Eisbach
Prinzregentenstr. 22

The One and Only
Bruderstr. 8

Dukatz
St.-Anna-Str. 11

El Gordito Loco
Pfarrstr. 4

El Gordo Loco
Mariannenstr. 3

Gandl
St.-Anna-Platz 1

Gasthaus Isarthor
Kanalstr. 2

Goa
Thierschstr. 8

Goldene Bar im Haus der Kunst
Prinzregentenstr. 1

Graf Arco Stub'n
Thierschstr. 4

Halong Bay
Seitzstr. 13

Indian Mango
Zweibrückenstr. 15

Irgendwo bei Herry
Pfarrstr. 4

Jin
Kanalstr. 14

Kilgers Weinhäusl Lehel
St.-Anna-Straße 18

Kokumi
Christophstr. 3

La Stanza
St.-Anna-Str. 13

Lehel Bar Food Club
Karl-Scharnagl-Ring 6- 8

Leib & Seele
Oettingenstr. 36

Lemar Isartor
Thierschstr. 5

Liebighof
Liebigstr. 14

Louis Cuisine
Tattenbachstr. 1

Lu Bu
Christophstr. 7a

Mariannenhof
Mariannenstr. 1

Mezza Via
Sternstr. 21

Nage & Sauge
Mariannenstr. 2

Ni House
Zweibrückenstr. 15

Niemeyer
Kanalstr. 15

Paradiso
Lerchenfeldstr. 11

Pepenero Lehel
Thierschplatz 6

Pepino Pizza
Oettingenstr. 26

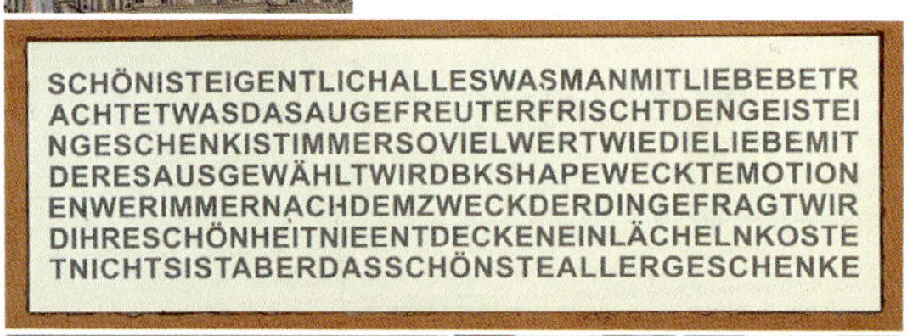

Post-Cafe
Robert-Koch-Str. 7

Ristorante Va bene
Isartorplatz 6

Rumi
Dianastr. 1

S'Zwölferl
Seitzstr. 12

Salotto
St.-Anna-Str. 11

Seidelei
Reitmorstr. 3

Seitz Trattoria
Seitzstr. 12

Sir Tobi
Sternstr. 16

Sitar
Robert-Koch-Str. 4

Sushi Bento
Reitmorstr. 7

Sushi Sano
Zweibrückenstr. 19

Taklamakan
Isartorplatz 4

Tattenbach
Tattenbachstr. 6

Taverna del Sud
Widenmayerstr. 52

Tempel
Bruderstr. 6

Thadig
Thierschstr. 35

Trichards Restaurant Weinbar
Reitmorstraße 21

Vecchia Lanterna
St.-Anna-Str. 31

Vegelangelo
Thomas-Wimmer-Ring 16

Ventimiglia
Isartorplatz 4

X
Sternstr. 20

Kino

Astor Cinema Lounge im Bayerischen Hof
Promenadeplatz 2-6

CinemaxX München
Isartorplatz 8

Filmtheater Sendlinger Tor
Sendlinger-Tor-Platz 11

Gloria Premium Palast
Karlsplatz 5

Theatiner Film
Theatinerstr. 32

Bücher

buch&töne
Rindermarkt im Ruffinihaus

Bücher Lentner
Marienplatz 8 /Eingang Weinstraße

Buchhandlung Michaelsbund
Herzog-Wilhelm-Str. 5
Schwerpunkt religiöse Literatur

Buchhandlung Walther König
Prinzregentenstr. 1
Buchladen im Haus der Kunst

Dombuchhandlung
Frauenplatz 14a
Schwerpunkt religiöse Literatur

Hugendubel
Karlsplatz 11-12 +
Marienplatz 22 +
Theatinerstr. 11

Jokers
Rosental 3-4
viele Sonderangebote und reduzierte Bücher

Liebig Buchhandlung
Liebigstr. 37

Literaturhandlung München
Sankt-Jakobs-Platz 6
Buchladen im Jüdischen Museum

Servus Heimat
Sankt-Jakobs-Platz 1
Buchladen im Stadtmuseum

texxt
Sendlinger Str. 24
viele Sonderangebote und reduzierte Bücher

Special

Fräulein Grüneis
Lerchenfeldstraße 1a
uriger Imbiss-Kiosk im Englischen Garten nahe bei den Surfern

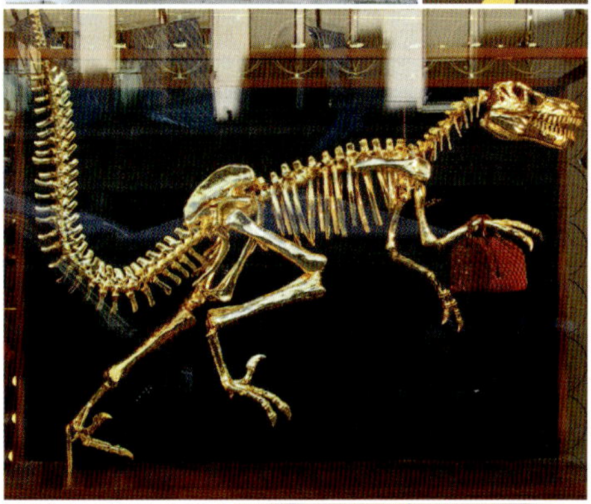

Die Straßennamen

Wer bekam Einlass am Einlaß? Was sind Viktualien? Und wessen Papa war Papa Schmidt? Hier die Bedeutungen der Straßennamen von Altstadt und Lehel. Wenn in einer Straße eine prominente Persönlichkeit gelebt hat, wird das ebenfalls genannt.

ALTSTADT

Albertgasse

(vor 1803) Der »Weingastgeb« Franz Albert betrieb von 1792 bis 1817 in der Weinstraße 10 das Gasthaus »Zum Goldenen Hahn«; zuvor Unser Frauen Gässl, Hahnengasse, Thalergässchen.

Altenhofstraße

(vor 1781) Diese Straße führt vom oder zum Alten Hof, dem mittelalterlichen Sitz der bayerischen Herzöge; zuvor Deininger Gassl (1479), Maleficantengassl (Ende 18. Jh.).

Alter Hof

(ab 1551) Die ältesten Funde stammen aus dem 12. Jh., ab 1255 nutzte Herzog Ludwig II. der Strenge die Burg als Regierungssitz. Kaiser Ludwig der Bayer machte den Alten Hof von 1325 bis 1347 zur Kaiserresidenz, damit war München tatsächlich mal die deutsche Hauptstadt …

Altheimer Eck

(vor 1806) Hier stand das Dörflein Altheim, das bereits vor der Gründung

Das Rotkäppchen ist eigentlich nur Beigabe: Den *Wolfsbrunnen* am Kosttor stifteten Adolf und Appolonia Wolf 1904 (Bildhauer: Heinrich Düll und Georg Pezold)

Mittelalterliches München in der Burgstraße

Münchens existierte; zuvor hießen Teilstücke Elend (1369), Saumarkt (ab 1573), Hirschbräugassl (Ende 18. Jh.).

Am Einlaß

(seit 1829) Hier befand sich einst das Einlaßtor (inneres Tor ab 1582, äußeres Tor ab 1633), durch das man auch noch nach dem abendlichen Torschluss in die Stadt gelassen werden konnte.

Amiraplatz

(seit 1931) Der Münchner Staatsrechtsprofessor Karl von Amira (1848–1930) war Experte für germanische und mittelalterliche Rechtsgeschichte und begründete die Rechtsarchäologie.

Am Kosttor

(seit vor 1624) Hier stand einst das Kosttor (abgerissen 1872), an dem Almosen an die Armen verteilt wurden.

An der Hauptfeuerwache

(seit 1995) An dieser Straße liegt – die Münchner Hauptfeuerwache! Vorher war die Adresse Blumenstraße.

Angertorstraße

(seit 1874) Das Angertor wurde 1319 erstmals erwähnt und 1871 endgültig weggerissen. Es führte zum namensgebenden Angerviertel.

Cuvilliés Wohnhaus in der Burgstraße

Auf der Insel

(seit 1879) Der Spazierweg liegt, wenig überraschend, auf der Isarinsel.

Augustinerstraße

(vor 1523) Das ab 1294 nachgewiesene Augustinerkloster wurde 1803 säkularisiert. Die einstige Klosterkirche beherbergt heute das Jagd- und Fischereimuseum.

Blumenstraße

(seit 1874) Ab 1843 fand am östlichen Ende des Rosentals vom 19. März bis 15. Oktober (von Josefi bis Therese) der Blumenmarkt statt. Frühere Namen (auch für Steilstücke, daher überschneiden sich die Daten): Züchtigers Gassl (1585), Scharfrichtergassl (ca. 1781 bis ca. 1827), Abdeckergassl (ab 1781), Henkergässchen (ca. 1810), Dultständezwinger (vor 1818 bis 1873) und Glockengasse.

Bräuhausstraße

(seit Ende d. 18. Jh.) Benannt nach dem (weißen) Bräuhaus am Platzl, in dem seit 1602 Weißbier gebraut wurde. Früher: Bierführergassl (um 1781).

Brunnstraße

(vor 1806) Hier war der Namensgeber ein Brunnen; von 1344 bis 1808 Teil der Schmalzgasse, danach Kreuzbräugasse.

Burgstraße

(vor 1394) Die Straße führt bis heute direkt in die alte Burg (heute Alter Hof), den einstigen Herrschersitz der bayerischen Herzöge.

6 Wolfgang Amadeus Mozart (Genie)

8 François de Cuvilliés (Baumeister)

Damenstiftstraße

(vor 1833) Im ehemaligen, 1671 geweihten St. Anna-Kloster der Salesianerinnen, gründete Kurfürstin Maria Anna 1784 ein Damenstift, in dem zehn adelige Fräulein aufgenommen wurden.

Dienerstraße

(nach 1315) Die Patrizierfamilie Diener (auch Dyener oder Diner) besaß einst ein Haus in dieser Straße. Ein »Herr Konrad der Diener« war mit Unterbrechungen ab 1315 herzoglicher Stadtrichter und saß ab 1365 im inneren Münchner Stadtrat. Die Familie starb im 16. Jh. aus.

Dreifaltigkeitsplatz

(vor 1818) Auf dem Gelände befand sich einst der Friedhof des Heiliggeistspitals mit einer Dreifaltigkeitskapelle, die 1803 in eine Schule umgewandelt und später abgerissen wurde. Früherer Name: Unteres Elend.

Dürnbräugasse

(vor 1781) Der namensgebende Georg Dürr kaufte im Jahr 1607 die bereits seit 1487 existierende Brauerei Jörg Mülners an der Ecke Tal/Dürrnbräugasse. Zuvor: Jörg Mülners Gassl (um 1489), Gailersgassl (um 1567), Bachgässchen.

Den neckischen Radl-Brunnen aus Stein mit dem bronzenen Mühlrad an der Brunnstraße entwarf Ernst Andreas Rauch 1967

Dultstraße

(vor 1490) Die erste Münchner (Jacobi-)Dult fand 1310 am Anger, dem heutigen Sankt-Jakobs-Platz statt. Seit 1905 ist der Mariahilfplatz in der Au Veranstaltungsort der Dulten. Eine Dult (althochdeutsch tuld für »Fest, Feier«, mittelhochdeutsch tult für »kirchliches Fest«) ist ein jährlich stattfindender Jahrmarkt mit kirchlichem Anlass.

Prächtiger Münchner Jugendstil: Der PlanTreff in der Blumenstraße ist das ehemalige Haus der Druckerei Gerber, das in mehreren Bauabschnitten von 1907 bis 1913 nach Plänen von Franz Rank erbaut wurde

Eisenmannstraße

(vor 1626) Die Eisenmanns betrieben hier im 16./17. Jh. eine Bierbrauerei; zuvor: Holzmüllers Gassl (ca. 1536 bis nach 1587).

Ettstraße

(seit 1886) Der Organist und Komponist Caspar Ett (1788-1847) war Hoforganist an der Michaelskirche und Musiklehrer von Maximilian II. Zuvor hieß die Gasse: Jesuitengässl (ab 1572), Jesuitenpflaster (1759 bis 1803) und zwischendurch in Teilen Weite Gasse (1710 bis 1886).

Fürstenfelder Straße/Ecke Rosenstraße

Falckenbergstraße

(seit 1968) Otto Falckenberg (1873-1947) zählte zu den Gründern des Kabaretts Die Elf Scharfrichter. Ab 1915 war er Oberspielleiter und Dramaturg, von 1917 bis 1944 dann künstlerischer Leiter an den Münchner Kammerspielen. Die Städtische Schauspielschule ist nach ihm benannt.

Falkenturmstraße

(seit ca. 1781) Ursprünglich diente der 1470 erstmals erwähnte »Valckner turn« den herzoglichen Falknern zur Dressur der Raubvögel. Ab 1500 wurde daraus das herzogliche Gefängnis für Mitglieder der höheren Stände. 1863 riss man den Turm ab; zuvor Falkengässl (seit 1540).

Hotel an der Heiliggeiststraße

Filserbräugasse

(vor 1780) Braumeister Martin Filser (1668-1692) betrieb hier eine Brauerei, die noch bis 1827 existierte; zuvor: Der Österreicher Gassl (ca. 1576).

Frauenplatz

(vor 1815) Der Platz, einst der Friedhof einer Marienkirche, hat seinen Namen natürlich von der Frauenkirche; früher Unser Frauen Freithof (ca. 1340 bis 1789), ein Teil hieß von 1390 bis 1417 Unter der Schul.

Frauenstraße

(seit ca. 1810) Ob eine bestimmte Frau gemeint war, lässt sich nicht eruieren. Vermutlich war die Straße nur als Gegenstück zur Herrenstraße so genannt worden.

Fürstenfelder Straße

(vor 1390) Die Zisterzienserabtei Fürstenfeld bei Fürstenfeldbruck besaß hier ab 1289 ein Haus.

Georg-Kronawitter-Platz

(seit 2018) Der SPD-Politiker Georg Kronawitter (1928-2016) regierte München als Oberbürgermeister von 1972 bis 1978 und von 1984 bis 1993. Der zuvor namenlose Platz wurden von den Münchnern nach der angrenzenden Sattlerstraße meist Sattlerplatz genannt.

Hackenstraße

(vor 1465) Ein Hag ist ein eingefriedetes Stück Land. In diesem Fall war »In den Hacken« das Gelände zwischen Hotterstraße, Altheimer Eck, Damenstift- und Brunnstraße. Zuvor: Hackengässl (um 1465), ein Teil hieß Bei der Hundskugel, Hundsgasse oder Hundskugelgasse (ca. 1455 bis 1904).

7 Heinrich Heine (Schriftsteller)
10 Johann Baptist Straub (Bildhauer)
Roman Anton Boos (Bildhauer)

Hartmannstraße

(seit 1872) Jakob Michael Karl von Hartmann (1795-1873) befehligte als General die bayerische Infanterie siegreich im Deutsch-Französischen Krieg u. a. bei den Schlachten von Weißenburg, Wörth und Sedan. Früher: Steinmetzgassl (ca. 1546), Knödlgasse (1747 bis 1872).

Heiliggeiststraße

(vor 1806) Sie wurde benannt nach dem 1250 erstmals erwähnten Heiliggeistspital, das bis ins 19. Jh. auf dem heutigen Viktualienmarkt stand; früher Fischergasse (ab 1390).

Hermann-Sack-Str.

(seit 1955) Hermann Sack (1380-1440), Guardian (Konventvorsteher) der Franziskaner, war ein wichtiger Chronist der Münchner Frühgeschichte. Er schrieb die Jahrtagsbü-

Die Einschütt an der Hochbrücke,1835

cher der Franziskaner und Klarissen und verfasste umfassende Arbeiten über Münchner Bürger- und Patrizierfamilien.

Herzog-Max-Straße

(seit 1803) Maximilian Philipp Hieronymus, Prinz von Bayern und Herzog von Bayern-Leuchtenberg (1638-1705) regierte für den noch minderjährigen Kurfürsten Max Emanuel. Als Wohnsitz nutzte er die von Herzog Wilhelm V. erbaute Residenz, die fortan Maxburg hieß; zuvor: Neuhauser Gassl.

Herzog-Rudolf-Straße

(seit 1903) Rudolf I. der Stammler (1274-1319) war Herzog von Oberbayern und Pfalzgraf bei Rhein. Er wurde zum Stammvater der pfälzischen Linie der Wittelsbacher. Da die bayerischen Wittelsbacher 1777 ausstarben, stammen alle heute lebenden Wittelsbacher von Rudolf ab; zuvor: Kanalstraße.

Herzogspitalstraße

(seit Ende d. 18. Jh.) Drei Herzöge, Albrecht V., Wilhelm V. und Maximilian I., gründeten, bauten und vollendeten schließlich 1601 das Hofspital zur hl. Elisabeth für kranke Hofbedienstete, das bald nach den Erbauern Herzogspital genannt wurde; zuvor: Spitalgasse (1782) und Seminargasse.

12 Fjodor Tjutschew (Dichter)

Herzog-Wilhelm-Str.

(seit 1886) Herzog Wilhelm V. der Fromme (1548-1626) ist bis heute in der Stadt sehr präsent. Das Glockenspiel am Münchner Rathaus zeigt täglich seine Hochzeit mit Renata von Lothringen. Wilhelm förderte die Gegenreformation und ließ u. a. die Michaelskirche sowie das Jesuitenkolleg errichten – und auch das Hofbräuhaus. Zuvor hieß die Straße in Teilen: Kaserngässl und Kreuzgasse oder Glockengasse (1806 bis 1886).

11 Clemens Berntano (Dichter)

Hochbrückenstraße

(seit 1873) Die 1872 abgerissene Hochbrücke über den Katzenbach gab den Namen; zuvor hieß die Straße in Teilabschnitten Am/Auf dem Germ (1380), Ledererstraße (1381), Zwischen den zwei Bächen (1450), Einschütt (1531), Am Bach (1767), Hafner-am-Gern-Gässl (Ende 18.Jh.) und Bei dem Schleifer (1806).

Hofgartenstraße

(seit 1614) Benannt nach dem Hofgarten, der unter Kurfürst Maximilian I. angelegt worden war.

Hofgraben

(vor 1555) Der alte Stadtgraben an der Nordseite des Alten Hofs ist längst überbaut und nicht mehr sichtbar. Zuvor: Burggraben (ca. 1393), Bei der Münz/Bei der Hofmühl (ca. 1523);

1654 bis 1805 existierte an dieser Stelle der Herzogspitalstraße das Gregorianische Seminar für arme Studenten

Münchens ältestes Weinhaus (Weinhaus Neuner, seit 1852) in der Herzogspitalstraße

Die Straßennamen

Bombastischer Neobarock: Die Gebäude der HypoVereinsbank in der Kardinal-Faulhaber-Straße

Teilstücke hießen auch Bei der Pfister (1570) und Am Haberkasten (ca. 1806).

Hofstatt

(vor 1369) Weil hier im 14. Jh. die Adelsfamilie Schleißbach mehrere Anwesen besaß, nannte man die Straße »der Slaespecken Hofstatt«.

Hotterstraße

(vor 1377) Benannt nach einem Münchner Bürger namens Chod/Hot, der hier einen Garten besaß; früher In dem grünen Ängerlein.

Isartorplatz

(um 1791) Das Isartor wurde im Rahmen der Stadterweiterung unter Kaiser Ludwig dem Bayern 1337 erbaut.

Josephspitalstraße

(vor 1781) Nahe dem Herzogspital stiftete der Münchner Bürger Melchior Pruggsperger 1614 das Josephspital, dessen barocker Bau dem Krieg zum Opfer fiel.

Jungfernturmstraße

(vor 1666) Der 1485 bis 1488 erbaute Jungfernturm war ein Wehrturm an der Stadtmauer. Er wurde 1804 abgerissen.

Kapellenstraße

(vor 1818) Die namensgebende Kapelle stand einst von 1597 bis 1870 in der Maxburg; vorher: Gilgengässl (1526 bis 1544), Herzog-Max-Gassl (ab 1781), dann Schlossergässl und Eisenbrecher-Gässchen (ca. 1806).

Kardinal-Faulhaber-Straße

(seit 1952) Michael von Faulhaber (1869-1952) war ab 1917 Erzbischof von München und Freising und ab 1921 Kardinal. Zuvor hieß die Straße (oder Teile von ihr): Barts Gassen (ca. 1375), Graf-Portia-Prangers-Gasse (Ende d. 18. Jh.), Promenadenstraße (1869-1952).

Karlsplatz

(seit 1797) Kurfürst Karl Theodor (1724-1799) ließ die Stadt München entfestigen und den nach ihm benannten Platz neu gestalten. Die Münchner bevorzugen aber bis heute, den Platz »Stachus« zu nennen, nach dem Wirtshaus des Eustachius Föderl, das einst an der Stelle des heutigen Kaufhofs stand. Hieß zuvor Neuhausertorplatz.

Karmeliterstraße

(vor 1662) Kurfürst Ferdinand Maria legte 1657 den Grundstein für die Kirche im neuen Karmelitenkloster neben der Herzog-Max-Burg. Das Kloster wurde 1803 aufgehoben, die Kirche beherbergt heute das Diözesanarchiv des Erzbistums München und Freising. Zuvor: Seemüllers Gassl (ca. 1565), Kalteneckergassel (Ende d. 18. Jh.).

Kaufingerstraße

(vor 1316) Die Patrizierfamilie Kauf(r)inger wird in München erstmals 1217 mit »Friedrich dem Choufringer« erwähnt. Eine Urkunde von 1239 benennt einen Chunradius Choufringer als Zeugen. Chunradius besaß vermutlich sein Anwesen in dieser Straße. Die Kaufingerstraße ist nach dem Rindermarkt der zweitälteste überlieferte und erhaltene Straßenname Münchens.

Klosterhofstraße

(seit 1957) Hier stand bis 1803 der Tegernseer Klosterhof, darum hieß die Straße früher Tegernseer Gassl (ab 1524 bis 1956), zwischenzeitlich auch Loderergasse (1781 bis 1806). Um Verwechslungen mit der Tegernseer Landstraße zu vermeiden, wurde die Straße 1957 umbenannt.

Noch sind in München nicht alle Ecken luxusmaximiert – wie hier in der Kreuzstraße

Madonna im Rosenstock in der Kreuzstraße

Kreuzstraße

(vor 1781) Nein, den Namen hat die Straße nicht vom religiösen Symbol, sondern weil sich hier schon vor langer Zeit wichtige Straßen kreuzten (früher hieß die Ecke »auf dem creutz«). Ein Straßenteil hieß von 1399 bis 1449 Bei der Linden, im Mittelalter war sie Teil der Schmalzgasse.

Küchelbäckerstraße

(vor 1781) In dieser Straße gab es einst mehrere Küchelbäcker, also Bäcker, die auch Schmalzkücherl, Auszogene und Krapfen herstellten.

Landschaftstraße

(vor 1586) Ab 1554 stand am Marienplatz das große Versammlungshaus der bayerischen Landschaften (Landstände), ein Gremium von Adel, Geistlichkeit und Bürgertum, quasi ein Vorläufer des Landtags. Frühere Namen: Schreibergasse (ca. 1355 bis nach 1411), Gässl da die alt Sanwelin die Jüdin ansitzet (1394), Herrn Wilhelms Gässl (1395), Kleubergasse (1492), Stadtschreibergässl (1481).

Ledererstraße

(vor 1381) An der Straße waren einst die Lederer (Gerber) ansässig; zwischen 1371 und 1776 auch Ircher-gasse genannt (Ircher ist ebenfalls ein altes Wort für Gerber).

Liebfrauenstraße

(seit 1872) Benannt nach dem Dom Unserer Lieben Frau, Münchens Wahrzeichen. Zuvor ab 1370 Unser Frauen Gässl genannt.

Löwengrube

(seit 1640) Der Ursprung ist nicht ganz sicher, vermutlich wegen eines Freskos mit Daniel in der Löwengrube, das am Stammhaus des Löwenbräu, Löwengrube 17, ab dem Jahr 1725 belegt, aber wahrscheinlich erheblich älter ist. Ein Teilstück hieß von 1490 bis 1575 Kistlergasse, zwischenzeitlich auch Augustinerstockgasse.

Lueg ins Land

(seit 1806) Nein, das heißt nicht Lüg, das e ist ein Dehnungs-e. Ein Lu(e)g ins Land ist ein Schau ins Land, Ausguck. Hier stand bis 1807 der Lueger

Im Zuge von Hygienemaßnahmen mussten alle Hunde ab 1880 jährlich in der Visitationsanstalt in der Ledererstraße von einem städtischen Veterinär begutachtet werden. Hunde ohne Visitationsmarke wurden vom Hundefänger einkassiert. Ausgenommen waren »Arbeitsviecher«, die Karren-Zughunde der Dienstmänner.

Das Denkmal von König Max I. Joseph auf dem gleichnamigen Platz schuf Christian Daniel Rauch 1825

Turm, ein Teil der Stadtbefestigung. Früher: Germsiedergassl (ca. 1781) und Bei dem Luger.

Maderbräustraße

(um 1803) Die Familie Mader betrieb ihr Bräuhaus von 1642 bis 1778 im Eckhaus zum Tal. Hieß früher auch: Bauernbräugassl (1596 bis 1804), Schergassl oder Bachbräugassl.

Maffeistraße

(seit 1873) Josef Anton von Maffei (1790-1870) verpfändete die Tabakgroßhandlung seines Vaters, um die Maschinen- und Lokomotivenfabrik J. A. Maffei zu gründen. 1841 wurde die erste Dampflok mit dem Namen »Der Münchner« an die München-Augsburger Eisenbahn-Gesellschaft ausgeliefert. Im gleichen Jahr ließ Maffei das Hotel Bayerischer Hof erbauen.

Marienplatz

(seit 1854) Die Mariensäule gab Münchens zentralem Platz den Namen. Der hieß früher einfach Marktplatz oder Schrannenplatz (1158 bis 1854); einzelne Abschnitte des Marktes hießen: Bei den Waltmangern (Tuchmachern, 1253 bis 1391), Fischmarkt (um 1295), Kornmarkt (1296 bis 1759), Unter den Kramen, Kramzeil (1310 bis 1460), Unter den Fragnern (= Krämern, 1370), Unter den Schustern (1383 bis 1395), Bauernmarkt (1449), Eiermarkt (1572 bis nach 1833), Vogelmarkt (1581 bis nach 1804), Unter den Bögen (1782).

Marienstraße

(vor 1818) Früher war München in zwei Pfarreien eingeteilt und das Tal die Grenze. Südlich war die Pfarrei St. Peter zuständig (Tal Petri), nördlich die Vorgängerkirche des Doms, die Marienkirche (Tal Maria); 1730 als »An der Stadtmauer im Tal Mariä« genannt.

Marstallplatz/-straße

(um 1820/1826) Benannt nach der hier 1818 erbauten Königl. Hofreitschule und den zugehörigen Stallungen (dem Marstall).

Maxburgstraße

(vor 1833) Das von Herzog Wilhelm V. 1579 erbaute Renaissanceschloss bekam seinen Namen von Herzog Maximilian Philipp von Bayern-Leuchtenberg (1638-1705), der hier seinen Wohnsitz hatte. Früher: Enge

Jugendstil in der Müllerstraße

Maffeistraße

Heldenputto an der Mariensäule bekämpft den Basilisken (Sinnbild der Pest)

Gasse (vor 1344), Herzog-Max-Gassl (1781) und Schulstraße (ab 1806).

Maximilianstraße

(seit 1856) König Maximilian II. (1811-1864) wollte der Stadt durch eine Prachtstraße seinen architektonischen Stempel aufdrücken und beauftrage Friedrich Bürklein mit der Planung.

6	Ferdinand Gregorovius (Reiseschriftsteller)
32	Henrik Ibsen (Schriftsteller)
43	Bertolt Brecht (Dramatiker)

Maximiliansplatz

(seit 1809) König Max I. Josef (1756-1825) ließ im Zuge der Stadterweiterung die Maxvorstadt und diesen Platz planen. Der Platz war damals der größte der Stadt, weshalb hier die Dulten und die großen Pferdemärkte stattfanden. Früher auch Dultplatz genannt.

Max-Joseph-Platz

(seit 1805) Der Platz, hier war früher der Friedhof des Barfüßerklosters, ist benannt nach König Max I. Joseph (1756-1825).

Mazaristraße

(vor 1780) Der aus Italien stammende Paulus Mazari betrieb von 1667 bis 1684 in der Kaufingerstraße 28 eine Gaststätte und einen Weinhandel; zuvor: Gießers Gassel (ca. 1453), Stiftsgässchen und Kloster-Dießen Gässl (ca. 1734).

Müllerstraße

(vor 1826) Die Grenze zwischen Altstadt und Isarvorstadt ist benannt nach den vielen Mühlen, die es einst an den offenen Stadtbächen in dieser Gegend gab.

Münzstraße

(vor 1780) Hier stand ab ca. 1622 bis zu ihrem Umzug in die Alte Münze (1809) die bayerische Münzprägeanstalt.

Neuhauser Straße

(seit 1293) Die Straße, heute Fußgängerzone, führt nach Neuhausen, ein 1163 erstmals erwähntem Dorf im Westen, das seit 1890 ein Münchner Stadtteil ist. Zwischenzeitlich von 1815 bis 1828 Karlstraße genannt.

22	Gottfried Keller (Schriftsteller)
52	Jacob Balde (Dichter)

Neuturmstraße

(seit 1876) Der Neuturm am Kosttor war Teil der Stadtbefestigung und diente als Geschützturm und Schuldgefängnis. Der Rundturm wurde 1872 abgerissen.

Den Brunnen *Mädchen auf der Schildkröte* am Oberanger schuf Jean Henninger 1971

Nieserstraße

(seit 1906) Graf Joseph Anton von Seeau, der Intendanten aller Münchner Spielstätten, beauftragte 1776 die Schauspieltruppe von Johann Baptist Joachim Nieser (auch Nießer, 1739-1811), mit der Aufführung deutschsprachiger Theaterstücke. Durch Niesers Erfolg bestätigt, wurde die Alte Oper am Salvatorplatz in eine »National-Schaubühne« verwandelt. Vorher: Heutleins Gas-

Das Luxuxhotel Mandarin Oriental in der Neuturmstraße

Am Platzl

Innenhof in einem der mittelalterlichen Häuser am Platzl

sen (ca. 1382) und Hebamgasse (ca. 1780 bis 1906).

Oberanger

(vor 1300) Der Anger, Wiesen und Felder, die ursprünglich vor der ersten Stadtmauer lagen, war der heutige Sankt-Jakobs-Platz. Früher auch Roßmarkt und Gansbühel.

Odeonsplatz

(seit 1827) Leo von Klenze baute 1828 am Südende der Ludwigstraße im Auftrag Ludwigs I. das Odeon – ein Konzerthaus. Nach der Zerstörung im Zweiten Weltkrieg und dem Wiederaufbau befindet sich nun das bayerische Innenministerium im Odeon.

Orlandostraße

(seit 1873) Orlando di Lasso (Roland de Lassus, 1532-1594) war zu Lebzeiten der berühmteste Komponist und Kapellmeister. Herzog Albrecht V. berief ihn 1556 nach München, wo er die Hofkapelle leitete. Er schrieb u. a. 60 Messen, über 500 Motetten, 102 Magnificat-Sätze, 23 marianische Antiphonen, 4 Passionen nach je einem Evangelisten, 32 lateinische Hymnen, etwa 110 Madrigale, 146 französische Chansons und etwa 90 deutsche Lieder. Zuvor: Seerieder Gasse.

Pacellistraße

(seit 1951) Eugenio Pacelli (1876-1958) ist wohl besser bekannt als Papst Pius XII. Pacelli war von 1917 bis 1925 Päpstlicher Nuntius in München. Zuvor: Kreuzgasse (seit 1368), Karmeliterplatz (seit 1759) und von 1806 bis 1951 Pfandhausstraße.

Papa-Schmid-Straße

(seit 1950): Der Marionettenspieler Josef Leonhard Schmid (1822912) betrieb seit 1900 im heutigen Gebäude sein beliebtes Puppentheater, tatkräftig unterstützt und gefördert vom »Kasperlgraf« Pocci.

Pestalozzistraße

(seit 1897) Der Schweizer Pädagoge und Sozialreformer Johann Heinrich Pestalozzi (1746-1827) vertrat die zu seiner Zeit revolutionäre Auffassung: »Wenn die Persönlichkeitsentwicklung des Kindes gelingen soll, so müssen ihm seine Eltern Zeit, Zuwendung und Zärtlichkeit schenken.« Seine Pädagogik beruhte auf einem ganzheitlichen Ansatz. Früher hieß die Straße Am Glockenbach oder Glockengassl.

Petersplatz

(seit 1815) Münchens älteste Pfarrkirche, der Alte Peter, erstmals erwähnt 1226, ist hier der Namensgeber. Münchner nennen den Platz allerdings Petersbergl. Hieß früher: Auf der Schul (ca. 1426), Sämergasse (ca. 1558) und Petersgässl (nach 1584).

Pettenbeckstraße

(seit 1899) Ferdinand von Bayern ehelichte 1588 die nicht standesgemäße Maria Pettenbeck (1573-1619), Tochter eines Landrichters. Daraufhin musste Ferdinand auf seinen Anspruch in der bayerischen Thronfolge verzichten. Maria wurde die Stammmutter der »Ferdinandinischen-Linie« der Wittelsbacher, den Grafen von Wartenberg. Die Familie mit ihren 16 Kindern lebte in einem Palast am Rindermarkt.

Eine Fassadenmalerei an einer Brandmauer zeigt den Radlsteg, als noch der Katzenbach durchfloss

Das ehemalige Bankhaus Maffei am Promenadeplatz 9, 1909/10 von Gustav von Cube und Karl Stöhr erbaut; Portalplastik von Heinrich Düll und Georg Pezold

Für das Parcus-Haus am Promenadeplatz 12 (erbaut 1887/88 von Friedrich von Thiersch für die Buchdruckerei Gebr. Parcus, Foto von 1895) wurde das Palais Hörwarth abgerissen

Pfisterstraße

(vor 1780) Nahe dem Alten Hof richteten die Herzöge die Hofpfistermühle ein, erstmals 1331 erwähnt. Die Pfisterei (lat. pistor – Bäcker) versorgte den Hof mit Backwaren. Herzog Albrecht V. verlegte Mühle und Bäckerei 1578 in das heutige Anwesen Pfisterstraße 10. Früher Beim Harnischhaus (ca. 1523).

Pflugstraße

(vor 1665) Um 1579 gehörten alle Gebäude auf der Ostseite der Straße einem offenbar sehr geschäftstüchtigen Bäcker namens Simon Pflueg/Pflug. Zuvor: Gässel im Tal (1404), Manggässchen (ab 1540) und kurzzeitig auch Torbräugassl (um 1881).

Platz der Opfer des Nationalsozialismus

(seit 1946) Der Platz wurde zu Ehren der Opfer der NS-Terrorherrschaft benannt.

Platzl

(vor 1780) Weil sich die Gasse hier zu einer Art Platz erweiterte, lag der Name auf der Hand. Von 1368 bis 1805 hieß das Platzl wie das ganze Viertel offiziell Graggenau.

Prälat-Miller-Weg

(seit 1992) Konrad Miller (1912-1991) war von 1947 bis 1988 Stadtpfarrer an der Heiliggeistkirche und von 1967 bis 1982 Vorsitzender des bayerischen Klerusverbands.

Prälat-Zistl-Straße

(seit 1984) Max Zistl (1904-1983) war ab 1950 Stadtpfarrer von St. Peter und engagierte sich für den Wiederaufbau der Peterskirche nach dem Krieg. Zuvor hieß die Straße Taschenturmgässchen und ab 1806 An der Kloster Anger Mauer.

Prannerstraße

(vor 1368) Die wohlhabende Familie, die hier im 14. Jh. ein Haus besaß, hieß eigentlich Prandan, von Prandansgazz über Prandesgassen usw. entwickelte sich der heutige Name.

Promenadeplatz

(vor 1805) Hier standen einst die Münchner Salzstädel. Nach deren Abriss 1778 nutzte das Militär den Platz für Paraden und die Bevölkerung zum Promenieren (promenade = franz. für Spaziergang). Hieß zuvor Kreuzgasse oder auch Salzstädelgasse.

2	Maximilian Joseph von Montgelas (Minister)
2-6	Franz Kafka (Schriftsteller)
4	Franz Graf von Pocci (Erfinder des Kasper Larifari)
15	Johann Baptist Gunetzrhainer (Oberhofbaumeister)

Die Straßennamen

Das Falkeneck an der Residenzstraße tut älter, als es ist, der Neurokokobau wurde 1904/05 von Eugen Droll erbaut

Radlsteg

(vor 1540) Ein »Radl«, ein Drehkreuz, sicherte einst den schmalen Steg, der hier an einem offenen Bach entlangführte, damit immer nur eine Person passieren konnte. Der Katzenbach (auch Kaltenbach) wurde 1872 überwölbt, seither gibt es eine Straße.

Reichenbachplatz/-straße

(seit 1935/seit 1862): Entgegen der weit verbreiteten Meinung, die Straße verdanke ihren Namen den einstigen Wirtsleuten der Deutschen Eiche, den Reichenbachers, ist der Mechaniker und Ingenieur Georg von Reichenbach (1771-1826) der Namenspatron. Reichenbach entwickelte zusammen mit Fraunhofer optische Geräte und gründete mit Utzschneider das Mathematisch-Feinmechanische Institut. Er gilt als Wegbereiter der Dampfmaschine in Bayern.

Residenzstraße

(vor 1683) Benannt nach der Residenz der bayerischen Herzöge, Kurfürsten und Könige. Ein Teil hieß früher Bei den Barfüßern (ca. 1370) und Schwabinger Gasse (1367 bis nach 1805).

Rindermarkt

(vor 1242) Ursprünglich fand hier der Großviehmarkt statt, der aber bereits 1369 auf den Anger verlegt wurde. Der Rindermarkt ist der älteste überlieferte und erhaltene Straßenname Münchens.

Rochusberg/-straße

(vor 1714) Der hl. Rochus von Montpellier (vermutl. 1295-1379) ist der Schutzpatron der Kranken und Leidenden, vor allem der Pestkranken. Nach ihm war ein Spital benannt, das Herzog Wilhelm V. 1589 errichten ließ. 1603 kam noch eine Rochuskapelle hinzu.

1455 Jean Paul (Dichter)

Rosenstraße/-tal

(vor 1368/ca. 1410) Woher der Name stammt, ist nicht eindeutig geklärt. Vermutlich von einem Wandgemälde am nordöstlichen Eckhaus, das die Jungfrau Maria darstellte, darunter stand »Rosa mystica«. Rosa mystica (»geheimnisvolle Rose«) ist eine Anrufung der Gottesmutter in der Lauretanischen Litanei. Das Rosental hat seinen Namen vermutlich von der nahen Rosenstraße. Es hieß früher Krottental (seit 1368).

11 Bettina Brentano (Schriftstellerin)

Roßmarkt

(seit 1957) Bis ins 15. Jh. wurde hier der Pferdemarkt abgehalten. Der Platz wurde schon vor seiner offiziellen Benennung nach dem Zweiten Weltkrieg im Volksmund Roßmarkt genannt (vor 1369).

Rumfordstraße

(um 1837): Der britisch-amerikanische Physiker Sir Benjamin Thompson, Graf von Rumford (1753 – 1814), untersuchte die Reibungswärme und erkannte, dass Wärme nicht stofflich ist. 1784 kam er nach München, förderte die Errichtung von Schulen, Armenhäusern und Suppenküchen und erfand hierzu extra die günstig herzustellende und besonders nahrhafte Rumford-Suppe, die von den Münchnern aber abgelehnt wurde. Nicht abgelehnt wurde sein Englischer Garten, den er ab 1789 anlegte.

Salvatorplatz/-straße

(vor 1318/um 1806) Die 1494 geweihte Salvatorkirche dienste ursprünglich als Friedhofskapelle für den Gottesacker der Frauenkirche, der sich einst an dieser Stelle befand. Seit 1829 nutzt die griechisch-orthodoxe Kirchengemeinde das Gebäude. Früher: Kuhgassl, nach einer Schwaige, die hier schon lange vor der Gründung Münchens existierte.

In der Rosenstraße spaziert der Journalist Sigi Sommer, der fast 40 Jahre lang seine »Blasius, der Spaziergänger«-Kolumne in der AZ veröffentlichte; Bronzeplastik von Max Wagner (1998)

Das Rappeneck in der Sendlinger Straße

Sankt-Jakobs-Platz

(seit 1886) Das älteste, noch bestehende Kloster der Stadt ist St. Jakob am Anger, das um 1250 erbaut wurde. Im Konvent sind die Armen Schulschwestern Unserer Lieben Frau zu Hause.

15 Ignaz Günther (Bildhauer)

Sattlerstraße

(vor 1806) Der Sattler-Zunftmeister Joseph Roßkopf besaß bis 1810 das Eckhaus (heute Färbergraben 3a), darum hat man gleich die Straße nach seiner Zunft benannt.

Schäfflerstraße

(vor 1366) In dieser Straße waren einst die Schäffler (Fassbinder, Küfer) ansässig. Ein Schaf(f)/schef war ein Schöpfgefäß bzw. ein Gefäß für Flüssigkeiten. Die Straße hieß um 1388 zwischenzeitlich Sporergasse.

Schmidstraße

(seit Ende 18. Jh.) Das südliche Eckhaus dieser Straße gehörte zwischen 1590 und 1895 stets einem Huf- oder Waffenschmied. Sogar ein Schmied namens Johann Schmid (gest. 1783) ist nachgewiesen.

Schrammerstraße

(vor 1481) Im Jahr 1383 wird ein Bader namens Schramm(er) im Haus Nr. 2 in dieser Straße schriftlich erwähnt.

Das Modehaus Konen (Breuninger) in der Sendlinger Straße

Sebastiansplatz

(vor 1818) Einst stand an diesem Platz von 1515 bis 1814 ein Haus des Benediktinerstifts Ebersberg zu dem eine Sebastianskapelle gehörte.

Sendlinger Straße

(vor 1318) Über diese Straße gelangte man auf der Direttissima zu dem 782 erstmals erwähnten Dorf Sendling. Teile der Straße hießen früher: Auf der Bruck (um 1382), Auf der Teyferbruck (1389/1394) und Unter der Stieg (ca. 1404).

30 Michael Ende (Schriftsteller)

62 Egid Quirin Asam (Künstler)

Sendlinger-Tor-Platz

(vor 1837) Das Sendlinger Tor, Teil der alten Münchner Stadtbefestigung, wurde 1319 erstmals als Porta Sentlingeriorum erwähnt.

Singlspielerstraße

(vor 1806) Hier braute von 1673 bis 1711 Franz Singlspieler sein Bier. Früher: Staingassl (vor 1540 bis nach 1588), Streichergassl (um 1543), Manggassl (von 1551 bis nach 1782), Heissbaurngassl und Johannesgassl (Ende 18. Jh.).

Sonnenstraße

(seit 1812) Die Grenze zwischen Altstadt und Ludwigsvorstadt verdankt ihren Namen ihrem Verlauf – direkt auf die Mittagssonne zu.

Sparkassenstraße

(seit 1907) 1899 eröffnete in dem von Hans Grässel entworfenen Neorenaissancebau die Münchner Sparkasse ihre neue Hauptstelle. Teile der Straße hießen früher Münzgangl (Ende d. 18. Jh.) und Braun Bräuhaus Gässchen (um 1806).

Sporerstraße

(vor 1780) Die hier seit 1439 angesiedelten Sporer zählten zu den Klein-

Am Sebastiansplatz stehen noch einige mittelalterliche Häuser mit den typischen halben Giebeln (»Ohrwaschln«) zum Nachbarhaus

Das Haus der Bäckerbruderschaft im Tal, Ecke Hochbrückenstraße 1869

An das Haus der Bäckerbruderschaft erinnert heute dieses Denkmal am Tal 15

Kolorierte Postkarte vom Tal, 1936

schmieden, sie fertigten neben Sporen auch Trensen, Steigbügel etc. Die Straße hieß in Teilen auch Unser Frauen Gassl (vor 1383 bis nach 1782) und Schlossergassl (vor 1541 bis nach 1583).

Sterneckerstraße

(vor 1696) Der Brauereifamilie Sternegger gehörte von 1575 bis 1696 das Haus an der Ecke zum Tal. Vorher: Felergassl (vor 1542 bis 1579).

Stollbergstraße

(seit 1968) Ignaz Georg Stollberg (1853-1926) leitete mit Cajetan Schmederer ab 1898 das Münchner Schauspielhaus, gemeinsam übernahmen sie 1899 die Leitung des Gärtnerplatztheaters und der 1901 an der Maximilianstraße neu eröffneten Kammerspiele. Stollberg, der die Kammerspiele bis 1919 leitete, führte auch Regie und trat in einigen Stücken selbst auf.

2 Freddie Mercury (Rockstar)

9 Rainer Werner Fassbinder (Film- und Theatermacher)

Tal

(vor 1253) Benannt nach der leicht abgesenkten Lage, in der die Straße von der Isarbrücke zur Altstadt führt. Früher unterschied man nach Tal Petri (die Südseite der Straße) und Tal Mariae (Nordseite), da mitten durch das Tal die Grenze der beiden Pfarreien ging (St. Peter und Frauenkirche).

Theatinerstraße

(vor 1803) 1662 holten Kurfürst Ferdinand Maria und seine Gattin Henriette von Savoyen den Theatinerorden nach Bayern und bauten ihm ein Kloster gegenüber der Residenz. Der Name des Männerordens leitet sich von der Stadt Teate (heute Chieti) ab, in der einer der Ordensgründer Bischof war. Früher: Äußere/Hintere Schwabinger Gasse (vor 1368 bis nach 1826).

Theklastraße

(um 1881) An der Müllerstraße stand einst ein Militärkrankenhaus, dessen Kapelle (von 1778) der hl. Thekla geweiht war.

Thiereckstraße

(vor 1781) Der Kurfürstliche Hofkammerrat und Schatzmeister Karl Joseph von Thiereck (gest. 1780) besaß ab 1776 das Eckhaus an der Straße, seine Witwe Therese (gest. 1814) vermachte ihr Vermögen den Armen der Stadt. Zuvor: Im Gewölb (vor 1375), Dunkles Gässel (um1486), Pekengässel (um 1780), Stiftsgässchen (um 1815).

Thomas-Wimmer-Ring

(seit 1964) Der gelernte Schreiner Thomas Wimmer (1887-1964) war von 1925 bis 1933 SPD-Stadtrat und von 1948 bis 1960 Oberbürgermeister von München. Er prägte das »Rama dama« (»Wir räumen auf«) während des Wiederaufbaus und auf ihn geht das »Ozapft is« zum Wiesnauftakt zurück.

Unterer Anger

(vor 1856) Der Anger (also die Gegend um den Jakobsplatz) wurde erst im 19. Jh. in oben und unten unterteilt. 1818 taucht erstmals die Untere Angerstraße auf, später dann auf den heutigen Namen verkürzt.

Utzschneiderstraße

(seit 1844): Der einstige Direktor des kurfürstlichen Hauptsalzamtes Joseph von Utzschneider (1763-1840) gehörte zu den Mitbegründern des

Feinmechanischen Instituts, errichtete eine Brauerei und eine Tuchmanufaktur und diente der Stadt München drei Jahre als Zweiter Bürgermeister.

Viktualienmarkt

(nach 1807) Das lateinische Wort victualis bedeutet »zum Lebensunterhalt gehörig«, davon leitet sich victualia bzw. dann Viktualien für Lebensmittel ab. Der Markt wurde 1807 vom Marienplatz auf das heutige Gelände verlegt, nachdem man dort das Heiliggeistspital abgerissen hatte. Zuvor hießen Teile davon: Bei der Waag (1392/1403), von 1416 bis 1875 Roßschwemme, Beim Spital (vor 1369 bis nach 1805), Spitalergasse (um 1405), Fleischbankstraße (vor 1796 bis 1890) und Metzgergässchen (um 1818 bis 1823).

Viscardigasse

(seit 1931) Der italienische Baumeister Giovanni Antonio Viscardi (1645-1713) war hauptsächlich in Bayern aktiv und führte den Spätbarock in München ein. Er entwarf u. a. Erweiterungsbauten für die Schlösser

Original Fifties-Flair ist in der Theatinerpassage erhalten, erbaut 1954/55 nach Plänen von Jean Ehrhard

Nymphenburg und Schleißheim, den Bürgersaal und die Dreifaltigkeitskirche. Während der NS-Diktatur hieß die Gasse im Volksmund »Drückebergergasse«, weil man hier nicht am NS-Mahnmal an der Feldherrnhalle entlangkam und den obligatorischen Hitler-Gruß vermeiden konnte.

Wallstraße

(seit 1829) Benannt nach dem Stadtwall, der einst hier verlief.

Weinstraße

(vor 1353) Hier waren einst die Weinhändler ansässig.

Westenriederstraße

(seit 1848) Der Theologe, Pädagoge, Historiker, Publizist und Lokalpatriot Lorenz von Westenrieder (1748-1829) wurde in Hausnr. 21 geboren. Zuvor: Gässel hinter der Mauer (um 1782), An der Stadtmauer (um 1803) und Theaterstraße (1818 bis 1848).

21 Lorenz von Westenrieder

Die ehemaligen Stadtwerke am Unteren Anger, hier stand vorher die Angerfronfeste

Zuckerbäckerstil bei einem Neubau in der Weinstraße

Die Straßennamen

Windenmacherstraße

(vor 1780) Der erste Windenmacher in dieser Straße wurde 1544 schriftlich erwähnt. Die Handwerker dieser Zunft stellten Winden zum Heben und Senken von Lasten her.

Wurzerstraße

(vor 1826) Auf Plänen des 16. und 17. Jh. findet man das Wurzertor, das ursprünglich Graggenauer Tor hieß und später Kosttor genannt wurde. Das 1389 erstmals erwähnte Stadttor wurde 1872 abgerissen. Woher der Name kommt, ist nicht gesichert. Vermutlich kommt er von den Wurzern (Gemüsegärtnern), die schon im 15. Jh. hier ansässig waren. Auch der herzogliche Wurzgarten lag hier.

12	Fritz Kortner (Schauspieler, Regisseur)
17	Sigi Sommer (Lokalreporter)

Zweibrückenstraße

(vor 1812) Die Straße führte vom Isartor zur Isarbrücke, die eigentlich zwei Brücken war, denn eine führte zur Insel, die andere von der Insel zur anderen Isarseite. Auch heute ist die Ludwigsbrücke offiziell noch zwei Brücken (Ludwigsbrücke und Innere Ludwigsbrücke).

Zwingerstraße

(seit 1868) Ein Zwinger ist das zwischen zwei Wehrmauern gelegene Gelände. Hier verlief einst der Weg zwischen den Mauerringen.

LEHEL

Adelgundenstraße

(seit 1845) Prinzessin Adelgunde Auguste von Bayern (1823–1914), Erzherzogin von Modena-Este, war die zweite Tochter Ludwigs I. Als »Tante Modena« war sie unter Prinzregent Luitpold die einflussreiche, (gefürchtete) graue Eminenz bei Hofe.

Alexandrastraße

(seit 1891) Alexandra Amalie von Bayern (1826-1875) war die jüngste Tochter Ludwigs I. Sie wirkte als Schriftstellerin und Wohltäterin, litt jedoch unter diversen Wahnvorstellungen. So bildete sie sich z. B. ein, ein gläsernes Klavier verschluckt zu haben.

Crusius-/Ecke Widenmayerstraße

Alfons-Goppel-Straße

(seit 2005) Der studierte Jurist Alfons Goppel schloss sich 1947 der CSU an. Er regierte Bayern als Ministerpräsident von 1962 bis 1978.

Am Gries

(ab 14. Jh.) Das grobkörnige Isarufer gab hier den Namen (frühere Schreibweisen: groez, gioz).

Am Hirschanger

(seit 1897) 1789 ließ Kurfürst Karl Theodor sein stadtnahes Jagdrevier, seinen Hirschanger, in einen öffentlichen Park umgestalten – den Englischen Garten.

Am Tucherpark

(seit 1969) Hans Christoph Freiherr Tucher von Simmelsdorf (1904-1968) war von 1959 bis 1968 Vorstandssprecher der Bayerischen Vereinsbank.

Bruderstraße

(vor 1894) Die Herkunft ist nicht genau geklärt, vermutlich nach dem Wirt der Wirtschaft »Zum Alletag«, Josef Brüderl, dessen Stammgäste sich »Brüderl« nannten.

Bürkleinstraße

(seit 1894) Baumeister Georg Friedrich Christian Bürklein (1813-1872) wurde unter König Max II. kgl. Baurat und entwarf die komplette Maximilianstraße, das Maximilianeum sowie den Münchner Hauptbahnhof. Sein Baustil wurde von Zeitgenossen heftig kritisiert.

Christophstraße

(seit 1878) Herzog Christoph der Starke von Bayern-München (1449-1493) machte seinem Bruder Albrecht IV. dem Weisen die Alleinherrschaft über Bayern-München streitig, denn eigentlich sollten immer die beiden ältesten Söhne gemeinsam regieren. Christoph unterlag jedoch und kam 19 Monate in den Kerker. Er starb später auf dem Heimweg von einer Pilgerreise auf Rhodos. Zuvor: Neue Pferdstraße.

Crusiusstraße

(seit 1934) Otto Crusius (1857-1918) war Professor für Klassische Philologie an der Münchner Universität und Präsident der Bayerischen Akademie der Wissenschaften. Er zählte 1917 zu den Gründern der

Die Ecke Franz-Josef-Strauß-Ring/Von-der-Tann-Straße damals: Die ehemalige Stadtbefestigung, die Hirschanger-Bastion, malte Christian Steinicken 1884. Links das »Geisterschlösschen«, ab 1726 Münchens erstes Observatorium, der Holzbau gehörte zum Gasthaus Maigarten.

Hochkarätige Streetart in der Emil-Riedel-Unterführung (Thiago Goms o. und HNRX u.)

Deutschen Vaterlandspartei, einer rechtsextremen Gruppierung, und schrieb Kriegslieder. Bleibt die Frage, warum die Straße weiterhin nach diesem Herrn benannt ist …

Dianastraße

(vor 1890) Im Jahr 1803 eröffnete am Englischen Garten das luxuriöse Dianabad, eine Badeanstalt mit Gastronomie, benannt nach der römischen Jagdgöttin Diana.

Emil-Riedel-Straße

(seit 1907) Emil Heinrich von Riedel (1832-1906) amtierte von 1877 bis 1904 als Staatsminister der Finanzen unter Ludwig II. und dem Prinzregenten und war damit dienstlängster Minister im Königreich Bayern.

Franz-Josef-Strauß-Ring

(seit 1989) Der Maxvorstädter Metzgerssohn Franz Josef Strauß war ab 1961 CSU-Vorsitzender und hielt mehrere Ministerposten auf Bundesebene inne. Ab 1978 war Strauß bayerischer Ministerpräsident.

Galeriestraße

(ca. 1783) Kurfürst Karl Theodor ließ 1780/81 von seinem Architekten Karl Albert von Lespilliez am Hofgarten die Churfürstliche Galerie erbauen, in der Karl Theodor einen Teil seiner Kunstschätze der Bevölkerung zugänglich machte.

Gewürzmühlstraße

(vor 1830) Ab ca. 1600 bis 1830 existierte hier am Bach eine Gewürzmühle.

Hildegardstraße

(seit 1843) Hildegard Luise Charlotte Theresia Friederike von Bayern (1825-1864) war eine Tochter Ludwigs I. und die Gattin des Erzherzogs Albrecht von Österreich.

Himbselstraße

(seit 1891) Der Architekt Ulrich Himbsel (1787-1860) war im Staatsdienst am Bau der Eisenbahnstrecke München–Augsburg beteiligt und baute später als Unternehmer die Bahnlinie München–Starnberg. Er baute außerdem Privat- und Mietshäuser in der Stadt.

Himmelreichstraße

(seit 1900) Die hier bis zum Jahr 1900 ansässige, beliebte Ausflugswirtschaft »Zum Himmelreich« was der Namensgeber.

Am heutigen Ende der Galeriestraße steht am Eingang zum Englischen Garten der *Harmlos*, benannt nach der Inschrift: HARMLOS. WANDELT HIER. DANN KEHRET. NEU GESTÄRKT. ZU JEDER. PFLICHT ZURÜCK. Die Marmorstatue schuf Franz Jakob Schwanthaler 1803.

Die Straßennamen

Kanalstraße

(vor 1823) Das Kanalbächl speiste einst die nordöstliche Grabenanlage der Stadtbefestigung und wurde 1897 aufgelassen. (Die in vielen Publikationen zu lesende Erklärung, der Bach würde heute noch hier fließen und in den Englischen Garten münden, stimmt nicht!).

Karl-Scharnagl-Ring

(seit 1964) Der Bäckermeister Karl Scharnagl (1881-1963) regierte als Oberbürgermeister zweimal München: von 1925 bis 1933 und von 1945 bis 1948. Er gehörte zu den Mitbegründern der CSU.

Karolinenplatz/-straße

(seit 1809) Friederike Karoline Wilhelmine von Baden (1776-1841) war die zweite Gemahlin von Max Joseph von Pfalz-Zweibrücken, dem späteren König Max I. Joseph von Bayern, und wurde somit die erste Königin Bayerns.

Knöbelstraße

(seit 1800) Die Familie Knöbel machte sich durch eine bedeutende Kulturstiftung verdient und besaß an dieser Gasse einst ein großes Gartengrundstück.

Liebig-/Ecke Wagmüllerstraße

Plakat für das Maximilians-Bad – »Größtes Bade-Etablissement Münchens« – in der Kanalstraße (heute Stollbergstraße)

Königinstraße

(seit 1808) Der Teil bis zur Veterinärstraße hieß früher Wiesenstraße. Mit der Umbenennung sollte an die Erlangung der Königswürde 1806 erinnert werden.

Ländstraße

(seit 1893) Zwischen Cornelius- und Maximiliansbrücke lag einst eine der Münchner Floßländen.

Lerchenfeldstraße

(seit 1891) Die Herren von Lerchenfeld zählen zum altbayerischen Uradel, erstmals 1070 erwähnt. Die Grafen von Lerchenfeld hatten bis zum Ende der Monarchie in Bayern einen erblichen Sitz in der Kammer der Reichsräte inne.

Liebherrstraße

(seit 1899) Der Uhrmacher, Erfinder und Ingenieur Joseph Liebherr (1767-1840) gründete mit Reichenbach und Utzschneider 1804 das Mathematisch-Physikalische Institut. Später war er Professor an der Polytechnischen Schule.

Liebigstraße

(seit 1876) Der Chemiker Justus von Liebig (1803-1873) gründete die moderne Düngelehre und die Agrikulturchemie. Er entdeckte u. a. das Chloroform und erfand das Backpulver und den hoch konzentrierten Fleischextrakt.

Ludwigsbrücke

(seit 1828) Sie ist die Nachfolgerin der Isarbrücke, die 1158 zur Gründung des Stadt München führte. Ihren heutigen Namen trägt sie zu Ehren von König Ludwig I. (1786 – 1868), der die Brücke nach schweren Hochwasserschäden neu aufbauen ließ.

Mannhardtstraße

(seit 1899) Johann Michael Mannhardt (1798-1878) begann seine Laufbahn als Ziegenhirte, lernte dann das Uhrmacherhandwerk und entwickelte sich zum wegweisenden Mechaniker und Erfinder. Er erfand u. a. eine Plombierungsmaschine, eine Guillotine (das »Mannhardt-Fallbeil«) und eine neue Ölmühle. Als Uhrmacher schuf er unzählige Turmuhren in aller Welt, darunter die Uhren der Frauenkirche.

Mariannenbrücke/-platz/-straße

(seit 1890/1878) Pfalzgräfin Maria Anna von Sulzbach (1722-1790), Witwe von Prinz Clemens Franz de Paula von Bayern, gilt als Retterin Bayerns: Sie verhinderte nach dem Aussterben der bayerischen Linie des Hauses Wittelsbach, dass Kurfürst Karl Theodor das Land Bayern an Österreich verschacherte. Später heiratete Maria Anna ihren Rentmeister und wurde von Karl Theodor lebenslang auf ihren Landsitz verbannt.

Maximiliansbrücke

(seit 1858) Die Brücke sollte eine Verbindung zwischen der Prachtstraße, die Maximilian II. plante, und dem östlichen Isarufer schaffen. Friedrich Bürklein entwarf die Brücke.

Obermaierstraße

(seit 1878) Der Staatsrechtler Joseph Eucharius Freiherr von Obermayr (1724-1789) war Hofkammerrat und Fiskaldirektor. Weil er Herzogin Maria Anna beriet, die Selbstständigkeit Bayerns zu erhalten, wurde er von Kurfürst Karl Theodor, der Bayern an Österreich im Tausch gegen die Niederlande abtreten wollte, nach Amberg strafversetzt.

Oettingenstraße

(seit 1897) Ludwig Kraft Ernst Karl Fürst zu Oettingen-Oettingen und Oettingen-Wallerstein (1791-1870) war Kronobersthofmeister, bayerischer Innenminister, Verweser des Außen- und Kultusministeriums und von 1849 bis 1858 Abgeordneter und Wortführer der Liberalen in der Zweiten Kammer des Landtags sowie ein bedeutender Kunstsammler. Hochverschuldet sollte er 1862 in Haft, floh aber in die Schweiz, um seinen Lebensabend nicht im Schuldgefängnis zu verbringen.

Paradiesstraße

(seit 1898) Benannt nach der Ausflugswirtschaft »Paradiesgarten«, die es ab 1790 an der Oettingenstraße 36 gab. Es gab sogar einen kleinen Chinesischen Turm. Im Paradiesgarten (auch Riedlergarten genannt) hielten die Waschermadln aus dem Lehel ihren jährlichen Ball ab.

Das neoklassizistische hölzerne Landhaus in der Oettingenstraße stammt vom Anfang des 20. Jh.

Postkarte von der 1899 beim Hochwasser zerstörten Prinzregentenbrücke mit einsturzgefährdetem Neubau an der Widenmayerstraße

Pfarrstraße

(nach 1808) Nach der im Jahr 1808 errichteten Pfarrei St. Anna.

Pilotystraße

(seit 1886) Carl Theodor von Piloty (1826-1886) war einer der wichtigsten Vertreter der realistischen Historienmalerei. Ab 1874 war er Direktor der Münchner Kunstakademie, zu seinen Schülern zählten u. a. Franz von Lenbach, Franz Defregger, Nikiphoros Lytras und Hans Makart.

Praterinsel

(seit 1912) Einst stand hier bis 1867 der Münchner Prater, ein Vergnügungslokal mit Kinderkarussell.

Prinzregentenstraße

(seit 1890) Prinzregent Luitpold von Bayern (1821–1912) regierte ab 1886 das Königreich Bayern. Zunächst nur drei Tage lang für seinen entmündigten Neffen König Ludwig I., dann bis zu Luitpolds Tod für dessen geisteskranken Bruder König Otto I. Bis heute werden die Jahre der Prinzregentenzeit als »goldene Jahre« verklärt.

Reitmorstraße

(seit 1898) Anna Reitmor (gest. nach 1454), Tochter des Juristen und Schriftstellers Andreas Perneder, war mit dem Patrizier Georg Reitmor, Mitglied des Inneren Stadtrats, verheiratet. Sie rettete die stadthistorisch wichtigen Aufzeichnungen des Chronisten und Bürgermeisters Jörg Kazmair über die Bürgerunruhen ab 1397. »Welche alte unleserliche geschrifft Anna Reitmorin (laut ihrer meldung) an einem unzimlich verworfen orth funden und mit grosser muhe abgeschriben«, wie ihr Nachkomme Octavianus Schrenck in der Hauschronik 1578 berichtete.

Riedlstraße

(um 1890) Der Kartograf und Topograf

Die Straßennamen

Ein letztes Stück Alt-Lehel vergammelt in der Robert-Koch-Straße

Adrian von Riedl (1746-1809) war ab 1790 Direktor der Straßen- und Wasserbauverwaltung. Er führte eine Neukartierung des kurpfalz-bayerischen Landes durch und veröffentlichte rund 400 Landkarten und Pläne.

Robert-Koch-Straße

(seit 1931) Der Mediziner und Hygieniker Robert Koch (1843-1910) entdeckte 1876 den Milzbranderreger, 1882 das Tuberkulosebakterium und 1883 den Choleraerreger. Der Pionier der modernen Bakteriologie und Mikrobiologie erhielt 1905 den Nobelpreis für Medizin.

St.-Anna-Platz/-Straße

(seit 1888) Gabriel von Seidl erbaute 1887 bis 1892 die Pfarrkirche St. Anna, die der hl. Anna, der Großmutter Jesu geweiht ist.

Seeaustraße

(seit 1891) Joseph Anton Graf von Seeau (1713-1799) wurde 1753 zum »Intendanten der Hofmusik und Spektakeln« ernannt. Er diente den Kurfürsten Max III. Joseph und Karl Theodor und trug wesentlich dazu bei, dass Stücke und Opern in deutscher Sprache aufgeführt wurden.

Seitzstraße

(seit 1888) Der Lithograf und Maler Franz von Seitz (1817-1883) übernahm 1848 die künstlerische Leitung des Satireblatts *Leuchtkugeln*, 1858 wurde er Professor an der Kunstakademie und elf Jahre später artistischer Direktor der Hofbühne. Zuvor: Kanalstraße.

Begehrte Wohnlage Lehel? Das sahen die Anwohner der Sternstraße früher (alle drei Fotos um 1895) sicherlich anders

Sigmundstraße

(seit 1878) Herzog Siegmund (auch Sigismund, 1439-1501) regierte mit seinem Bruder Johann IV. das Herzogtum Bayern-München. 1467 verdrängte ihn sein jüngerer Bruder Albrecht IV., der nun gemeinsam mit Johann IV. regierte. Siegmund bekam Bayern-Dachau als Domäne und widmete seinen vier uneheli-

Der Gschlössl-Wirt am Thierschplatz ging auf das Hofmarkschlösschen der Grafen Tattenbach aus dem 17. Jh. zurück

chen Kindern sowie sich der Förderung der Künste. Zuvor: Alte Pferdstraße.

Steinsdorfstraße

(seit 1888) Kaspar von Steinsdorf (1797-1879) war von 1837 bis 1854 Zweiter Bürgermeister und anschließend bis 1870 Erster Bürgermeister von München, außerdem gehörte er (teilweise zeitgleich mit den Bürgermeisterämtern) mehrere Legislaturperioden dem Landtag an.

Sternstraße

(um 1810) Wie so einige Straßen im Lehel wurde auch diese nach einer beliebten Gastwirtschaft benannt, nach »Zum Stern«.

Tattenbachstraße

(Erstnennung nicht nachweisbar) Den Grafen von Rheinstein und Tattenbach gehörte im Lehel einst großer Grundbesitz sowie ein »Gschlössl« und sie waren spätestens ab 1700 als Hofmarkherren auch für die Jurisdiktion zuständig. Urkunden des 17. Jh. sprechen vom »Graf Tattenbach'schen Lehel«. Einen Teil der Straße nannte man früher »Am Gschlössl« oder »Schlösslanger«.

Theodorparkstraße

(seit 1900) Den Englischen Garten nannte man zunächst offiziell nach seinem Gründer Kurfürst Karl Theodor »Theodorpark«.

Thierschplatz/-straße

(seit 1886/1890) Der Altphilologe und Pädagoge Friedrich Wilhelm Thiersch (1784-1860), der »Praeceptor Bavariae« (Lehrer Bayerns) und »Vater der humanistischen Bildung« genannt wurde, gründete das Philologische Institut und war wesentlich an der Errichtung humanistischer Gymnasien in Bayern beteiligt.

41 Adolf Hitler (Massenmörder)

Tivolibrücke/-straße

(seit 1897) Wie in vielen anderen Städten gab es auch in München einen »Tivoli« genannten Vergnügungspark. Die beliebte Ausflugswirtschaft mit Attraktionen bestand bis 1923.

Triftstraße

(um 1880) Im Lehel befanden sich einst Triftkanal und -garten, wo die schwimmenden Baumstämme aus dem Wasser gezogen und gelagert wurden.

Unsöldstraße

(seit 1970) Der Ingenieur Johann Felix Unsöld (1852-1931) erfand die Roheiserzeugung und richtete 1882 die erste künstliche Halleneisbahn in der Münchner Galeriestraße (heute Unsöldstraße 10) ein. Wegen der Hallenform nannten die Münchner es »Schachterleis«.

Wagmüllerstraße

(seit 1897) Der Bildhauer Michael

Erntebrunnen am Thierschplatz: Die Figur auf dem Podest stellt Ceres, die römische Göttin des Ackerbaus dar, weshalb er auch Ceres- oder Schnitterinbrunnen genannt wird. Den Brunnen schuf Erwin Kurz 1905.

Wagmüller (1839-1881) ist vor allem für seine Auftragsarbeiten für Ludwig II. bekannt. Er stattete Schloss Linderhof und in geringerem Maß auch Herrenchiemsee mit seinen Skulpturen aus.

Widenmayerstraße

(seit 1896) Der Jurist Johannes von Widenmayer (1838-1893) wurde 1870 Zweiter Bürgermeister der Stadt München und von 1888 bis zu seinem Selbstmord 1893 Erster Bürgermeister. Er veranlasste die Neuordnung des Schulwesens in der Stadt, ab 1870 wurde z. B. das Schulgeld abgeschafft. Die Straße hieß zuvor Äußere Isarstraße.

Die Statue der hl. Christophorus am Isarkai gegenüber der Widenmayerstraße 16 schuf Bernhard Bleeker 1909

Altstadt und Lehel in Zahlen

20 960 Einwohner, davon 10 481 Männer und 10 479 Frauen

12 591 Haushalte, davon 7 979 Singlehaushalte

67 Einwohner je ha

3 408 Einwohner sind 65 Jahre und älter

239 Geburten gegenüber 160 Sterbefällen

317 Arbeitslose

12 186 konfessionslos, 6 046 römisch-katholisch, 2 424 evangelisch, 227 orthodox, 53 israelitisch, 24 andere Religionsgemeinschaften

4 Grundschulen, 1 Förderzentrum, 1 Realschule, 6 Gymnasien, 12 berufliche Schulen

26 Kindertageseinrichtungen mit 1 086 Betreuungsplätzen

590 Hunde

26 Tourismusbetriebe, 4 307 Betten, 456 879 Übernachtungen

16 Museen, 10 Theater und 12 Kinosäle

612 Ärzte = 34 Einwohner je Kassenarzt

300 Zahnärzte = 70 Einwohner je Kassenzahnarzt

25 Apotheken = 838 Einwohner pro Apotheke

314,59 ha Gesamtfläche, davon 67,51 ha Erholungs- und 52,19 ha Wohngebäudeflächen

68 827 Kraftfahrzeuge, davon 9 430 Lkw und 929 Krafträder

Ergebnisse Bezirksausschusswahl 2020:

Grüne	40,4 %
CSU	27,1 %
SPD	18,8 %
FDP	7,9 %
FW	5,2 %

BA-Vorsitzende:
Andrea Stadler-Bachmaier, Die Grünen

2 792 Menschen mit ausländischem Pass leben im Stadtbezirk 1, die Top-5 der Nationalitäten:

1. Italiener	523
2. Österreicher	398
3. Kroaten	266
4. Griechen	217
5. Rumänen	215

Daten für den Stadtbezirk 1 Altstadt-Lehel; Quelle: Statistisches Amt München; Datenstand Dezember 2020

Stichwortverzeichnis

Viele der folgenden Stichworte finden sich im Buch auch an anderer Stelle; wir weisen in diesem Verzeichnis nur auf die Hauptartikel zum jeweiligen Stichwort hin.

Literatur

Literatur über München gibt es in derartiger Fülle, dass es unmöglich ist, hier eine vollständige Liste zu präsentieren. Daher nur ein paar interessante Titel.

Eine umfangreiche Sammlung an Monacensia, geordnet zu den verschiedensten Themen, finden Sie hier: www.muenchenwiki.de/wiki/Bücherbrett

Albrecht, Stephan/**Höppl,** Martin (Hrsg.): München. Stadtbaugeschichte vom Mittelalter bis zur Gegenwart. Petersberg 2016

Arz, Martin/**Schäfer,** Marc: Unser München – Das Stadt-Teil-Buch. München 2011

Assél, Astrid/**Huber,** Christian: München und das Bie. München 2009

Bauer, Reinhard: Münchens Altstadt – Das Stadtteilbuch. München 1994

Bauer, Richard: Lehel, München 2021

Bauer, Richard/**Graf,** Eva: Links und rechts der Isar – Bilder aus dem groß- und kleinbürgerlichen München 1895-1935. München 1991

Biller, Josef H./**Rasp,** Hans-Peter: München – Kunst & Kultur. München 2005

Dollinger, Hans: Die Münchner Straßennamen. München 2007

Ettl, Hubert/**Setzwein,** Bernhard (Hrsg.): München – Reise-Lesebuch. Viechtach 1999

Feiler, Horst: Das Lehel: Die älteste Münchner Vorstadt in Geschichte und Gegenwart. München 1994, 2006

Gattinger, Karl: Das alte München. München 2010

Graf, Eva/**Rädlinger,** Christine: Bachauskehr – Eine Zeitreise ins München der Jahre 1850-1914. München 2008

Hartmann, Peter Claus: Münchens Weg in die Gegenwart – Von Heinrich dem Löwen zur Weltstadt. Regensburg 2008

Heydenreuter, Reinhard: Kleine Münchner Stadtgeschichte. Regensburg 2007

Huber, Brigitte: Mauern, Tore, Bastionen – München und seine Befestigungen. München 2015

Käppner, Joachim/**Görl,** Wolfgang/ **Mayer,** Christian (Hrsg.): München – Die Geschichte der Stadt. München 2008

Klimesch, Peter: Isarlust – Entdeckungen in München. München 2011

Kohl, Werner: Recht und Geschichte der alten Münchner Mühlen. München 1969

Liedtke, Rüdiger: 111 Orte in München, die man gesehen haben muss. Köln 2012

Liedtke, Rüdiger: 111 Orte in München, die man gesehen haben muss. Band 2, Köln 2012

Nöhbauer, Hans F.: München. Eine Geschichte der Stadt und ihrer Bürger. Band 2: Von 1854 bis zur Gegenwart. München 1992

Oelwein, Cornelia: Das Münchner Platzl – Lebensfreude im Quadrat. München 2003

Rädlinger, Christine: Geschichte der Münchner Stadtbäche. München 2004

Schattenhofer, Michael: Die Mariensäule in München. München 1970

Schiermeier, Franz: Münchner Stadtbäche, München 2010

Schiermeier, Franz: Münchner Stadtmodelle, 1570 Stadtmodell von Jakob Sandtner, 1863 Stadtmodell von Johann Baptist Seitz, 2017 Münchner Stadtmodell des Referats für Stadtplanung und Bauordnung. München 2018

Schiermeier, Franz: Stadtatlas München, Karten und Modelle von 1570 bis heute. München 2003

Seibert, Hubertus/**Schmid,** Alois: München, Bayern und das Reich im 12. und 13. Jahrhundert. München 2008

Stahleder, Helmuth: Haus- und Straßennamen der Münchner Altstadt. München 1992

Stahleder,Helmuth/ **Bauer,** Richard/ **Stadtarchiv München** (Hrsg.): Chronik der Stadt München. 2005, Bd. 1–3 (bis 1818; wissenschaftl. Standardwerk über Münchens Geschichte). München 1995–2005

Stridbeck, Johann: Theatrum der vornehmsten Kirchen, Clöster, Pallaest und Gebeude in Churfürstlicher Residentz Stadt München. München um 1690

Wagner, Ludwig: Münchner Stadtkunde – Das Lehel. München 1960

Wandinger, Lorenz: Das Lehel. München 1994

Westenrieder, Lorenz von: Beschreibung der Haupt- und Residenzstadt München. München 1782

Weyerer, Benedikt: München 1919–1933 – Stadtrundgänge zur politischen Geschichte. München 1993

Weyerer, Benedikt: München 1933–1949 – Stadtrundgänge zur politischen Geschichte. München 2006

Wucher, Petra/**Lill,** Tobias: Münchens Neue Altstadt. München 2009

Zuber, Elfi (Hrsg.): Das Angerviertel. München 1991

Zuber, Elfi (Hrsg.): Das Graggenauer Viertel. München 1989

Zuber, Elfi (Hrsg.): Das Hackenviertel. München 1984

Zuber, Elfi (Hrsg.): Das Kreuzviertel. München 1987

Bildnachweis | Impressum

Martin Arz Cover, Cover innen, 2, 9, 10, 11 u., 16 u., 18 u., 19 l., 21, 22, 23, 24, 25, 26, 27 o., 28 l. + u., 29 u., 30 l., 31 u., 32, 2 x 33 r., 35, 36 u., 37 o. + M., 38 o. + u., 39, 40 M. + u., 41, 42 u. l. + r., 43 r. + u., 45, 46, 47 o. + r., 48, 49 o. r. + o. l. + M. r. + M. l., 50 o. l., 51 M. + u., 52 l., 54, 55, 60 o. l. + u., 62, 64, 65 u., 66 o., 67, 68, 69 o. r. + u., 70 o. r., 71, 72, 73, 74, 76 o., 77 o., 78 M. + u., 79, 80 o. l. + u. r., 81 u., 83 u., 85 o. l. + u., 86 l., 87, 89 M., 91, 94 u., 95 u., 96, 97 o., 98 u., 99, 100, 101, 102, 103 l. + o., 108, 112, 113 o. l. + M. + u., 114 o. r. + M., 115, 116 l., 117 2 x l., 118 o. l. + 2 x u., 119 2 x r., 121, 122, 123, 124, 125, 127 M. + u., 133, 135, 138, 141 u., 142 u., 144-152, 153 2 x u., 154, 155 o., 156-158, 159 o. + M. + M. u., 160, 161, 162 u., 163, 164, 165 o. r. + u., 166 u., 167 o., 168 o. l., 169 o. r. + u.

Bayerische Schlösserverwaltung 89 o. l. (DE000503), 89 o. r. (DE000430, © Toni Schneider), 90 o. (_8PM0423, © Philipp Mansmann)

Bayerisches Nationalmuseum 14-15 o.

Baureferat München 132

Bundesarchiv 44 u. (Bild 146-1971-006-02, Heinrich Sanden)

Hirschkäfer Verlag Archiv 6-7, 8, 11 o., 12-13, 14 u., 15 u., 2 x 16 o., 17, 18 o., 19 u., 20, 2 x 29 o., 30 o., 33 l., 36 l., 37 u., 38 M., 40 o., 42 o., 43 o. l., 47 u. l., 49 2 x M. + u., 50 o. r. + M., 51 o., 52 o., 53 o., 56, 57, 58, 59, 60 o. r., 61, 63, 65 o., 66 u., 69 o. l., 70 o. l., 75, 76 u., 77 u., 80 o. r. + M., 81 o. r., 86 r., 88, 89 u., 90 u., 92 o., 94 o., 95 o., 98 o., 105 u., 106, 111, 113 o. r., 114 o. l., 120, 126 u., 128 o., 129, 130, 153 o., 155 u., 159 M. r., 162 2 x o., 167 u.

Privatsammlung 119 u.

Residenztheater 94 M.

Stadtarchiv München 19 r. o. (FS-STR-2770), 27 u. (FS-NL-PETT1-0135), 28 o. (FS-NL-PETT1-2519), 30 r. u. (FS-NL-PETT1-1430), 31 o. (C1883044), 34 u. (HV-BS-A-03-26), 44 o. l. (FS-NL-PETT1-3091), 44 o. r. (FS-NS-00105), 78 o. l. (HV-BS-B-03-35), 83 o. (FS-HB-II-c-0749) + M. (FS-STR-0082), 85 o. r. (FS-HB-XX-W-112_KF), 92 M. l. (FS-NS-00243), 97 l. (FS-NS-00084), 103 u. r. (HV-BS-B-01-43), 107 u. (C1893149), 109 u. (GS-A-1187), 116 u. (FS-NL-PETT2-3852), 117 r. (FS-STR-1336), 118 o. r. (FS-AB-STB-177-05), 126 o. (FS-HB-XX-G-30), 127 o. r. (FS-HB-XX-G-26), 128 u. (HV-BS-C-01-20), 131 (FS-HB-XX-F-23), 136 o. (C1895255), 136 u. (FS-HB-XX-M-078), 137 l. (FS-NL-KV-1230), 137 r. (FS-HB-XX-S-114), 139 (HV-BS-D-01-30), 140 o. (FS-NL-PETT1-3667), 140 u. (FS-NL-KV-0702), 141 o. (FS-NL-KV-0684), 141 M. (C1878030), 142 o. (FS-HB-XX-K-104), 143 (FS-NL-KV-0817), 165 o. l. (HV-BS-S-B-03-05), 166 o. (PL-13515), 168 o. r. (FS-HB-XX-S-135_KF), 168 M. (FS-NL-PETT1-3407), 168 u. (C1895270), 169 o. l. (FS-AB-STB-033-06)

Münchner Stadtmuseum, Sammlung Graphik/Plakat/Gemälde 104 (GR_IIK-3), 104-105 o. (G IIg/12), 107 o. (B 37/43), 109 o. (MS I/1795), 119 o. l. (B 70/52)

alle aktuellen und historischen Karten © Hirschkäfer Verlag 2022

Impressum

2. Auflage, 2022

Text und Gestaltung: Martin Arz
Grundlayout: Franz Schiermeier Verlag
gedruckt in der EU

ISBN978-3-940839-70-1

Besuchen Sie uns im Netz:
www.hirschkaefer-verlag.de

Mit Liebe gemacht.